Rudolf Steiner Taschenbücher
aus dem Gesamtwerk

RUDOLF STEINER

Esoterische Betrachtungen karmischer Zusammenhänge aus dem Jahre 1924

Band I	Zwölf Vorträge, gehalten in Dornach zwischen dem 16. Februar und 23. März	GA 235 (TB 711)
Band II	Siebzehn Vorträge, gehalten in Dornach zwischen dem 6. April und 29. Juni	GA 236 (TB 712)
Band III	Elf Vorträge, gehalten in Dornach zwischen dem 1. Juli und 8. August	GA 237 (TB 713)
Band IV	Zehn Vorträge, gehalten in Dornach zwischen dem 5. und 28. September	GA 238 (TB 714)
Band V	Sechzehn Vorträge, gehalten in Prag, Paris und Breslau zwischen dem 29. März und 15. Juni	GA 239 (TB 715)
Band VI	Fünfzehn Vorträge, gehalten in Bern, Zürich, Stuttgart, Arnheim, Torquay und London zwischen dem 25. Januar und 27. August	GA 240 (TB 716)

Das Werk Rudolf Steiners, wie es in der «Rudolf Steiner Gesamtausgabe» vorliegt, ist gegliedert in die Abteilungen: *Schriften – Vorträge – Künstlerisches Werk*. Seine stets frei gehaltenen Vorträge, insgesamt mehrere tausend, waren ursprünglich als «mündliche, nicht zum Druck bestimmte Mitteilungen» gedacht. Die anfänglich ohne, später mit seinem Einverständnis entstandenen Nachschriften, vor allem von den für Mitglieder der Anthroposophischen Gesellschaft gehaltenen Vorträgen, waren zunächst nur als interne Manuskriptdrucke zugänglich, da Rudolf Steiner aus Zeitmangel die Texte, mit wenigen Ausnahmen, nicht selbst korrigieren konnte. Kurz vor seinem Tod hat er die Einschränkung «Nur für Mitglieder» aufgehoben; die von ihm gemachten *Urteils-Voraussetzungen* bleiben weiterhin gültig. – Heute sind die Vortragstexte nach den vorhandenen Unterlagen geprüft und weitgehend veröffentlicht. Dennoch können Hör- und Übertragungsfehler nicht völlig ausgeschlossen werden.

Rudolf Steiner

Esoterische Betrachtungen karmischer Zusammenhänge

Fünfter Band

Sechzehn Vorträge, gehalten in Prag, Paris und Breslau
zwischen dem 29. März und 15. Juni 1924

RUDOLF STEINER VERLAG
DORNACH / SCHWEIZ

Nach vom Vortragenden nicht durchgesehenen Nachschriften
herausgegeben von der Rudolf Steiner-Nachlaßverwaltung

Ungekürzte Ausgabe nach dem gleichnamigen Band
der Rudolf Steiner Gesamtausgabe
herausgegeben von Robert Friedenthal
(Bibliographie-Nr. 239, ISBN 3-7274-2390-9)
3. Auflage, Dornach 1985

Taschenbuchausgabe

1.–6. Tsd. Dornach 1996

Zeichen auf dem Umschlag und Titelblatt von Rudolf Steiner

Printed in Germany by Clausen + Bosse, Leck

ISBN 3-7274-7150-6

ZU DIESER AUSGABE

Die Fragen nach dem tieferen Sinn des Lebens und des menschlichen Schicksals hängen aufs engste zusammen mit der Grundfrage: Leben wir nur einmal oder sind unserer gegenwärtigen Verkörperung schon andere vorausgegangen und werden ihr weitere folgen? Gibt es tiefere Gesetzmäßigkeiten, die dem Schicksal des Menschen zugrunde liegen, oder ergibt sich dieses aus einer Aneinanderreihung äußerer Faktoren?

Wie aus Umfragen und zahlreichen neueren Publikationen hervorgeht, empfinden gegenwärtig zahlreiche Menschen die Anschauung der wiederholten Erdenleben für sich persönlich als zutreffend oder stehen ihr zumindest nicht ablehnend gegenüber. Vielfach liegt dieser Haltung vor allem ein Gefühl zugrunde, das gedanklich nicht begründet werden kann. Eine solche für das heutige Denken nachvollziehbare Begründung wurde von Rudolf Steiner (1861–1925) schon zu Beginn dieses Jahrhunderts gegeben, als er 1903 zwei Abhandlungen über *«Reinkarnation und Karma»* und *«Wie Karma wirkt»* als «vom Standpunkte der modernen Naturwissenschaft notwendige Vorstellungen» veröffentlichte. Weitere grundlegende Darstellungen sind in seinen zentralen Werken «Theosophie»[1] (Kap.: *Wiederverkörperung des Geistes und Schicksal*) und «Die Geheimwissenschaft im Umriß»[2] enthalten. Diese Darstellungen dürfen auch heute noch als die beste Einführung in das Thema betrachtet werden.

Die Tatsachen der wiederholten Erdenleben des Menschen und der daraus hervorgehenden Gesetzmäßigkeiten des Schicksals gehören zu den wesentlichsten Grundanschauungen der Anthroposophie. Welche Bedeutung Rudolf Steiner diesen Themen beigemessen hat, geht daraus hervor, daß er sie während seiner ganzen Lehrtätigkeit von immer neuen Gesichtspunkten aus in zahlreichen Vorträgen ausgeführt und erweitert hat.[3] Eine Kulmination erfuhren seine Dar-

1 Siehe Tb 615 und

2 Tb 601 in dieser Taschenbuchreihe.

3 Siehe u. a. Tb 647 «Wiederverörperung und Karma und ihre Bedeutung für die Kultur der Gegenwart», und Tb 620 «Die Offenbarungen des Karma» in dieser Taschenbuchreihe.

stellungen in seinem letzten Schaffensjahr 1924, in dem er in mehr als achtzig Vorträgen die Ergebnisse seiner geisteswissenschaftlichen Forschungen über karmische Zusammenhänge für die Mitglieder der Anthroposophischen Gesellschaft ausführte. Diese Karmabetrachtungen wurden innerhalb der Rudolf Steiner Gesamtausgabe und nun auch in der Reihe der «Rudolf Steiner Taschenbücher» in 6 Bänden herausgegeben.

Die ersten vier Bände enthalten die zusammengehörige Folge der in Dornach gehaltenen Vorträge, während im fünften und sechsten Band Vorträge in anderen Städten zu diesem Thema zusammengefaßt sind. Die Darstellungen richteten sich an Zuhörer, die mit den Grundlagen der Anthroposophie, wie sie in den oben genannten und weiteren Schriften Rudolf Steiners entwickelt sind, vertraut waren. Dies bestimmte den Duktus seiner Ausführungen. Da besonders die umfangreiche Dornacher Vortragsreihe in den Bänden I – IV einem inneren Aufbau folgt und in den ersten Vorträgen wesentliche Grundlagen für das Verständnis der weiteren Darstellungen gegeben werden, empfiehlt es sich für das Studium, diesen Aufbau nachzuvollziehen.

Weitere Literaturhinweise zu dem behandelten Thema finden sich zu Beginn der Hinweise in diesem Band.

INHALT

Esoterische Betrachtungen karmisch-kosmischer Zusammenhänge

Anthroposophie als Erkenntnisgrundlage des Geistigen in Welt und Mensch und als Seelenimpuls für moralisches und religiöses Leben

Karma als Schicksalsgestaltung des menschlichen Lebens

Esoterische Betrachtungen karmisch-kosmischer Zusammenhänge

ERSTER VORTRAG

Prag, 29. März 1924

Ich möchte diese Mitgliedervorträge heute damit beginnen, daß ich Ihnen auseinandersetze, wie Anthroposophie einfach dadurch, daß sie ihre Einsichten an den Menschen heranbringt, das ganze menschliche Bewußtsein heraushebt aus der Erdenschwere. Es ist ja heute kaum einem Menschen, der in der allgemeinen Zivilisation darinsteht, möglich, anders zu denken, als daß er mit seinem Erdenleben zwischen Geburt und Tod auch der Erde angehört. Alles übrige, die Angehörigkeit einer geistigen Welt gegenüber, ist ja zumeist nur ein Glaube, eine Ahnung und dergleichen. Eine Einsicht in die Zusammengehörigkeit des Menschen mit etwas anderem, als was auf der Erde ist, ist ja dem heutigen Menschen, der seine Erziehung, seine ganze Bildung aus der heutigen Zivilisation schöpfen muß, eigentlich kaum möglich. Und dennoch ist das, gerade dieser Glaube, nur mit Erdenverhältnissen zu tun zu haben, wenn man vom Menschen spricht, der große Irrtum unserer Zivilisation, unseres ganzen zeitgenössischen Geisteslebens, ich möchte sagen über die ganze westliche und mittlere Welt hin. Nur der Orient hat sich ein, wenn auch dekadentes, Bewußtsein bewahrt von der Zusammengehörigkeit des Menschen mit den die Erde umgebenden übersinnlichen Weltenmächten und Weltenkräften. Der Mensch in alter Zeit fühlte sich in seinem Menschenwesen abhängig von den Sternen, wie er sich abhängig fühlte von den Pflanzen, von den Tieren, die auf der Erde wachsen und herumwandeln. Man wußte in alter Zeit, daß der Mond nicht nur ein physischer Weltkörper sei, der im Erdenraum herumschwebt. Um viel mehr kümmert man sich heute ja nicht, höchstens untersucht man, ob es Erhebungen dort gibt oder nicht, oder Wasser, und stellt darüber Hypothesen auf. Aber um sonst etwas kümmert man sich schon beim Mond nicht, der uns am nächsten steht, geschweige denn bei den andern Himmelskörpern, die man ja nur ihren physischen Verhältnissen nach untersucht. Das war in alten Zeiten ganz anders. Da wußte sich der Mensch durchaus abhängig von den Himmelskörpern, wie er sich heute abhängig weiß von der Erde.

Ich will von etwas ausgehen, was eine gewisse wissenschaftliche Bedeutung hat, was vielleicht manchen nicht sympathisch ist, allein es wird etwas Leichtes sein. Ich habe oft in anthroposophischen Vorträgen betont, daß ja der Mensch, auch wenn er rein naturwissenschaftlich untersucht wird, seinem Erdenleben nach den Beweis liefert, daß in seine Bildung etwas eingeht, was außerirdisch ist. Die Naturwissenschaft glaubt, daß der erste Eikeim der komplizierteste Körper ist, der auf der Erde nur sein kann. Man denkt nach über die komplizierte Struktur, die der Eikeim haben kann. Man sagt, das Atom ist in letzter Zeit ein ganz wunderbares Wesen geworden, und nun erst das Molekül! Und nun so etwas wie eine Zelle, das ist etwas furchtbar Kompliziertes! – Aber das ist eben nicht der Fall beim Eikeim; in Wirklichkeit stellt sich der Eikeim gar nicht als komplizierter Körper dar, sondern der Eikeim stellt sich als ein Chaos dar. Alle chemisch-physikalische Struktur zerfällt, und bevor ein Lebewesen entstehen kann, muß der Eikeim in chaotischen Staub zerfallen sein. Gerade das ist der Sinn der Befruchtung, daß sie den Keim zum Chaos treibt, so daß im mütterlichen Organismus eine vollständig zerklüftete Materie besteht. Das ist der Sinn der Vorgänge im mütterlichen Leibe, daß da ein vollständiges Chaos ist. Wenn Sie einen Kristall haben: der Kosmos kann nicht wirken bei dem Kristall mit den festen Kanten; wenn Sie eine Pflanze haben: die hat auch eine feste Gestalt, da kann der Kosmos auch nicht wirken; beim Tier ist es ebenso. Das ist der Sinn der Befruchtung, daß der Eikeim zum Chaos wird. Erst dann wirkt der ganze Kosmos von seiner Umgebung auf diesen Keim ein, und dann wird der Mensch wirklich aus dem Kosmos heraus gebildet, so daß einziehen kann in ihn das wirkliche Geistig-Seelische, das aus vergangenen Erdenleben kommt.

Das ist etwas, was gegenüber den heutigen Anschauungen ein Unsinn ist, aber dieser Unsinn ist die Wahrheit. Das ist in unserer heutigen Zeit das Schreckliche, daß man gegenüber den landläufigen Ansichten Unsinn sagen muß, wenn man die Wahrheit spricht. Nun kann man sagen: Das ergibt sich aus dem okkulten Anschauen, was du da behauptest; aber kann man das auch nachprüfen? – Man kann es auch nachprüfen; das können schon mehr Leute, als man gewöhnlich glaubt. Aber es gibt auch einen äußerlichen Beweis für diese Tatsache. Uns hat sich an unserem biologischen Forschungsinstitut in Stuttgart ein merkwürdiger äußerer Beweis ergeben. Es sind da Forschungen gemacht worden über die Funktion der Milz. Sie wissen vielleicht: die Milz ist immer als ganz problematischer Organismus betrachtet worden. Da erzählt man ja von einem Rigorosum, bei dem der Professor den Kandidaten fragt: «Können Sie mir etwas sagen über die Milz?» Der Kandidat besinnt sich und stottert ganz jammervoll heraus: «Das habe ich vergessen.» Da sagt der Professor: «Das ist schade! Kein Mensch hat das jemals gewußt, Sie waren der einzige, und Sie haben es vergessen.»

Nun habe ich eine gewisse Methode angegeben aus der Geisteswissenschaft heraus, nach der von *Frau Dr. Kolisko* die Funktion der Milz untersucht worden ist. Sie wird zwar noch angefochten, aber es wird sich schon durchsetzen, da sie wirklich exakt ist. Aber nun hat sich etwas anderes herausgestellt. Manches muß man so machen, wie man es seinem Herzen nach nicht machen würde, sondern weil die anderen diese Methoden haben. So haben wir uns entschlossen, Kaninchen die Milz zu exstirpieren. Das ist ja keine Vivisektion, sondern eine einfache Operation, und wir haben alles Mögliche getan, damit die Tiere nicht gequält würden. Aber eines dieser Kaninchen ist gestorben, weil es eine Erkältung bekam; es wurde nämlich nach der Operation nicht in den Warmraum gebracht.

Was mußte man da erwarten? Die Milz hatten wir herausgenommen, dadurch war etwas eingetreten an der Milzstelle, was im Kaninchenorganismus war und nun dem Kosmos exponiert war. Solange die Milz an ihrer Stelle war, konnte der Kosmos nichts machen; nimmt man die Milz heraus, so ist bloß die Äthermilz da. Dadurch ordnet sich die Äthermilz an, wie es dem Hereinwirken des Kosmos entspricht. Was war zu erwarten? Daß an der Stelle der Milzform etwas entsteht in kosmischer Form, daß eine Nachahmung des Kosmischen entsteht: als solche bildet sich heraus eine Kugelform. Und richtig! Als wir das Kaninchen sezierten, fanden wir einen ganz kleinen organischen Körper in Kugelform, der sich nachträglich aus dem Einwirken des Kosmos gebildet hatte – ganz nach der Anschauung, daß sich der Eikeim als ein chaotischer Körper darstellt –, nachdem man die Bedingung, daß bloß die Erde wirkt, weggenommen hatte. So fügte es das Karma, daß wir zu einem äußeren Beweis kamen für das, was auf einem ganz abgesonderten Gebiet behauptet werden muß.

So ist eben wirklich die Sache so, daß heute vielfach der Mensch gar nicht anders kann, wenn er aus der Zeitzivilisation heraus seine Empfindungen entwickelt, als sich auf etwas zu beschränken, was in der Zivilisation der Erde liegt und gar nicht den Blick hinausrichtet in die Weiten der Welt.

Ich muß Sie jetzt, um die Grundlagen für die weiteren Ausführungen zu haben, daran erinnern, wie in meinem Buche «Geheimwissenschaft» ausgeführt ist, daß der heutige Mond sich einmal von der Erde abgespalten hat, nachdem er früher ein Körper mit der Erde war. Das ist etwas, was sich dem Schauen ergibt, was aber auch von der heutigen Naturwissenschaft schon anerkannt wird. Insbesondere in den letzten Jahren zeigte sich eine literarische Bewegung, die mit diesem Verhältnis des Mondes zur Erde, wenn auch in irrtümlicher Art, rechnet. Wir müssen uns bewußt werden, daß der Mond, wie er heute am Himmel erscheint, einmal eine Einheit mit der Erde gebildet hat, daß er von der Erde hinausgeschleudert worden ist, wenn ich so sagen darf, und die Erde seit einer gewissen Zeit umkreist.

Ich muß nun auf eine zweite Tatsache hinweisen. Diese betrifft die seelisch-geistige Entwickelung der Menschen im Erdendasein. Schon eine rein äußerliche Betrachtung desjenigen, was auf der Erde von Menschen geleistet worden ist, zeigt ja, daß schon einmal etwas bestanden hat wie eine Art von Urweisheit. Gewiß, sie ist nicht in den intellektuellen Formen gegeben worden, die heute verlangt werden; so abstrakt in Gedanken und so an die Sinne gebunden, wie es heute verlangt wird, ist sie nicht gegeben worden. Sie ist in mehr bildhaft-poetischer Form gegeben worden. Von der wirklichen Urweisheit, die ja zu einer Zeit auf der Erde bestanden hat, als man noch nicht geschrieben hat, von dieser wirklichen Urweisheit ist ja nichts da. Was aber erhalten geblieben ist, das sind Sagen, Mythen, die wunderbare Veden-Literatur, die Literatur der Vedanta, die morgenländischen

Schriften. Derjenige, der sich in sie vertieft – und zwar nicht etwa wie *Deussen,* der nur das Alleräußerlichste sieht und als berühmter Übersetzer gilt –, wer sich wirklich vertiefen kann in dasjenige, was da ist, bekommt schon eine tiefe Ehrfurcht vor der unendlichen Weisheit, die darinnen liegt, die nur in einer poetischen, bildhaften Form auftritt. Und er bekommt das Gefühl, daß hinter dem etwas nicht Ausgesprochenes und Unaufgeschriebenes gelebt hat, was vielleicht größer und bedeutender war: eine Urweisheit.

Wie hat diese Urweisheit gelebt? So studieren, wie wir heute studieren, indem wir uns hinsetzen, uns Bücher einprägen und dergleichen und dadurch uns allmählich hinaufwinden, etwas zu wissen, so geschah es ja nicht in der Sphäre der Urweisheit. Jeder, der zu einer bestimmten Einsicht gekommen war zu dieser Epoche, hat gewußt, was Inspiration ist, hat zu lesen verstanden in der Welt – nicht in Büchern –, wenn er sich in die nötige Seelenverfassung versetzte. Er wußte, dann kommt es über ihn, dann wird er innerlich erleuchtet. Dieses Innerlich-Erleuchtetwerden, das wurde so real genommen, wie wir heute das Lesen in Büchern real nehmen. Der Mensch erlangte ein Verhältnis zum Geistigen in der Welt dadurch, daß er in den alten Mysterien durch den Einweihungspriester dazu gebracht worden ist, die Erleuchtung in sich erleben zu können. Der Unterricht in den Mysterien bestand ja darin, den Menschen dahin zu bringen, diese innerliche Erleuchtung erleben zu lernen. Er war nicht der Ansicht, irgend etwas aus Wolkenkuckucksheimen erleuchte ihn. Es wäre ungefähr so, wie wenn wir heute irgendwo hinter einer spanischen Wand einem Menschen zuhörten und nicht glaubten, daß da ein Mensch spricht, sondern daß etwas Unbestimmtes hinter der spanischen Wand uns etwas zuraunt. Ebensowenig wie wir heute glauben würden, wenn wir das hörten, daß da etwas Unbestimmtes spricht, sondern wie wir ein Wesen vermuten würden hinter unserer Wahrnehmung, so wußte derjenige, der zur Erleuchtung kam: Da sind Wesen auf der Erde, die nicht zur physischen Verkörperung kommen, sondern durch die Erleuchtung die großen Lehrer der Menschheit sind. – Der Mensch war sich bewußt: er ist in Fleisch und Blut, er geht herum unter Menschenwesen, die nicht in Fleisch und Blut sind, die aber einen ätherischen

Leib haben, die ätherische Wesen sind, die dazu da sind, um die Erleuchtung zu geben, die Inhalt der Urweisheit war. So wußte man: Die Erde wird nicht nur bevölkert von Menschen in Fleisch und Blut, sondern auch von anderen Wesen, die einen ätherischen Leib haben.

Nun muß man sich natürlich, wenn man eine solche Sache betrachtet, freimachen von dem Vorurteil, als ob die Menschheit, so wie sie jetzt ist, auf der Erde gelebt hätte seit der Zeit, in welcher Urkunden da sind; davor setzt man das Unbestimmte und dann, nachdem man durch dieses Unbestimmte durchgeschritten ist, kommt man an die Menschenaffen oder Affenmenschen. Das ist ja eigentlich eine höchst drollige Anschauung! Was der Historiker sagen kann, das gilt für ein paar Jahrhunderte: da waren die Menschen ähnlich, wie sie heute sind, natürlich nicht so gescheit, aber doch so ähnlich, wie sie heute sind. So gescheit wie wir seien die Menschen erst in den letzten Jahrhunderten geworden; aber abgesehen von unserer größeren Gescheitheit seien sie so gewesen, wie wir heute sind. – Die Ägypter waren abergläubisch, haben Mumien gehabt; – aber man stellt sie sich sonst doch im Ganzen so vor, wie die heutigen Menschen, abgesehen von der Gescheitheit! Davor liegt eine Periode, von der man nichts weiß. Aber nachdem die Periode, von der man nichts weiß, lang gedauert hatte, da waren die Menschenaffen da.

Sehen Sie, das ist eine Anschauung, von der man sich freimachen muß. Der Mensch hat die Erde früher bevölkert als die Tiere, nur in anderer Gestalt, er ist das ältere Wesen. Sie können das in meiner «Geheimwissenschaft» nachlesen. Und so erlebten dann auch die Menschen, die mit den alten Urlehrern zusammengelebt haben, die noch nicht Menschenkörper angenommen hatten, die in Geistkörpern gelebt haben, daß mit dem Mondenaustritt, den sie ja miterlebt hatten – wir selbst haben ihn miterlebt –, diese Wesen, die unter ihnen gelebt haben als Urlehrer, in den Kosmos hinausgezogen sind und seither eben nicht die Erde, sondern den Mond bewohnen. So daß eigentlich nicht nur die physische Substanz des Mondes, sondern auch die Wesenheiten, die den Mond bisher geistig bewohnten, als von der Erde abgetrennt anzusehen sind. Ja, es ist sogar naturwissenschaftlich so, daß man von diesen Wesen reden kann, daß sie einmal ausgezogen sind

– sie unterliegen nicht in derselben Weise Geburt und Tod wie der Mensch – und auf dem Monde wohnen, während der Mond längst seine Substanzen verloren und umgewandelt hat.

Da geht etwas ähnliches vor, wie mit dem Menschen. Ja, denken Sie einmal, daß der Mensch seine physischen Substanzen in sieben bis acht Jahren ganz auswechselt! Wenn jemand glaubt, derselbe Körper sitze da, der vor einigen Jahren dagesessen ist, so ist das nicht so. Die physische Substanz hat sich ausgewechselt, das Geistig-Seelische ist geblieben. In dieser Beziehung weiß man schon die Tatsache in der Naturwissenschaft, aber man achtet nicht auf sie. Ich wurde einmal gefragt bei einem Vortrag: Es wird gesagt, daß die Bienen als Bienenstock eine gewisse Beziehung zum Bienenvater haben, daß es bei seinem Tode, wenn er recht anhänglich an seine Bienen war, vorkommt, daß der Bienenstock es merkt und vielfach auch stirbt. Wie kann das sein? Die einzelnen Bienen haben ja doch keine solchen Fähigkeiten, daß sie den Menschen kennen, und der Bienenstock ist ja nur eine Summe von einzelnen Bienen! – Das aber ist nicht wahr, der Bienenstock ist ja gar nicht die Summe der einzelnen Bienen. Ich gebrauchte folgenden Vergleich: Zwei Menschen waren da vor zwei Jahrzehnten. Der eine ist nach Amerika gegangen, der andere ist dageblieben; der erstere kommt nach fünfzehn Jahren aus Amerika zurück und erkennt seinen Freund wieder. – Es kommt gar nicht an auf die einzelnen Teile; von der ursprünglichen Substanz ist ja nichts geblieben. So kommt es nicht auf die einzelnen Bienen an, sondern auf die Intelligenz des Bienenstockes, und die ist nicht einmal viel anders als beim Menschen. Wir als Menschen sind auch etwas anderes als unsere Zellen, als unsere einzelnen Organe. Und so wie von denjenigen Freunden, die hier vor zehn Jahren meinen Vorträgen beigewohnt haben, nichts mehr physisch da ist, sondern nur das Seelisch-Geistige, so ist auch beim Mond längst nichts mehr von der Substanz da, die einmal von der Erde hinausgegangen ist, die hat sich längst wiederholt ausgetauscht im Kosmos. Dagegen sind die Wesenheiten da. Wie diese Wesenheiten aber trotzdem wirksam geblieben sind für die Erdenmenschheit, das zeigt sich für eine wirkliche Einweihungsbetrachtung ganz deutlich. Das zeigt sich dann, wenn wir etwas genauer eingehen auf dasjenige, was wir das Karma nennen. Ich will heute damit beginnen, wir werden dann diese Betrachtungen in den nächsten Vorträgen fortsetzen.

Wir beachten, wenn wir einem Menschen begegnen, gewöhnlich nicht genügend, wie wir eigentlich unser ganzes Erdenleben hindirigiert haben zu dieser Begegnung. Und bei diesem Kennenlernen eines Menschen begegnen wir einem Zweifachen. Beachten Sie das nur, Sie werden finden, daß in irgendeiner mehr oder weniger abgeschwächten Weise das vorhanden ist, was ich jetzt erzählen will. Man lernt einen andern kennen. Es ist oftmals so, daß wir mit diesem anderen, ganz gleich ob er schön oder häßlich, gescheit oder dumm ist, er kann irgendwie sein, eine innige Verbindung eingehen. Die steigt aus unserem Inneren auf. Wir beachten gar nicht, wie er im Äußeren ist: wir fühlen ein Band zu ihm. Das ist die eine Art im Extrem. Die andere Art ist: Wir lernen einen Menschen kennen, wir fühlen dieses innere Band nicht, sondern wir nehmen Gelegenheit, einen intellektuellen oder moralischen Eindruck von ihm zu bekommen. Wir können ihn gut beschreiben. Über den ersten Menschen zu sprechen, wenn wir nachher in eine Gesellschaft gehen, die ihn auch kennt, ist uns etwas Unangenehmes, wir haben das Gefühl: es ist unangenehm; es ist etwas Innerliches im Verhältnis zu ihm. Den anderen Menschen können wir hübsch beschreiben, wir können sagen: Er ist gescheit oder ein Tor, wir wissen ihn zu beschreiben bis auf die Einzelheiten seiner Nase; aber wir leben ohne innere Teilnahme an ihm. Es gibt Bekanntschaften, die wir machen, kaum haben wir diese Bekanntschaft gemacht, so passiert es uns, daß wir von diesem Menschen träumen, daß uns die Träume gar nicht mehr verlassen. Wir lernen einen anderen noch so gut kennen, sind täglich beisammen: nicht der geringste Traum stellt sich ein. Unser Inneres ist nicht so stark ergriffen, daß wir von ihm träumen. Der Fall, daß jemand so lebt, wie *Garibaldi*, der das innere Band auch dann fühlt, wenn gar keine unmittelbare persönliche Beziehung da ist, ist selten, aber auch dieser Fall kommt vor. Denn bei Garibaldi ist es sehr interessant, wie er seine erste Frau gefunden hat. In der äußeren Welt war er so wenig darin, daß er gar kein Interesse hatte an Damen. Auf einer Seereise an der brasilianischen Küste richtete er das Fernrohr aufs Land und sah ein junges Mädchen: In diesem Augenblick war er sich klar darüber, daß sie seine Frau werden müsse. Er stürmte ans Land mit seinem Schiff, ein Mann war da, der ihn freundlich empfing und ihn fragte, ob er nicht Mittag bei ihm essen wolle. Garibaldi sagt zu. Es war der Vater des Mädchens, das er auf dem Lande gesehen hatte! Bevor noch das Mittagsmahl aufgetragen war, sagte er ihr – er sprach nur italienisch und sie nur portugiesisch –, sie müsse sein werden für das Leben. Sie verstand es aber doch, und es wurde eines der schönsten Herzensverhältnisse begründet. Es ist da im extremen Fall gezeigt, daß etwas wie ein karmisches Verhältnis da war. Es war etwas Heldenhaftes im Verhalten der Frau, in der Art, wie sie sich verhielt. Sie begleitete ihn bei seinen Kämpfen in Südamerika, und als die Nachricht kam, er sei auf dem Schlachtfeld gefallen, suchte sie ihn auf dem Schlachtfelde. In dieser Situation gebar sie ihr Kind. Um es zu wärmen, mußte sie es sich um den Hals schnallen.

Durch solche Erlebnisse wuchs Garibaldi mehr in das Leben hinein. Die Frau starb ihm hinweg, er heiratete eine andere. Der näherte er sich auf ganz bürgerliche Weise; aber diese Ehe dauerte nur einen Tag!

Das sind Dinge, wo man so mit der Nase auf das Karma gestoßen wird, die einem zeigen, wenn man sie ins Auge faßt, daß in dieser zweifachen Weise sich der Mensch verhalten kann zu anderen Menschen in bezug auf das Karma. Ganz anders liegen die karmischen Verhältnisse, wenn der Mensch die innere Zusammengehörigkeit fühlt, als wenn er den anderen Menschen nur äußerlich beschreiben kann.

Nun, gerade dann, wenn man hinschaut auf solche karmische Erlebnisse, wie dieses Bekanntwerden mit einem anderen Menschen, wo Schönheit oder Häßlichkeit nichts ausmacht, sondern wo von innen heraus der Impuls der Zusammengehörigkeit entspringt, wird man auf den Einfluß hingewiesen derjenigen Wesenheiten, die ich beschrieben habe als Urlehrer, die heute noch immer tätig geblieben sind, aber von außen, vom Kosmos herein. Solche Verhältnisse interessieren vor allen Dingen diese Mondenwesen, und durch solche Verhältnisse hindurch und über solche Verhältnisse hinweg nehmen sie an der Entwickelung der Erdenmenschheit den innigsten Anteil.

Und wie es Mondenwesenheiten gibt, ebenso gibt es auch Sonnenwesenheiten, die mit der Sonne zusammenhängen. So ist es auch bei denjenigen Verhältnissen, wo wir den anderen Menschen mehr äußerlich beschreiben können. Da interessieren sich die Sonnenwesen für das, was von Menschenseele zu Menschenseele gesponnen wird.

Da werden wir, wenn wir die rein menschlichen Verhältnisse betrachten, von der Erde hinweggeleitet zunächst zu Sonne und Mond. Und da kann man sagen: es gibt menschliche Verhältnisse, in denen wir die Mondenwirksamkeit, und solche, in denen wir die Sonnenwirksamkeit sehen. Und so wird man hinausgeleitet von Stufe zu Stufe: von der Erde zum Kosmos.

Wir konnten diese Betrachtung heute nur beginnen, morgen und in den nächsten Vorträgen wollen wir sie fortsetzen.

ZWEITER VORTRAG

Prag, 30. März 1924

Gestern habe ich begonnen, einige Gesichtspunkte anzugeben über das Begreifen des menschlichen Schicksals, und ich führte ja an, wie die Ahnung von dem Walten des Schicksals aufgehen kann in dem Menschen, wenn für sein Leben bedeutsame Erfahrungen eingreifen. Und ich sagte, man nehme an, man begegne einem anderen Menschen in einem bestimmten Lebensalter; man begegne dem Menschen so, daß sich das fernere Schicksal der beiden Menschen, die sich begegnen, gemeinsam abspielt, daß sich aber auch das ganze Leben, das sie bis dahin geführt haben, in einer tief einschneidenden Weise ändert. Wenn ein solches Ereignis eintritt, dann wäre es sinnlos, wenn alles dasjenige, was der Mensch vorher erlebt hat auf Erden, in gar keiner Beziehung stünde zu diesem Ereignis. Das ist auch nicht der Fall. Denn für eine unbefangene Beobachtung, die nach rückwärts blickt, zeigt sich ja klar, daß eigentlich fast jeder Schritt im Leben, den wir getan haben, ein Schritt war in der Richtung nach jenem Erlebnis hin. Wir können zurückblicken bis in die Kindheit, immer wird es sich uns zeigen, daß die der Zeit nach weit von diesem Erlebnis entfernte Tat, die wir getan haben, der ganze Lebensweg, den wir genommen haben, so die Richtung hat nach diesem Ereignis, als wenn wir bewußt und überlegt diesen Weg genommen hätten. Es ist gerade eine solche Betrachtung geeignet, den Menschen immer wieder und wiederum hinzuweisen auf dasjenige, was wir in der Anthroposophie karmische Zusammenhänge nennen müssen.

Und dann habe ich auch darauf hingewiesen, wie die Begegnungen mit Menschen sich in verschiedener Weise ausnehmen und habe Ihnen zwei extreme Fälle angeführt: Wir begegnen einem Menschen, es entsteht zu ihm ein Lebensverhältnis, ganz gleich, wie er äußerlich für unsere Sinnesanschauung, für unsere ästhetische Empfindung uns entgegentritt. Wir kümmern uns nicht weiter um seine besonderen Eigenschaften. Es ist etwas, was aus unserem Inneren aufsteigt, und was uns den Zug zu ihm eingibt. Anderen Menschen begegnen wir, so sagte ich, bei denen sich ein solcher innerer Drang nicht geltend macht. Wir werden mehr auf die Eigenschaften aufmerksam, die sie uns von außen zeigen, die sie unseren Sinnen, unserem Vorstellungsvermögen, unserem ästhetischen Empfinden einflößen. Bis in die Träume, sagte ich, geht das hinein. Wir treffen Menschen der ersteren Art, beschäftigen uns sogleich, wenn wir nachts außer dem physischen und dem Ätherleibe im Ich und astralischen Leib sind, mit ihnen. Träume über sie tauchen auf. Die sind eben ein Zeichen, daß wir innerlich in uns etwas aufgerüttelt haben bei der Begegnung. Anderen Menschen begegnen wir, wir können nicht von ihnen träumen, weil sie uns nicht aufrütteln, weil nichts in uns aufsteigt. Wir leben ihnen vielleicht sehr nahe, aber wir träumen nicht von ihnen, weil sie in unserem Innern nichts aufrütteln, was uns bis in den Astralleib und in die Ich-Organisation hinein beschäftigen kann.

Dasjenige, was da vorliegt, haben wir dann in Beziehung gebracht zu den Kräften, mit denen der Mensch zusammenhängt außerhalb des irdischen Wesens, auf welche die heutige Weltanschauung wenig Rücksicht nimmt, mit den Kräften, die von der Umwelt, von dem Außerirdischen auf die Erde hereinwirken. Und wir haben darauf hingewiesen, daß der Mensch diejenigen Kräfte, welche von den geistigen Mondenwesenheiten her tätig sind, in Zusammenhang bringen muß mit alledem, was für ihn selbst Vergangenheit ist. Ja, meine lieben Freunde, es ist für uns Vergangenheit, wenn wir an einen Menschen herantreten und sogleich in uns etwas aufsteigt, was uns den Zug nach ihm hin gibt.

Wie aber diese Dinge zusammenhängen, das wird erst klar, wenn an Stelle der äußeren ahnenden Betrachtung die Eingeweihten-Wissenschaft tritt, jene Eingeweihten-Wissenschaft, welche wirklich die inneren Zusammenhänge bloßlegen kann. Der Eingeweihte, vor dem die geistige Welt offen liegt, hat diese beiden Erlebnisse, von denen ich gesprochen habe, eben noch in einem viel intensiveren Sinne, als sie das gewöhnliche Bewußtsein haben kann. In dem einen Falle, wo das gewöhnliche Bewußtsein dieses innere Aufsteigen hat, erlebt der Eingeweihte, wenn er dem anderen Menschen entgegentritt, daß wirklich ein Bild oder auch eine Reihe von Bildern, ganz wesenhaften Bildern, aus seinem Inneren aufsteigen. Es ist, wie wenn sich da aus seinem Inneren diese Bilder hervorarbeiteten, wie wenn man eine Schrift vor sich hat und den Sinn, den sie ausdrücken will, lesen kann. So wird einem das Erlebnis klar, das man an diesen Bildern hat: Das Bild, das in dir aufsteigt, das aus deinem Inneren kommt, das erlebst du als ein innerliches Zusammensein mit dem Bilde, wie wenn der Maler ein Bild malte und nicht vor dem Bilde, vor der Leinwand stünde, sondern in der Leinwand selber darin weben würde, mit jeder Farbe mitgehen und jede Farbe innerlich erleben würde. So erlebt man und man weiß, das Bild, das da aufsteigt, hat etwas zu tun mit dem Menschen, dem man im Leben entgegengetreten ist. Und durch ein ähnliches Erlebnis, wie das ist, wenn man einem Menschen nach Jahren wieder begegnet – man erlebt das immer wieder –, erkennt man in dem Menschen, der physisch vor einem steht, der einem physisch gegenübertritt, die Wiederholung desjenigen, was da innerlich in einem aufsteigt. Man weiß, indem man das innerlich aufsteigende Bild mit dem vergleicht, was äußerlich vor einem steht: Das, was da innerlich aufsteigt, ist das Bild desjenigen, was man gemeinsam mit dem Menschen selbst in einem früheren Erdenleben erlebt hat. Und man schreitet wirklich zurück in frühere Zeiten, in denen man gemeinsame Erlebnisse mit ihm hatte. Und durch das, was man durchgemacht hat, um sich für die Einweihungswissenschaft vorzubereiten, erlebt man nicht bloß als dunkles Gefühl, wie sonst im gewöhnlichen Bewußtsein, sondern wie in einem lebendigen Bild das mit dem Menschen, dem man nun begegnet, gemeinsam Erlebte eines vorigen Erdenlebens oder einer Anzahl voriger Erdenleben. Man kann schon sagen, die Einweihungswissenschaft macht es durchaus möglich, daß man das, was man mit einem Menschen durchlebt hat, mit dem man karmisch verbunden ist, aus dem eigenen Inneren so intensiv aufsteigen sieht, daß es ist, daß es aussieht wie wenn der Mensch, der da vor einem steht, aus seinem Selbst hervortritt, in seiner früheren Gestaltung vor uns hintritt und sich selbst in seiner jetzigen Gestalt begegnet. So intensiv wirkt das. Aber gerade dadurch, daß man die Sache in einer solchen Wirklichkeit erlebt, lernt man sie beziehen auf die Kräfte, die ihr zu grunde liegen, und man wird verwiesen auf die Art und Weise, wie man zu diesem Bilde gekommen ist.

Der Mensch, indem er aus seinem geistig-seelischen Dasein, das er zwischen dem Tode und einer neuen Geburt verbringt, zum Erdenleben heruntersteigt, macht ja die verschiedenen Regionen durch. Sozusagen die letzte Region, die er durchmacht, ist die Mondenregion; vorher geht er durch andere Sternen- und geistige Regionen durch. Da trifft er wirklich auf seinem Wege durch die Mondenregion jene Wesenheiten, die, wie ich gestern auseinandersetzte, früher einmal die Urlehrer der Menschheit waren. Ihnen begegnet er im Weltall, bevor er zum irdischen Dasein heruntersteigt, und sie sind es, die in jene feine Substanz, welche die orientalischen Weisen im Gegensatz zu den irdischen Substanzen Akasha nennen, alles dasjenige einschreiben, was im Menschenleben zwischen Menschen durchgemacht wird. Es ist einmal so, alles, was man im Leben durchmacht, alles, was erlebt wird von den Menschen, das wird beobachtet von jenen Wesen, welche einmal mit den Menschen die Erde bewohnt haben – nicht als verkörperte Wesen, sondern als Geistwesen. Das wird beobachtet und wird nicht in jener abstrakten Schrift, wie es die unsere ist, sondern in lebendiger Gestalt eingetragen in die Akasha-Substanz. Diese Mondenwesen, die einstmals die großen Lehrer während der Zeit der Urweltweisheit waren, diese Geistwesen, sie sind die Registratoren für die Erlebnisse der Menschheit. Und wenn dann der Mensch auf seinem Wege, der da verläuft zwischen dem Tode und einer neuen Geburt, sich wieder der Erde nähert, um sich zu vereinigen mit dem Keim, der ihm durch die Eltern gegeben wird, dann geht er durch das Gebiet, wo die Mondwesen dasjenige registriert haben, was auf der Erde in früheren Inkarnationen erlebt worden ist. Während diese Mondenwesen, als sie auf der Erde lebten, den Menschen Weisheit brachten, eine Weisheit, welche sich namentlich auf die Vergangenheit des Weltalls bezog, halten sie in ihrem jetzigen kosmischen Dasein die Vergangenheit fest. Indem der Mensch hinuntersteigt zum irdischen Dasein, gräbt sich gewissermaßen alles das, was sie festgehalten haben, in seinen Astralleib ein. Ja, meine lieben Freunde, man redet so leicht davon: der Mensch besteht aus einer Ich-Organisation, einem Astralleib, einem Ätherleib und so weiter. Die Ich-Organisation ist eben diejenige, die am meisten der Erde zugeneigt ist, ist dasjenige, was wir im Erdendasein lernen und erleben; anders aber ist das bei den tiefer liegenden Gliedern der menschlichen Wesenheit. Schon beim Astralleib ist es anders, der ist voller Eintragungen, voller Bilder. Dieses gewöhnlich nur «unbewußt» Genannte, das wird ja etwas außerordentlich Reiches, wenn es in das Wissen wieder emporkommt. Und die Einweihung gibt eben die Möglichkeit, hinunterzutauchen in diesen astralischen Leib und alles, was die Mondwesen eingetragen haben – und das ist eben von der Art wie die gemeinsamen Erlebnisse mit andern Menschen –, an das Schauen heranzubringen. So kommt man durch die Einweihungswissenschaft wirklich hinter das Geheimnis, wie die ganze Vergangenheit im Menschen ruht, und wie «Schicksal» dadurch wird, daß mit dem Mondendasein Wesen verbunden sind, welche die Vergangenheit festhalten, so daß sie in unserem Inneren ruht, wenn wir die Erde betreten.

Ein anderer Fall: Wenn der Eingeweihte an Menschen herantritt, bei denen das gewöhnliche Bewußtsein so sich verhält, daß es einen ästhetischen, einen vorstellungsgemäßen Eindruck hat, er auch davon nicht träumen kann, dann steigt bei diesem Begegnen aus dem Innern des Eingeweihten zunächst nichts Bildhaftes herauf; aber indem der Eingeweihte einer solchen Persönlichkeit gegenübertritt, wird sein Blick, wie in dem andern Falle zum Mond, so jetzt zur Sonne geleitet. Und ebenso wie der Mond mit den Wesen in Verbindung ist, die ich Ihnen in der angegebenen Weise charakterisieren konnte, so ist die Sonne nicht etwa bloß der Gasball, von dem die Physiker heute sprechen. Die Physiker würden höchlichst erstaunt sein, wenn sie einmal eine Expedition ausrüsten und an den Ort kommen könnten, von dem sie meinen, daß er ausgefüllt sei durch allerlei glühende Gase, und der nach ihrer Meinung die Sonne bildet. Die Physiker würden nämlich finden, daß dort, wo sie glühende Gase vermutet haben, überhaupt nichts ist, viel weniger ist, als der Raum, weniger ist als nichts: ein Loch im Weltenraum. Was heißt Raum? Was Raum ist, das wissen ja die Menschen nicht, am wenigsten die, die viel darüber nachdenken, die Philosophen. Denn sehen Sie, wenn hier ein Stuhl ist, und ich gehe hin, ohne ihn zu beachten, so stoße ich mich an ihm. Er ist dicht, läßt mich nicht durch. Wenn kein Stuhl da ist, gehe ich durch den Raum ungehindert.

Nun gibt es aber noch einen dritten Fall. In diesem dritten Fall würde ich, wenn ich ginge, nicht aufgehalten, nicht gestoßen, aber ich würde aufgesogen werden, ich würde verschwinden: da fehlt der Raum, da ist das Gegenteil von Raum vorhanden. Und dieses Gegenteil von Raum ist eben in der Sonne. Die Sonne ist negativer Raum, ist ausgesparter Raum. Und gerade dadurch, daß da negativer, ausgesparter Raum ist, ist sie der Sitz, der gewöhnliche Sitz der dem Menschen nächststehenden, über ihm stehenden Wesenheiten: Angeloi, Archangeloi, Archai. Und der Blick des Eingeweihten wird in dem Falle, den ich erzählt habe, gelenkt nach jenen Wesen, die in der Sonne sind, nach den geistigen Wesenheiten der Sonne. Das heißt mit anderen Worten: eine solche Begegnung mit einem Menschen, die nicht karmische Vergangenheit ist, die neu auftritt, sie ist für den Eingeweihten die Vermittlung, mit diesen Wesenheiten in Zusammenhang zu kommen. Und es zeigt sich, daß da gewisse Wesen sind, mit denen der Mensch eine nähere, mit andern eine entferntere Verbindung hat. Und an der Art und Weise, wie diese Wesen an ihn herantreten, wird ihm nicht im einzelnen, sondern im großen und ganzen klar, welches Karma sich da anspinnt: kein altes Karma, sondern eines, dem er zum ersten Male begegnet. Da wird der Mensch gewahr, daß diese Wesenheiten, die mit der Sonne in Verbindung sind, ebenso mit der Zukunft zu tun haben, wie die Wesen, die mit dem Monde in Verbindung sind, mit der Vergangenheit zu tun haben.

Sehen Sie, es ist wirklich eine Vertiefung des ganzen menschlichen Gemütslebens, wenn sich der Mensch das, was so die Einweihungswissenschaft aus den Tiefen des Geisteswesens hervorholt, klarmacht, auch wenn er noch kein Eingeweihter ist. Denn die Dinge können schon einleuchten. Geradeso wie man ein Bild verstehen kann, ohne daß man ein Maler ist – ich habe den Vergleich oft gebraucht –, kann man diese Wahrheiten verstehen, ohne daß man ein Eingeweihter ist. Aber wenn man diese Wahrheiten auf sich wirken läßt, vertieft sich ungeheuer das ganze Verhältnis, das der Mensch zum Weltall hat.

Denken Sie doch, wie abstrakt, trocken, nüchtern eigentlich heute der Mensch von der Erde zum Weltgebäude hinaufsieht. Wenn der Mensch auf die Erde hinsieht, dann hat er noch einiges Interesse an der Erde. Er sieht die Tiere des Waldes mit einigem Interesse an. Wenn er ein edler Mensch ist, so gefallen sie ihm, die schlanke Gazelle, das flinke Reh. Wenn er weniger edel ist, interessieren sie ihn dennoch als Wildbret, er kann sie essen. Der Kohl auf dem Felde interessiert ihn. Das alles hat Beziehung zu demjenigen im Menschen, was er zunächst in sich selber wahrnimmt. Aber ebenso, wie der Mensch Beziehungen hat zu diesem Irdischen, das seine Gefühlswelt aufrüttelt, kann er seine Gefühlswelt aufrütteln, kann er seine Beziehungen entwickeln zu dem außerirdischen Kosmos. Und alles dasjenige, was schicksalsgemäß von der Vergangenheit herüberkommt, ruft – wenn es auf uns einen Eindruck macht – unser Herz, unsere Seele auf, hinzublicken nach den Mondwesenheiten und sich zu sagen: Hier auf der Erde wandeln Menschen herum; auf dem Monde leben Wesen, die einstmals mit uns auf der Erde waren. Sie haben einen anderen Schauplatz, Wohnplatz gesucht, aber wir Menschen sind mit ihnen verbunden geblieben; sie registrieren unsere Vergangenheit. Dasjenige, was sie tun, lebt in uns, wenn die Vergangenheit herüberwirkt in unser Erdendasein.

Wir schauen mit einer gewissen ehrfürchtigen Inbrunst zu diesen Wesen auf, und der äußere, silbern leuchtende Mond ist nur ein Zeichen für jene Wesenheiten, die so innig mit unserer Vergangenheit zusammenhängen. Und wir lernen gewissermaßen, eine Beziehung zu haben mit diesen kosmischen, außerirdischen Mächten, deren Sinnbilder die Sterne sind, eine Beziehung zu haben zu ihnen durch dasjenige, was wir als Menschen erleben, wie wir sonst eine Beziehung haben durch unser fleischliches Dasein mit alledem, was auf Erden lebt. Ebenso, wenn wir als Menschen ahnend, wie in banger Erwartung, der Zukunft entgegenschauen, wenn wir in diese Zukunft hineinleben mit unseren Hoffnungen und Bestrebungen, dann bleiben wir mit unserer Seele nicht allein, sondern wir verbinden uns ahnend mit demjenigen, was uns von der Sonne entgegenglänzt. Angeloi, Archangeloi, Archai werden für uns Sonnenwesen, sie werden für uns Wesen, von denen wir wissen: sie geleiten uns aus unserer Gegenwart in die

Zukunft hinüber. Wenn wir dann hinaufschauen in den Kosmos und sehen, wie der Mondenschein abhängig ist vom Sonnenschein, wie diese Himmelskörper in gegenseitiger Beziehung stehen, dann sehen wir da draußen im Kosmos ein Bild desjenigen, was in uns selber lebt. Denn so wie Sonne und Mond draußen in der Sternenwelt in Beziehung zueinander stehen, so steht in uns, was in uns mondenhaft ist, unsere Vergangenheit, in Beziehung zu unserem Sonnenhaften, zu unserer Zukunft. Und das Schicksal ist ja das, was im Menschen durch die Gegenwart aus der Vergangenheit in die Zukunft hinüberläuft. Wir sehen – gewissermaßen eingesponnen in den Kosmos, den Gang der Sterne – durch die gegenseitigen Verhältnisse der Sterne dasjenige im Großen, im Weiten abgebildet, was in unserem eigenen Inneren lebt.

Ja, meine lieben Freunde, das aber erweitert den Blick tief hinein in die Weltenzusammenhänge. Denn wenn der Mensch durch des Todes Pforte geht, hat er sich zunächst bloß losgelöst von seinem physischen Leib. Er lebt in seiner Ich-Organisation, seinem Astralleib, seinem Ätherleib. Aber der Ätherleib löst sich nach einigen Tagen los vom Astralleib und von dem Ich. Dasjenige, was der Mensch erlebt, das ist etwas, was gewissermaßen aus ihm herauswächst; es ist zunächst klein, dann wird es immer größer und größer: es ist sein Ätherleib. Es wächst hinaus in die Weiten, es wächst hinaus bis in die Sternenwelt, so erscheint es ihm. Aber in diesem Wachsen wird es so dünn, daß es nach wenigen Tagen dem Menschen schon entschwindet. Doch es ist noch etwas anderes dabei. Indem wir so unseren Ätherleib dem Kosmos übergeben, indem er sich verdünnt, erweitert, ist es, wie wenn wir ergreifen würden nach dem Tode die Geheimnisse der Sterne, wie wenn wir uns hineinleben würden in die Geheimnisse der Sterne.

Zunächst ist es ja so – und das ist auch der Fall, wenn wir durch die Todespforte gegangen sind –, daß, wenn wir jetzt hinaufgehen, wenn wir durch die Mondenregion kommen, aus unserem astralischen Leibe die Mondenwesen dasjenige ablesen, was eben von uns erlebt worden ist im Erdendasein. Beim Weggange aus dem Erdendasein, da empfangen uns diese Mondwesenheiten, da ist ihnen unser astralischer

Leib, in welchem wir jetzt sind, wie ein Buch, in dem sie lesen. Und das notieren sie getreulich, um es in den neuen astralischen Leib, wenn wir wieder heruntergehen zur Erde, einzuschreiben.

Aus der Mondenregion kommen wir dann durch andere Regionen, durch die Merkur- und Venusregion in die Sonnenregion. In dieser Sonnenregion wird nun alles dasjenige in uns lebendig, was wir als Menschen in früheren Leben durchlebt, gewirkt, getan haben. Wir treten ein in die Wesenheiten der höheren Hierarchien, in ihr Wirken, in ihre Taten und wir sind jetzt im Kosmos darinnen. Wie wir während des Erdendaseins auf der Erde herumwandelten, gewissermaßen gebannt in die Verhältnisse der Erde, so sind wir jetzt in den Weiten des Kosmos. Wir erleben im Weiten, während wir hier auf der Erde im Engen leben. Es kommt uns vor, wenn wir zwischen dem Tod und einer neuen Geburt unser Dasein verbringen, wie wenn wir auf der Erde eingesperrt gewesen wären, denn alles wird nun weit, wir erleben die Geheimnisse des Kosmos. Wir erleben sie nicht wie etwas, was unter physischen Naturgesetzen steht; diese physischen Naturgesetze erscheinen uns kleinliche Erzeugnisse des Menschengeistes. Wir erleben, was in den Sternen vorgeht, als die Taten der göttlich-geistigen Wesenheiten, wir gliedern uns ein in die Taten der göttlich-geistigen Wesenheiten. Nach dem, was wir können, handeln wir zwischen ihnen und mit ihnen, und eben aus dem Kosmos heraus bereiten wir unser nächstes Erdendasein vor.

Das ist es, was eigentlich wirklich in einem tieferen Sinne begriffen werden soll, daß dasjenige, was der Mensch in sich trägt, von ihm erarbeitet worden ist, während er im Kosmos war zwischen dem Tod und einer neuen Geburt. Es ist ja so wenig, was der Mensch äußerlich von seiner Organisation wahrnimmt. Das, was in jedem Organ steckt, ist nur verständlich, wenn das betreffende Organ aus dem Kosmos heraus verstanden wird. Nehmen wir gleich das edelste Organ, das menschliche Herz. Ja, der Naturforscher von heute seziert den Embryo, sieht daraus, wie das Herz allmählich zusammenschießt; er macht sich weiter keine Gedanken darüber. Aber dieses äußere plastische Gebilde, das menschliche Herz, es ist ja das Ergebnis, so wie es beim einzelnen Menschen individuell ist, desjenigen, was er mit den Göttern zusammen erarbeitet hat zwischen dem Tod und einer neuen Geburt. Erst muß der Mensch, indem er das Leben zwischen Tod und neuer Geburt durchmacht, in jener Richtung arbeiten, die von der Erde nach dem Löwen, dem Sternbild des Löwen im Tierkreis hingeht. Diese Richtung, diese Strömung von der Erde nach dem Sternbild des Löwen ist ja angefüllt von lauter Kräften. In dieser Richtung muß der Mensch arbeiten, damit er als Keim das Herz hervortreiben kann; da drinnen sind ja kosmische Kräfte. Dann muß der Mensch, wenn er diese Region durchgemacht hat, welche in den Weiten des Weltalls liegt, in sozusagen der Erde nähere Regionen, in die Sonnenregion kommen. Da werden wiederum Kräfte entwickelt, die das Herz weiter vervollkommnen. Und dann kommt der Mensch in jenes Gebiet hinein, wo er schon berührt wird von dem, was man Erdenwärme nennen kann; da draußen im Weltenraum ist ja nicht Erdenwärme, da ist ja etwas ganz anderes. Da wird das menschliche Herz in einer dritten Etappe vorbereitet. Die Kräfte, aus denen das Herz vorbereitet wird, sind in der Löwenrichtung zunächst rein moralisch-religiöse Kräfte; in unser Herz sind zunächst rein moralisch-religiöse Kräfte hineingeheimnißt. Demjenigen, der das durchschaut, erscheint es eigentlich ruchlos, wie die heutige Naturwissenschaft die Sterne, ohne das Moralische zu sehen, als gleichgültige, neutrale physische Massen ins Auge faßt. Und wenn der Mensch durch die Sonnenregion geht, werden diese moralisch-religiösen Kräfte von den Ätherkräften ergriffen. Und erst wenn der Mensch der Erde schon näher kommt, der Wärme, der Feuer-Region, da werden gewissermaßen der Vorbereitung die letzten Schritte hinzugefügt. Da beginnen die Kräfte tätig zu sein, die dann den physischen Keim gestalten für den Menschen, der als geistig-seelisches Wesen heruntersteigt.

Und so ist es, daß jedes einzelne Organ herausgearbeitet wird aus den Weiten des Weltenalls. Wir tragen in uns einen Sternenhimmel. Und wir hängen nicht nur durch den Grießbrei, den wir eben in den Magen hineingetan haben und der eben im Begriffe ist, sich in unseren Organismus zu verarbeiten, zusammen mit der Pflanzenwelt, die uns nährt, sondern wir hängen mit den Kräften des ganzen Kosmos zusammen. Diese Dinge werden dem Menschen allerdings erst klar, wenn er Sinn hat dafür, das Leben wirklich zu beobachten. Man wird schon dazu kommen, wiederum gegenüber dem Mikroskopischen, dem man heute geradezu einen Kultus entgegenbringt, auch das Makroskopische ins Auge zu fassen. Heute will der Mensch kennenlernen die Geheimnisse der Organisation des Tierischen, des Menschlichen, indem er möglichst sich vom Weltenall abschließt. Da versenkt er den Blick in eine Röhre, nennt das Mikroskopieren, und er schneidet ein winziges Ding aus, gibt es aufs Probiergläschen und bemüht sich, möglichst wegzugehen von der Welt, möglichst das Leben zu verlassen. Er reißt ein Stückchen ab, betrachtet es durch etwas, was den Blick abschließt von der übrigen Welt. Es soll gar nichts gesagt werden selbstverständlich gegen diese Art von Forschung, da kommen allerlei ganz schöne Dinge zutage. Aber den Menschen wirklich kennenlernen kann man auf diesem Wege nicht. Und sehen Sie, wenn man so vom Irdischen hinausblickt ins Außerirdische des Kosmos, hat man ja auch erst einen Teil von der Welt. Denn schließlich ist das nur ein Teil, der in das Sichtbare hereinstrebt. Die Sterne sind zwar nicht dasjenige, als was sie sich dem Auge darbieten – das ist bloß das Sinnbild –, aber sie sind ja doch noch sichtbar! Doch die ganze Welt, die wir durchmachen zwischen dem Tod und einer neuen Geburt, ist ja unsichtbar, ist übersinnlich. Und es gibt Regionen, die ja außerhalb des Sinnlichen liegen. Der Mensch gehört aber mit seinem Wesen diesen übersinnlichen Daseinsgebieten ebenso an wie dem Sinnlichen, und das, was der Mensch ist, lernt man eigentlich erst richtig kennen, wenn man in Betracht zieht, wie der Mensch durch die Weiten des Kosmos durchgegangen ist. Wenn er durch die Pforte des Todes in die Weiten des Kosmos getreten und wiederum zurückgekommen ist zur Erde, so lebt ja das auch in uns in den kosmischen Zusammenhängen; es lebt in uns, was von uns durch die Weiten des Kosmos durchgegangen ist, was einmal schon auf der Erde gelebt hat, aufgestiegen ist in den Kosmos und wiederum heruntergekommen ist zum engen Erdendasein. Und wir lernen allmählich hinblicken auf das, was wir im früheren Erdendasein waren. Losgerissen wird unser Blick vom Physischen, erhoben wird er in das Geistige. Denn wenn wir zurückblicken in frühere Erdenleben, vergeht uns durch die Kraft der Einweihungswissenschaft die Lust, alles nur sinnlich vorzustellen.

Zwar hat man auch in dieser Hinsicht manches erlebt. Es war eine Zeit, da gab es gewisse Theosophen, die wußten, daß der Mensch in wiederholten Erdenleben lebt. Sie wußten das aus der orientalischen Weisheit, aber sie wollten sich das Ganze so vorstellen, wie man es sinnlich vorstellen kann. Sie täuschten sich darüber, aber sie brauchten ein sinnliches Vorstellen. So wurde man damals darauf angeredet, daß ja der Mensch als physischer Organismus, wenn er durch die Pforte des Todes geht, zerfällt, zerstäubt; aber ein Atom bliebe, dieses eine Atom gehe auf wunderbaren Wegen zum nächsten Erdenleben über, und das nannten dann diese Theosophen das «permanente Atom». Es war nur ein Umweg, die Sache materialistisch vorstellen zu können. Aller solcher Hang zum materialistischen Vorstellen vergeht einem, wenn man wirklich durchmacht, was die Seele erleben kann, wenn man sieht, dieses menschliche Herz ist aus den Weltenweiten heraus gebildet.

Dagegen wird die Leber erst ganz nahe der Erdenregion gebildet; sie hat wenig Gemeinschaft noch mit dem, was Weite des Kosmos ist. Man lernt allmählich durch die Einweihungswissenschaft den Menschen so kennen, daß man sich sagt: das Herz, das könnte gar nicht im Menschen sein, wenn es nicht zubereitet würde, innerlich gestaltet würde aus den ganzen Weiten des Kosmos. Dagegen ein solches Organ wie die Leber, wie die Lunge, das wird erst in der Nähe des Erdendaseins gebildet. In bezug auf Lunge, Leber sieht der Mensch kosmisch der Erdennähe ähnlich, in bezug auf das Herz ist er ein weites kosmisches Wesen. Es geht einem am Menschen die ganze Welt auf. Man möchte, wenn man mit geistiger Anatomie Leber, Lunge, einige andere Organe aufzeichnet, sich die Erde aufzeichnen und das, was in ihrer Nähe ist; so ist es eigentlich in bezug auf die Kräfte. Geht man über zum Herzen, so möchte man das ganze Weltenall aufzeichnen. Der Mensch ist das ganze Weltenall, zusammengezogen, zusammengerollt. Er ist ein ungeheures Geheimnis, der Mensch, er ist ein wirklicher Mikrokosmos. Aber dieser Makrokosmos, in den der Mensch sich nach dem Tode verwandelt, reißt das Erkennen ganz los von der

Sinnlichkeit, von der Materialität. Und man lernt jetzt erkennen die gesetzmäßigen Zusammenhänge, welche bestehen zwischen Geistigem und Physischem, zwischen Seelischem und Seelischem.

Wir finden zum Beispiel Menschen in der Welt, die ein angeborenes Verständnis für die Dinge ihrer Umwelt haben, für die Menschen, die sie umgeben. Betrachten Sie nur nach diesen Verhältnissen das Leben, meine lieben Freunde! Es gibt Menschen, die begegnen vielen anderen Menschen, sie lernen sie aber nie wirklich kennen. Was sie einem von ihnen erzählen, ist höchst uninteressant, es sind keine charakteristischen Züge darin. Solche Menschen können sich nicht versenken, können sich nicht hingeben an die Wesenheit des anderen Menschen, sie haben kein Verständnis für den anderen. Es gibt Menschen, die haben dieses Verständnis. Wenn sie einen Menschen kennengelernt haben, und sie erzählen einem von ihm, dann trägt alles das Gepräge des Treffsicheren; man weiß gleich, wie der andere ist, wenn man ihn auch nie gesehen hat, er steigt vor einem auf. Es braucht nicht eine ausführliche Erzählung zu sein, kurze charakteristische Sätze kann derjenige zum vollständigen Hinmalen eines Bildes gebrauchen, der sich versenken kann in das Wesen eines Menschen. Es muß nicht ein Mensch sein, es kann irgend etwas in der Natur sein. Mancher Mensch erzählt einem, wie ein Berg ausschaut, ein Baum ausschaut; man gerät in Verzweiflung, man bekommt kein Bild davon, es bleibt alles leer, man hat das Gefühl, das Gehirn trocknet einem aus. Dagegen gibt es andere, die haben gleich volles Verständnis für irgend etwas; man könnte malen dasjenige, von dem sie einem erzählen. Solche Gaben oder Ungaben, Verständnis für die Umwelt, Verstocktheit gegenüber der Umgebung, die sind nicht aus dem Nichts heraus entstanden, sondern sie sind Ergebnisse unseres früheren Erdendaseins. Wenn man nun mit der Einweihungswissenschaft einen Menschen betrachtet, der recht viel Verständnis für seine menschliche und außermenschliche Umgebung hat, und man geht dann zurück – ich werde noch viel über dieses Zurückgehen zu sprechen haben –, mit der Einweihungswissenschaft in das vorige Erdenleben, dann findet man, welche Eigenschaften der Mensch im vorigen Erdenleben hatte, und wie sie sich verwandelt haben in das Verständnis der Umwelt im

Leben zwischen Tod und einer neuen Geburt. Und man kommt dann darauf, ein Mensch, der Verständnis hat für die Umwelt, war im vorigen Erdenleben so geartet, daß er viel Freude erleben konnte. Das ist sehr interessant. Menschen, die keine Freude erleben konnten im vorigen Erdenleben, können auch nicht zu einem Verständnis für die Menschen oder für die Umwelt kommen. Bei jedem Menschen, der dieses Verständnis hat, findet man: er war ein Mensch, der Freude haben konnte an der Umgebung. Aber auch das hat man sich erworben in einem früheren Erdenleben. Und wodurch kommt man dazu, diese Freude, diese Begabung, diese Anlage zur Freude an der Umgebung zu haben?. Dazu kommt man, wenn man in weiter vorangehenden Erdenleben Liebe entwickelt hat. Liebe in einem Erdenleben verwandelt sich in Freude; die Freude des nächsten Erdenlebens verwandelt sich in verständnisvolles Erfassen der Umwelt im dritten Erdenleben.

So schaut man Erdenleben an Erdenleben sich reihen, und so gewinnt man Verständnis auch für dasjenige, was aus der Gegenwart in die Zukunft hinüberstrahlt. Menschen, die viel hassen können, sie tragen als Ergebnis ihres Hassens in das nächste Erdenleben hinüber die Begabung, von allem schmerzlich berührt zu sein. Das ist so, wenn man einen Menschen studiert, der so als rechter «Zwiderwurzen» durch das Leben gehen muß, weil er von allem schmerzlich berührt wird, immer leidet. Man kann ja Mitleid haben, das ist auch das Richtige, aber es führt einen immer in ein voriges Erdenleben zurück, wo er es über den Haß nicht hinausbrachte. Ich bitte, mich nicht mißzuverstehen. Wenn da von Haß gesprochen wird, sagt sich der Mensch leicht: Ich hasse nicht, ich liebe alle. Er soll sich nur einmal prüfen, wieviel verborgener Haß auf dem Grunde der Menschenseele ruht. Ja, diese Zusammenhänge, sie werden einem wirklich erst klar, wenn man die Menschen voneinander reden hört. Es wird wirklich – denken Sie sich eine solche Statistik – viel mehr Schlechtes über einen Menschen gesagt, als Lobendes, Anerkennendes gesagt wird. Und wenn man eben wirklich diese Statistik aufnehmen würde, so würde man finden, daß unter den Menschen hundertmal – man kann wirklich diese Zahl angeben – mehr gehaßt als geliebt wird. Ja, es ist so, nur merken es gewöhnlich die Menschen nicht, weil sie ja glauben, immer berechtigt zu sein, zu hassen, und es ungeheuer entschuldbar finden, wenn sie hassen. Aber dieser Haß entwickelt sich in Leidensfähigkeit, Schmerzfähigkeit im nächsten Erdenleben, und in Verständnislosigkeit, in Verstocktheit im dritten Erdenleben, die an nichts heranwill, sich in nichts vertiefen kann.

Und so haben Sie die Möglichkeit, dadurch drei hintereinanderlaufende Erdenleben zu beobachten, indem Sie das Gesetz betrachten: Liebe wandelt sich in Freude, Freude im dritten Erdenleben in Verständnis für die Umgebung. Haß verwandelt sich in Anlage zum Schmerzerleiden; diese Anlage zum Schmerzerleiden, die aus dem Haß kommt, verwandelt sich im dritten Erdenleben in Verstocktheit, in Verständnislosigkeit gegenüber der Umgebung. Das sind seelische Zusammenhänge, die von einem Erdenleben in das andere hinüberführen.

Versuchen wir aber, an das Leben in einer andern Form heranzutreten. Es gibt Menschen – vielleicht haben sie es sich gerade auf diese Art in ihr Leben hereingebracht –, die interessiert nichts, sie wollen sich für nichts anderes interessieren außer für sich selber. Aber es hat eine große Bedeutung im Menschenleben, ob der Mensch sich für etwas interessiert oder nicht interessiert. Wirklich, auch in dieser Beziehung liefert die Statistik die merkwürdigsten Dinge. Ich habe Menschen kennengelernt, die am Vormittag mit einer Dame gesprochen haben, und am Nachmittag haben sie nicht gewußt, was die Dame für einen Hut oder was sie für eine Brosche gehabt hat, oder was für eine Farbe ihr Kleid gehabt hat. Es gibt solche Menschen, die sehen das nicht! Es gibt da die merkwürdigsten Anschauungen. Man hält das manchmal sogar für etwas Verzeihliches; aber das ist nicht verzeihlich! Es ist Interesselosigkeit, eine Interesselosigkeit, die manchmal soweit geht, daß der Mensch wirklich nicht weiß, ob derjenige, dem er begegnet ist, einen schwarzen oder einen hellen Rock angehabt hat! Es verbindet sich nicht inniglich dasjenige, was der Mensch aus seinem Leben hinaus schaut, mit dem, was da draußen steht. Ich erwähne etwas radikal diese Dinge; ich will ja nicht gleich behaupten, man verfalle Ahriman oder Luzifer, wenn man nicht weiß, ob die Dame blonde oder schwarze Haare gehabt hat. Ich will nur hinweisen darauf, daß die Menschen einen gewissen Grad von Interesse entwickeln für ihre Umgebung, oder auch Interesselosigkeit; doch das hat ja für die Seele eine große Bedeutung. Interessiert man sich für die Umgebung, dann wird die Seele innerlich erregt von dieser Umgebung, die Seele erlebt innerlich die Umgebung mit. Aber was man hier erlebt, mit Interesse, Anteil erlebt, das trägt man ja durch des Todes Pforte hinaus in die ganzen Weiten des Kosmos. Und so wie man hier Augen haben muß, um Farben zu sehen auf der Erde, muß man hier auf der Erde durch Interesse angeregt worden sein, um zwischen dem Tod und einer neuen Geburt die Möglichkeit zu haben, geistig zu sehen dasjenige, was da durchlebt wird. Und geht man interesselos durch das Leben, haftet man an nichts mit seinem Blick, hört man nichts von dem, was vorgeht, dann hat man zwischen dem Tod und einer neuen Geburt keinen Zusammenhang mit dem Kosmos, man ist gewissermaßen seelisch blind, kann nicht arbeiten mit den Kräften des Kosmos. Dadurch aber bereitet man seinen Organismus und seine Organe schlecht vor: man kommt in die Löwenrichtung und kann nicht die erste Vorbereitung für das Herz durchmachen; man kommt in die Sonnenregion und kann das Herz nicht weiter ausbauen; man kommt in die Feuerregion der Erde und kann hier nicht den letzten Schliff geben; man kommt auf die Erde und kommt mit der Anlage zur Herzkrankheit auf die Welt. So wirkt ein Seelisches, die Interesselosigkeit, in dieses Erdenleben hinüber. Und eigentlich wird das Wesen des Krankseins erst völlig erklärlich, wenn man die Zusammenhänge durchschauen kann, wenn man sieht, wie der Mensch, der gegenwärtig an dem oder jenem physisch leidet, dieses physische Leiden dadurch hat, daß er ein Seelisches in einem vorigen Erdenleben entwickelt hat, das sich in ein Physisches in diesem Erdenleben verwandelt. Physische Leiden in einem Erdenleben sind so oder anders geartete Erlebnisse eines vorigen Erdenlebens. Menschen, die, wie man sagt, pumperlgesund sind, die nicht krank werden können, die immer die beste Gesundheit haben, die führen in der Regel den Blick aus diesem Erdendasein zurück in frühere Erdendasein, in denen sie das tiefste Interesse gehabt haben für alles dasjenige, was ihre Umgebung ist, alles angeschaut, alles erkannt haben.

Natürlich dürfen Dinge, die sich auf das geistige Leben beziehen, niemals gepreßt werden. Sehen Sie, es kann natürlich auch eine karmische Strömung anfangen. Ich kann mit Verständnislosigkeit in diesem Leben beginnen: dann wird die Zukunft auf diese Verständnislosigkeit zurückweisen. Man darf nicht bloß von der Gegenwart in die Vergangenheit weisen. Daher kann man auch nur sagen: in der Regel, oder wenn eben karmische Veranlagung stattfindet, ist es so, daß gewisse Krankheiten zusammenhängen mit einer gewissen Seelenartung.

Überhaupt: Seelisches aus einem Erdenleben verwandelt sich in Körperliches im anderen Erdenleben; Körperliches aus einem Erdenleben verwandelt sich in Seelisches in einem anderen Erdenleben. In dieser Beziehung ist es wirklich so, daß derjenige, der auf karmische Zusammenhänge sehen will, manchmal den Blick auf Kleinigkeiten lenken muß. Es ist ungeheuer wichtig, den Blick nicht auf die Dinge zu lenken, welche wir sonst im Leben für besonders wichtig halten. Wenn man erkennen will, wie ein Erdenleben auf ein früheres Erdenleben zurückführt, muß man den Blick zuweilen auf Kleinigkeiten lenken. Ich versuchte zum Beispiel karmische Zusammenhänge – über solche Dinge werde ich noch in den nächsten Tagen zu sprechen haben – für verschiedene Persönlichkeiten des geschichtlichen und geistigen Lebens zu suchen, in ernster Weise natürlich, nicht so, wie häufig gesucht wird, und ich fand eine Persönlichkeit, welche ein so merkwürdiges inneres radikales Leben entwickelte, daß sie zuletzt dazu kam, besondere Wortbildungen sogar zu machen. Diese Persönlichkeit hat viele Bücher geschrieben, darin hat sie die merkwürdigsten Wortbildungen geschaffen. Zum Beispiel schimpfte sie viel, kritisierte viel die Zustände, die Menschen, ihre Gemeinschaften. So kritisierte der Betreffende auch die Art, wie manche Gelehrte im Neid gegen andere sich benehmen. Da stellt er Tatsachen nach dieser Richtung zusammen, in denen er das Schleicherische gewisser Gelehrtennaturen gegenüber den anderen Mitmenschen charakterisieren wollte, und das betreffende Kapitel überschrieb er: «Schlichologisches in der wissenschaftlichen Welt.» Es ist charakteristisch, wenn ein Mensch den Ausdruck «Schlichologisches» bildet, man fühlt etwas bei diesem Schlichologischen. Und sehen Sie, gerade das scharfe seelische Ins-Auge-fassen solcher Wortbildungen führt dazu, zu erkennen, wie diese Persönlichkeit in einem vorigen Erdenleben ein Mensch war, der viel zu tun hatte mit allerlei kriegerischen Unternehmungen, wo man vieles auf schleichenden Wegen durchzuführen hatte. Karmisch verwandelte sich das in die Fähigkeit, so Bilder zu machen vom Schleichen, von Kämpfen, Bekriegen in allerlei Unternehmungen, indem er in solchen Wortbildungen für die Dinge, die er jetzt erschaute, aus dem Kopf heraus das bezeichnen konnte, was er früher mit den Füßen, mit den Händen tat. So könnte ich bei dieser Persönlichkeit vieles anführen, was sich in gewisser Weise aus dem Physischen verwandelte in ein Seelisch-Geistiges.

Nun werden wir diese Betrachtungen morgen fortsetzen.

DRITTER VORTRAG

Prag, 31. März 1924

Ich habe gestern auf einiges hingewiesen, was mit dem fortlaufend durch die menschlichen Erdenleben hindurchgehenden Karma, der Bildung des menschlichen Schicksals, zusammenhängt. Nun möchte ich heute eine Vorstellung erwecken, wie die Schicksalsbildung sich eigentlich vollzieht. Wir müssen uns klar darüber sein, daß der Mensch, wenn er durch die Pforte des Todes tritt, in eine geistige Welt kommt, in eine geistige Welt, die nicht etwa an Ereignissen, an Wesenheiten ärmer ist als unsere physische, sondern unendlich viel reicher. Und so verständlich es auch sein kann, daß man immer nur das eine oder das andere schildern kann aus dem weiten Umkreis dieser geistigen Welt, so wird doch andererseits wiederum auch aus den verschiedenen Schilderungen, die gegeben werden, ersichtlich sein, wie unendlich reich, mannigfaltig das Leben zwischen dem Tod und einer neuen Geburt von dem Menschen verbracht wird. Hier im Erdengebiet, in dem wir das Leben zwischen Geburt und Tod zubringen, sind wir ja umgeben von dem, was wir als die verschiedenen Reiche der Natur ansehen: von dem mineralischen, dem pflanzlichen, dem Tierreich, dem physischen Menschenreich. Diese Reiche, außer dem Menschenreich, sehen wir – und zwar mit Recht – so an, daß sie Wesenheiten in sich schließen, welche der Rangordnung nach unter dem Menschen stehen, so daß sich der Mensch während seines Erdendaseins als gewissermaßen das höchste Wesen innerhalb dieser Wesensreiche fühlen kann. In dem Reich, das der Mensch durch die Pforte des Todes hindurchgehend betritt, ist das genaue Gegenteil der Fall. Der Mensch empfindet sich dort als dasjenige Wesen, das sich als unterstes in der Rangordnung anschließt an Wesenheiten, die ihm, dem Menschen, übergeordnet sind. Sie wissen ja, ich habe als Bezeichnung für diese Wesenheiten in der anthroposophischen Literatur die Namen der über dem Menschen stehenden Hierarchien aufgenommen und habe unterschieden, nach einer Terminologie, die nun schon einmal aus älteren

Zeiten da ist, zunächst diejenige Hierarchie, welche unmittelbar über dem Menschen steht, die sich also an den Menschen nach oben so anschließt, wie sich nach unten im Erdenbereich die Tierheit an ihn anschließt. Das ist die Hierarchie, welcher Angeloi, Archangeloi, Archai angehören. Dann kommt nach dieser Hierarchie, weiter nach oben gehend, die Hierarchie, welche die Exusiai, Dynamis, Kyriotetes umschließt. Dann die höchste Hierarchie, die oberste, die Throne, Cherubim, Seraphim. Wir haben neun Rangordnungen, dreimal drei Rangordnungen über dem Menschen. Je drei zusammen können wir parallelisieren, wenn wir von unten nach oben gehen, mit dem, was wir haben, wenn wir nach unten gehen, als Tiere in drei Stufen, Pflanzen in drei Stufen nach unten, Mineralien in drei Stufen nach unten. Damit aber haben wir erst die vollständige Welt desjenigen gegeben, dem der Mensch angehört.

Man könnte das Menschendasein auch so schildern, daß man sagt: Der Mensch tritt mit der physischen Geburt, der physischen Empfängnis aus einem rein geistigen Dasein in den Bereich der Naturordnungen des Tierischen, Pflanzlichen, Mineralischen; und der Mensch tritt, indem er durch die Pforte des Todes hindurchgeht, in das Reich der über ihm stehenden Wesenheiten. Das eine Mal lebt der Mensch in einem physischen Leib, der ihn verbindet mit den Reichen der Natur; das andere Mal, zwischen Tod und einer neuen Geburt, lebt der Mensch – wenn ich mich des Ausdruckes bedienen darf – in einem Geistleibe, der ihn aber ebenso verbindet mit den Wesenheiten der höheren Hierarchien. Hier im Erdenbereich wenden wir uns zunächst an dasjenige, was im Umkreis um uns ist; wir fühlen das gewissermaßen auf gleichem Niveau mit uns stehend und blicken von dem Erdenbereich aus zum – wie es nun in den verschiedensten Anschauungen genannt wird – Himmelsgebiet, zum Geistgebiet auf. Der Erdenmensch blickt aufwärts mit seinen Ahnungen, mit seinem religiösen Frommsein, mit demjenigen, was für sein Erdendasein das Allererstrebenswerteste ist. Und wenn er sich eine Vorstellung machen will von dem, was da oben im geistigen Reich ist, da bildet er sich ja wohl Gestaltungen aus, die von dem Irdischen entlehnt sind, er stellt in irdischer Weise dasjenige vor, was oben ist. Wenn der Mensch dann im Leben zwischen Tod und einer neuen Geburt lebt, ist es umgekehrt. Der Mensch weist nach unten, wenn er dasjenige bezeichnen will, worauf sein Blick gerichtet ist. Sie werden vielleicht sagen, meine lieben Freunde: Ja, dann weist aber der Mensch gerade auf das weniger Wertvolle. Das ist aber nicht so. Sondern von oben angesehen ist dasjenige, was hier im Erdenbereich ist, ja ganz anders, als es hier im Erdenbereich ist. Und gerade bei der Karma-Betrachtung kann es uns so recht verständlich werden, wie anders dasjenige, was auf der Erde vorgeht, von oben angesehen, ist, als es sich hier im Erdenbereich selbst für den Menschen ausnimmt.

Wenn wir durch die Pforte des Todes zunächst die geistige Welt betreten, kommen wir ja zuerst in den Bereich der untersten Hierarchie, der Angeloi, Archangeloi, Archai. Wir fühlen uns gewissermaßen angeschlossen an dasjenige, was als nächste Hierarchie über uns steht, und wir merken: Geradeso wie im Erdenbereich dasjenige, was um uns ist, für die Sinne seine Bedeutung hat, so hat das, was im geistigen Bereich ist, für das Innerste der Seele seine Bedeutung. Wir sprechen von Mineralien, von Pflanzen, von Tieren, insoferne wir sie mit Augen sehen, mit Händen greifen können, insoferne sie überhaupt für uns sinnlich wahrnehmbar sind; und wir sprechen zwischen dem Tode und einer neuen Geburt von Angeloi, Archangeloi, Archai, insoferne diese Wesenheiten mit demjenigen, was das innerste Wesen der Seele ist, Zusammenhang haben. Und wir lernen allmählich, indem wir weiterschreiten in dem langen Leben, das wir zwischen dem Tod und einer neuen Geburt verbringen, uns einfügen in dasjenige, was die Wesenheiten der nächsthöheren Hierarchie sind, die mit uns und miteinander zu tun haben. Diese verbinden uns gewissermaßen mit der geistigen Außenwelt. Wir sind auch zunächst im Leben zwischen Tod und einer neuen Geburt recht stark mit uns selbst beschäftigt, denn mit unserem Inneren hat die dritte, die unterste Hierarchie zu tun. Dann aber wird nach einiger Zeit unser Blick erweitert, wir lernen die geistige Welt außer uns, die objektive geistige Welt kennen. Da sind unsere Führer die Wesenheiten der Exusiai, Kyriotetes, Dynamis. Sie bringen uns zusammen mit demjenigen, was die geistige Außenwelt ist. Und ich möchte sagen, so wie wir hier auf der Erde sprechen von dem, was uns umgibt: Berge, Flüsse, Wälder, Wiesen und so weiter, so sprechen wir dort von dem, an das uns die Wesen der zweiten Hierarchie heranbringen. Das ist dort unsere Umgebung. Aber diese Umgebung ist nicht in demselben Sinne gegenständlich wie die Erde, sondern diese Umgebung ist wesenhaft, alles lebt, und lebt auf geistige Art. Wir lernen gewissermaßen zwischen dem Tode und einer neuen Geburt nicht nur Wesenheiten, Dinge kennen, sondern wir lernen Wesenheiten und ihre Taten, die sie untereinander tun, kennen, fühlen uns selber eingesponnen und hingegeben an diese Taten.

Dann aber kommt eine Zeit, in der wir fühlen, wie die Wesenheiten der dritten Hierarchie, Angeloi, Archangeloi und Archai, und die Wesenheiten der zweiten Hierarchie, Exusiai, Dynamis, Kyriotetes, mit uns zusammen an demjenigen arbeiten, was aus uns im nächsten Erdenleben werden soll. Und da eröffnet sich uns in diesem Leben zwischen dem Tod und einer neuen Geburt eine erschütternde, gewaltige Perspektive. Da schauen wir an das Treiben der dritten Hierarchie, Angeloi, Archangeloi, Archai, schauen, wie sie sich zueinander verhalten. Bilder bekommen wir von demjenigen, was unter den Wesen dieser dritten Hierarchie vorhanden ist; aber diese Bilder erscheinen uns alle so, daß sie einen Bezug zu uns haben. Und uns geht auf, wenn wir anschauen dasjenige, was da als Bilder der Taten der dritten Hierarchie erscheint, daß es das Gegenbild ist von dem, was wir als Gesinnung, als innere Gemütsverfassung in dem letzten Erdenleben gehabt haben. Wir sagen uns jetzt nicht mit abstrakten Gewissensvorstellungen: Du bist ein Mensch gewesen, der unrecht gehandelt hat an diesen oder jenen Menschen, der unrecht gedacht hat, nein, sondern wir sehen an dem, was Angeloi, Archangeloi, Archai tun, wie sie in mächtigen Bildern vor unserem Blicke erscheinen, was aus dem wird, das wir in uns als Gemütsstimmung, als Seeleninhalt, als Denkweise im letzten Erdenleben getragen haben; da sehen wir, wie es Bild wird in dem, was die Wesenheiten der dritten Hierarchie tun. Ausgebreitet in der weiten Welt ist dasjenige in der geistigen Sphäre, was wir an Gesinnungen gegenüber anderen Menschen, gegenüber anderem Irdischen entwickelt haben. Und wir werden dasjenige gewahr, was wir denken, fühlen, empfinden. Hier auf der Erde erscheint es in der Maja, als ob es eingeschlossen wäre in unserer Haut; im Leben zwischen Tod und einer neuen Geburt ist es anders. In dem Leben zwischen dem Tod und einer neuen Geburt erscheint es so, daß wir nun wissen: Dasjenige, was wir in unserem Inneren an Gedanken, Empfindungen, Gesinnungen entwickeln, das gehört der ganzen Welt an, das wirkt in die ganze Welt hinein.

Dem Orient nachgesprochen reden gar viele Menschen von der Maja, von der Illusion der äußeren Welt, die uns umgibt; aber es bleibt ein abstrakter Gedanke. Wenn man Betrachtungen anstellt wie jene, die durch unsere Seelen haben ziehen können, dann wird man gewahr, wie ernst es ist mit dem Worte: Diese Welt, die uns umgibt, ist Maja, ist die große Illusion, – und wie illusorisch die Anschauung ist von dem, was in unserer Seele vorgeht. Wir glauben, damit allein sein zu können. Die Wahrheit erscheint uns erst, wenn wir das Leben zwischen dem Tode und einer neuen Geburt durchleben. Da sehen wir das, was scheinbar in uns ist, den Inhalt einer weit ausgebreiteten, mächtigen, geistigen Welt bilden. Dann leben wir weiter und merken, wie die Wesen der zweiten Hierarchie, Exusiai, Dynamis, Kyriotetes, zusammenhängen mit demjenigen, was wir uns hier auf der Erde angeeignet haben durch Fleiß, Betriebsamkeit, durch Interesse, das wir gehabt haben für die Dinge und Vorgänge der Erde. Denn unseren Fleiß, unser Interesse im letzten Erdenleben bilden zunächst in mächtigen Bildern diese Wesenheiten: Exusiai, Dynamis, Kyriotetes, sie gestalten die Bilder von unseren Begabungen, von unseren Fähigkeiten in unserem nächsten Erdenleben. Wir schauen, was wir an Begabungen, Fähigkeiten im nächsten Erdenleben haben werden, an den Bildern, welche entrollen die Wesenheiten der zweiten Hierarchie.

Und dann geht das Leben weiter. Wenn es schon in die Nähe der Mitte zwischen dem Tod und einer neuen Geburt kommt, dann tritt etwas Besonderes ein. So wie wir auf der Erde hier stehen – besonders in jenen Augenblicken, wo wir aufblicken ins Weltenall, wenn die funkelnden Sterne uns entgegenleuchten –, da empfinden wir oben die Erhabenheit des himmlischen Weltenbereiches; etwas viel Großartigeres empfinden wir nach unten schauend, wenn wir im Geisterreich sind. Denn da sehen wir, wie in merkwürdiger Weise die Wesenheiten der ersten Hierarchie: Seraphim, Cherubim, Throne in gegenseitiger Beziehung Taten verrichten. Mächtige Bilder geistigen Geschehens zeigen sich uns jetzt, wenn wir den Himmel, der nach unten liegt – denn das ist dann unser Himmel – betrachten. Wie wir jetzt im physischen Erdenleben die Schrift der Sterne nach oben blickend betrachten, so sehen wir, wenn wir dann nach unten blicken, die Taten der Seraphim, Cherubim, Throne. Und dasjenige, was zwischen ihnen vorgeht, was sich in erhabenen und großartigen Bildern enthüllt, von dem fühlen wir in diesem geistigen Dasein, wie es etwas zu tun hat mit dem, wie wir selber sind und sein werden. Denn jetzt fühlen wir: Dasjenige, was da geschieht unter den Seraphim, Cherubim, Thronen, das zeigt uns, welche Folgen unsere Taten aus dem vorigen Erdenleben im nächsten Erdenleben haben werden. Wir schauen, wie wir uns zu dem einen Menschen so, zu dem anderen Menschen anders im Erdenleben verhalten haben, wie wir Mitgefühl oder Mitleidslosigkeit entwickelt haben, gute oder böse Taten verrichtet haben. Die Gesinnung hat mit der dritten Hierarchie zu tun, die Taten aber mit der ersten Hierarchie, Seraphim, Cherubim, Thronen. Dann tritt erschütternd vor unserer Seele wie in einem jetzt kosmisch in uns wirkenden Gedächtnis dasjenige auf, was wir im letzten Erdenleben getan haben zwischen Geburt und Tod. Dann blicken wir hinunter, die Taten der Geistigkeit erblickend. Seraphim, Cherubim, Throne, was tun sie? Sie zeigen uns im Bilde dasjenige, was wir mit den Menschen, mit denen wir im vorigen Erdenleben zusammengelebt haben, als eine Folge des neuen Zusammenseins werden erleben müssen zum Ausgleich dessen, was im vorigen Erdenleben zwischen uns erfolgt ist. Und wir begreifen an der Art, wie Seraphim, Cherubim, Throne miteinander zusammenwirken, daß das große Problem da gelöst wird. Wenn ich mit einem Menschen in einem Erdenleben zu tun habe, so bereite ich mir den ganzen Ausgleich selber vor; und nur daß er, der Ausgleich, eintrete, daß er Wirklichkeit werde, das arbeiten Seraphim, Cherubim, Throne dann aus. Und sie bringen es in Einklang damit, daß auch der andere, mit dem ich wieder etwas zu tun haben werde, in der gleichen Weise zu mir geführt wird, wie ich zu ihm. Was in erhabener Weise in den Bildern der Taten der höheren Hierarchien erlebt wird, das ist ja dasjenige, was dann verzeichnet wird von den Mondenwesen, und von den Mondenwesen dann eingetragen wird beim Herabsteigen in unseren astralischen Leib. Mit uns zusammen, die wir zwischen Tod und einer neuen Geburt sind, schauen diese Mondenwesen dasjenige, was geschieht, damit der Ausgleich mit dem vorigen Erdenleben stattfinde in einem nächsten Erdenleben.

Sie ahnen aus diesem, meine lieben Freunde, was ich Ihnen in solcher Weise sagen kann, wie großartig und gewaltig gegenüber der sinnlichen Welt das ist, was sich da enthüllt. Aber Sie sehen auch, wie wirklich dasjenige, was uns in der sinnlichen Welt entgegentritt, viel, viel mehr verhüllt, als es offenbart.

Dann geht eben der Mensch dem weiteren Leben entgegen, wenn er durch die Region der Seraphim, Cherubim, Throne durchgegangen ist, und geht dann weiteren Regionen entgegen. Immer mehr und mehr tritt in ihm die Sehnsucht nach einer neuen Verkörperung auf, in der er den Ausgleich finden kann für dasjenige, was er im vorigen Erdenleben durchgemacht hat.

Anthroposophie, meine lieben Freunde, ist nicht das Rechte, wenn sie bloß eine Summe von Ideen und Begriffen ist, wenn man bloß in einer abstrakten Weise davon redet, daß es ein Karma gibt, daß so und so von einem Erdenleben zum anderen hinüber gewirkt wird, sondern Anthroposophie wird eigentlich im Grunde genommen erst das Rechte, wenn sie nicht bloß zu unserem Kopf spricht, sondern in unserem Herzen eine Empfindung, eine Wahrnehmung davon erweckt, welche Eindrücke wir in der übersinnlichen Welt durch die Wesenheiten dieser übersinnlichen Welt empfangen können. Denn es scheint mir, daß kein Mensch, der einen offenen, empfänglichen Sinn hat, Mitteilungen empfangen kann über die übersinnliche Welt, wie ich sie jetzt geschildert habe, ohne daß die ganze Skala der Empfindungen in dieser Seele erregt wird. Und eigentlich sollte es ja so sein, daß wir uns sagen: Ja, hier auf der Erde machen wir manches durch, von dem tiefsten Schmerz bis zur höchsten Lust, zum freudigsten Glück, die ganze Skala des menschlichen Empfindens; aber dasjenige, was wir erfahren können von der geistigen Welt, sollte eigentlich auf uns intensiver wirken als der tiefste Schmerz, die höchste Lust auf uns wirken kann. Und wir stellen uns nur dann in der richtigen Weise zur geistigen Welt, wenn wir sagen: Es bleibt allerdings schattenhaft gegenüber dem großen Schmerz oder der großen Freude, die wir auf der Erde empfinden, was wir gegenüber den Tatsachen und Wesenheiten der geistigen Welt empfinden. Nicht bleibt es schattenhaft für den Eingeweihten, aber es bleibt schattenhaft für den, der nur die Kunde von der Einweihungswissenschaft bekommt. Doch man sollte sich dann auch sagen: Eine Ahnung bekomme ich dennoch, wie tief und intensiv das, was da mitgeteilt wird von der geistigen Welt, eigentlich auf die Seele wirken müßte, wenn sie nur stark und kräftig genug dazu wäre. Der Mensch sollte es eigentlich nur seiner irdischen Schwäche zuschreiben, daß er nicht vom höchsten Enthusiasmus bis zum tiefsten Schmerz alle Intervalle des Empfindens durchmachen kann, wenn er hört von demjenigen, wie die geistige Welt und ihre Wesenheiten sind. Wenn der Mensch die Tatsache, daß er das eben nicht in der richtigen Weise empfinden kann, seiner Schwachheit zuschreibt, dann ist auch schon etwas von der rechten Art, sich zur geistigen Welt zu stellen, von der Seele erreicht. Denn, sehen Sie, was hat denn schließlich alles geistige Erkennen für einen Wert, wenn es nicht eingehen kann auf die konkreten Tatsachen, wenn es nicht hinweisen kann darauf, was denn eigentlich geschieht innerhalb der geistigen Welt! Hier auf der Erde verlangen wir ja auch nicht, daß die Menschen von einer Wiese so sprechen, wie die Pantheisten oder Monisten oder abstrakten Philosophlinge über die Gottheit sprechen, sondern man verlangt, daß man die Wiese in ihren Einzelheiten beschreibt. So ist es ja auch gegenüber der geistigen Welt. Auch da muß man einen Sinn dafür haben, die konkreten Einzelheiten anzugeben. Das ist dem Menschen heute noch ungewohnt. Wenn man im allgemeinen von Geistigkeit redet, daß es eine geistige Welt gibt und so weiter, so nehmen das viele, die nicht starre Materialisten sind, hin. Aber wenn man diese geistige Welt im einzelnen beschreibt, da werden die Menschen oft wütend, weil sie nicht gelten lassen wollen, daß man konkret im einzelnen über die Wesenheiten und Geschehnisse der geistigen Welt sprechen kann. Es muß aber immer mehr und mehr, wenn nicht die menschliche Zivilisation in das Chaos verfallen soll, es muß immer mehr real von der geistigen Welt gesprochen werden. Denn auch die Erdenereignisse bleiben dunkel, wenn man dasjenige, was sie verhüllen, nicht kennenlernt.

Und in dieser Beziehung, meine lieben Freunde, ist ja wirklich schon im Schicksal der Anthroposophischen Gesellschaft etwas gelegen, was einen manchmal tragisch berührt! Aber wenn das nötige Verständnis für diese Dinge sich verbreitet, wenigstens innerhalb des Kreises der Anthroposophischen Gesellschaft, so kann man ja hoffen, daß aus der Tragik sich dasjenige entwickelt, was sein muß, daß von der Anthroposophischen Gesellschaft wirklich ausgeht eine Befruchtung der ja deutlich in das Chaos des Materialismus hingehenden äußeren Zivilisation der Menschheit. Aber dann muß etwas verstanden werden, was in ihr eben anfangs nicht verstanden worden ist, aber jetzt leichter verstanden werden kann, da ja zwei, mehr als zwei Jahrzehnte anthroposophischer Arbeit seit der Begründung der anthroposophischen Richtung verflossen sind.

Sie wissen ja, die anthroposophische Bewegung war im Beginne im Schoße der theosophischen Bewegung. Und als wir in Berlin diejenige theosophische Sektion begründeten, aus der dann die Anthroposophische Gesellschaft heraus sich entwickelt hat, da war unsere erste Versammlung so, daß ich in der Tat damals, ich möchte sagen, eine Art Ton angeben wollte für dasjenige, was eigentlich geschehen sollte. Und ich darf jetzt, wo wir durch die Dornacher Weihnachtstagung am Goetheanum den Versuch gemacht haben, die Anthroposophische Gesellschaft zu reorganisieren, ich darf auf eine Tatsache, die vielleicht recht wenig beachtet worden ist, hinweisen. Hier kann sie ja nicht beobachtet worden sein, weil von unseren böhmischen Freunden niemand anwesend war, soviel mir bekannt ist. Ich habe dazumal einen ersten Vortrag von der Art, wie sie später den Zweigvorträgen entsprachen, gehalten; der trug einen sonderbaren Titel, einen Titel, den man damals als ein großes Wagnis bezeichnen konnte, er trug den Titel: «Praktische Karmaübungen.» Und ich hatte eigentlich vor, ganz unbefangen über die Wirkungsweise des Karma zu sprechen.

Nun waren auf der Versammlung zunächst die Koryphäen der vorangegangenen theosophischen Bewegung, die mein Dasein dazumal als das eines Eindringlings empfunden haben und die von vorneherein überzeugt waren, daß ich eigentlich keine Berechtigung habe, über etwas Inneres, Geistiges zu sprechen. Und so hat es sich gegeben, daß in der damaligen Zeit diese Koryphäen der vergangenen theosophischen Bewegung immer wieder betont haben: Wissenschaft muß sein, der Wissenschaft der Gegenwart muß Rechnung getragen werden; die Sache ist nun auf gutem Wege, aber nur die ersten Schritte sind gemacht. Wenn man von diesen ersten Schritten weitergeht, kommt man erst zu dem, was sein soll. – Das ist schön, aber dabei kam nichts Besonderes heraus. Und so ist dann dasjenige, was dazumal beabsichtigt war, zu einer ziemlich theoretischen Sache geworden. Die «Praktischen Karmaübungen» waren angekündigt, aber kein Mensch hätte dazumal etwas von dem verstanden, am wenigsten die Koryphäen der Theosophischen Gesellschaft. Und so blieb dann das eine Aufgabe, die gewissermaßen unter der Oberfläche der anthroposophischen Strömung gepflegt werden mußte, die zunächst mit der geistigen Welt abgemacht werden mußte. Aber heute – und wie oftmals während der Entwickelung der anthroposophischen Bewegung – muß ich gedenken jenes Titels, den eigentlich der allererste anthroposophische Zweigvortrag haben sollte: «Praktische Karmaübungen.» Ich kann mich auch erinnern, wie erschrocken die Koryphäen damals gewesen sind, daß so ein verwegener Titel dazumal erschien.

Nun, sehen Sie, seither sind mehr als zwei Jahrzehnte hinuntergegangen, die Zeit läuft, es ist manches vorbereitet worden; aber diese Vorbereitung muß auch eine Wirkung haben. Und daher muß es heute möglich sein, daß eine solche Wirkung eintritt, daß in gewisser Beziehung die «Praktischen Karmaübungen» auftreten können, mit denen man – etwas kühn zu Werke gehend – dazumal beginnen wollte. Und sehen Sie, das wollte ja gerade unsere Weihnachtstagung: das wirklich kraftvolle Esoterische in die ganze anthroposophische Bewegung hineinbringen. Und damit muß Ernst gemacht werden. Denn mit dem bloß Formalistischen wird unsere anthroposophische Bewegung doch nicht reorganisierend auf unsere Zivilisation wirken. Deshalb soll in der Zukunft nicht davor zurückgeschreckt werden, in aller Offenheit über die Verhältnisse der geistigen Welt zu reden.

Nun möchte ich heute mit einigem beginnen, was als Geistiges zugrunde liegt dem Erdengeschehen, der Erdenmenschheit. Sehen Sie, wir haben in der ganzen Erdenentwickelung stehend dasjenige, was sich vollzog als das Mysterium von Golgatha. Ich habe ja oftmals darauf aufmerksam gemacht, wie durch das Mysterium von Golgatha die Erdenentwickelung eigentlich erst ihren Sinn bekommen hat, wie alles dasjenige, was dem Mysterium von Golgatha vorangegangen ist, gerade einer tieferen Betrachtung wie eine Vorbereitung zum Mysterium von Golgatha erscheint. Und wenn auch seit dem Mysterium von Golgatha durch die Schwäche der Menschen und von der geistigen Seite her durch die ahrimanischen und luziferischen Mächte die Hindernisse zunächst noch auffälliger sind als der Fortschritt der Menschheit, so ist seit dem Mysterium von Golgatha dennoch von der physischen und geistigen Welt ausgehend alles geschehen, um den Menschen weiterzubringen in der gesamten Weltenentwickelung. Dasjenige, was das Christentum der Menschheit gebracht hat, wird, wenn die Menschheit sich würdig erweist, es in seiner geistigen Vertiefung aufzunehmen, sich erst in der Zukunft erweisen. Aber der Impuls – auch zu alledem, was Anthroposophie bewirken kann – liegt im Mysterium von Golgatha.

Nun wissen wir, wie dieses Mysterium von Golgatha seine Wirkung zunächst geäußert hat über den Süden von Europa hinüber nach Mitteleuropa hinein. Doch ist das nicht dasjenige, was ich heute betrachten möchte. Ich möchte, daß Sie einen Blick werfen auf die Art, wie das Christentum über Nordafrika sich hereinverbreitet hat nach der europäischen Welt. Nun aber wissen Sie, daß ja mehr als ein halbes Jahrtausend nach der Begründung des Christentums durch das Mysterium von Golgatha sich eine andere religiöse Strömung von Asien herüber verbreitete: die mohammedanische. Diese mohammedanische Geistesart, die an den Namen des Mohammed anknüpft, sie erweist sich gegenüber dem Christentum als etwas, was mehr in Abstraktionen lebt als das Christentum. Das Christentum enthält, möchte ich sagen, viel mehr von unmittelbarer Schilderung der geistigen Welt als der Mohammedanismus. Aber der Mohammedanismus, er hat das Schicksal gehabt, vieles von alter Wissenschaft, alter Kultur in sich aufzunehmen. Und so sehen wir denn, wie gewissermaßen dem Christentum nachfolgend von Asien herüber sich später der Mohammedanismus ausbreitet. Es ist interessant, diese eigentümliche Ausbreitung zu verfolgen. Wir sehen, wie etwas weiter nach Norden die Strömung des Christentums geht, die dann nach Mitteleuropa kommt, und wie der Mohammedanismus gewissermaßen umklammert diese christliche Strömung über Nordafrika, Spanien bis Frankreich hinein; so umgabelt er dieses Christentum.

Nun kann man leicht einsehen, daß die europäische Kultur eine ganz andere geworden wäre, wenn das Christentum allein gewirkt hätte. In äußerer politischer Beziehung, da hat allerdings die europäische Kultur den Mohammedanismus – vielleicht besser gesagt den Arabismus – zurückgeschlagen. Allein wer das geistige Leben Europas ansieht, der kann zum Beispiel wissen, daß wir unsere gegenwärtige Weltanschauung – von der einen Seite den materialistischen Geist, von der anderen Seite die Wissenschaft mit dieser Schärfe des Denkens, mit einer arabeskenhaft entwickelten Logik, mit alledem, was eben diese Wissenschaft ist – nicht hätten, wenn nicht, trotzdem der Arabismus zurückgeschlagen worden ist, derselbe weiter gewirkt hätte. Und von jenem Spanien aus, ja noch von Frankreich, von dem Süditalien vorgelegenen Sizilien, von Afrika aus sind mächtige Einflüsse gekommen, welche die Denkformen Europas beeinflußt haben, die alles anders gestaltet haben, als es sonst geworden wäre, wenn bloß das Christentum gewirkt hätte. In unserer Wissenschaft ist mehr Arabismus als Christentum!

Nun hat später noch ein anderer Weg sich eröffnet: derjenige der Kreuzzüge, wo die Europäer direkt die allerdings schon in Dekadenz begriffene morgenländische Kultur kennengelernt haben. Vieles gerade von den Geheimnissen der morgenländischen Kultur hat er ihnen gebracht, so daß gerade in der abendländischen Zivilisation über der Schicht des Christentums dasjenige liegt, was vom Orientalismus durch den Arabismus durchgegangen ist. Aber sehen Sie, das alles wird eigentlich nicht verständlich, wenn man es nur von außen anschaut. Das alles muß von innen angeschaut werden. Von innen angeschaut nimmt es sich so aus, daß ja allerdings durch Kriege, durch gewonnene

Schlachten der Arabismus zurückgedrängt worden ist, daß die Araber, die Träger des Mohammedanismus, die Mauren und so weiter zurückgedrängt worden sind. Aber die Seelen dieser Leute verkörperten sich ja wieder, kamen wieder und wirkten weiter. Und man hat gar nichts davon, wenn man in abstrakter Weise schildert, wie der Arabismus von Spanien nach Europa gekommen ist; man hat erst etwas an Einsicht, wenn man die inneren konkreten Tatsachen kennt.

Nehmen wir eine solche Tatsache. Da lebte in der Zeit, wo in der europäischen Geschichte von Karl dem Großen die Rede ist, in Asien, in Bagdad in einem wunderbaren Glanz, in großartiger orientalischer Bildung *Harun al Raschid* vom achten ins neunte Jahrhundert herüber, wie ja auch Karl der Große. An Harun al Raschids Hofe war alles, was dazumal an vorderasiatischer, überhaupt an asiatischer Bildung vorhanden war, zwar getaucht in Mohammedanismus, aber es war alles, was an Bildung gegeben war, vorhanden: Mathematik, Philosophie, Architektur, Handel, Industrie, Geographie, Medizin, Astronomie, alles wurde von den erleuchtetsten Geistern Asiens am Hofe des Harun al Raschid betrieben. Heute haben die Menschen wenig Begriffe davon, wie gewaltig und großartig das war, was am Hofe Harun al Raschids getrieben worden ist. Da ist zunächst Harun al Raschid selber: nicht ein unverständiger Herrscher, der nur heranzog die großartigsten Weisen Vorderasiens, um zu glänzen, sondern eine Persönlichkeit, zwar in religiöser Beziehung ganz hingegeben dem Mohammedanismus, aber offen und frei für alles dasjenige, was orientalische Zivilisation brachte und hatte. Während Karl der Große notdürftig schreiben und lesen gelernt hat, war ein viel größerer Glanz am Hofe von Bagdad, ja es war gar nicht zu vergleichen mit Karl dem Großen, was eben dort von Harun al Raschid geleistet worden ist.

Es war auch die Zeit, in welcher ein großer Teil der damaligen vorderasiatischen Welt schon dem Mohammedanismus erobert war, ein großer Teil von Afrika, und überallhin wurde getragen dasjenige, was in so glanzvoller Weise am Hofe Harun al Raschids gewirkt hatte. Aber unter denjenigen, welche Träger von Geographie, Naturforschung, Medizin am Hofe von Harun al Raschid waren, befand sich so mancher, der in einer noch früheren Inkarnation Angehöriger einer alten Mysterienschule gewesen war. Denn die Menschen werden, auch wenn sie früher Eingeweihte waren, nicht immer wiederum so geboren, daß gleich bemerkt wird, daß sie in einem früheren Leben Eingeweihte gewesen sind. Man kann ja in jedem Zeitalter, auch wenn man ein Eingeweihter in früheren Mysterien war, nur diejenige Geistigkeit annehmen, nur zu derjenigen Seelenverfassung kommen, die einem der Leib gestattet, die in einem bestimmten Zeitalter sein kann. Wenn man auf das eigentliche Seelische hinschaut, so deckt es sich nicht mit den dialektisch-logischen Vorstellungen, die man von dem Seelischen im Menschen hat. Das Seelische ist eigentlich viel tiefer gelegen, als man es gewöhnlich auffaßt.

Ich will Ihnen ein Beispiel sagen. Denken Sie einmal an eine Persönlichkeit wie *Ernst Haeckel.* Bei ihm fällt zunächst auf, daß seine Weltanschauung materialistisch gefärbt ist, daß er eine Art von Mechanismus nicht nur der Natur, sondern auch des Seelenlebens vertreten hat, daß er in wuchtigen Hieben auf den Katholizismus loshaut, daß er da manchmal entzückend, manchmal fanatisch, aber manchmal auch geschmacklos ist. Derjenige, der die Zusammenhänge der verschiedenen Erdenleben beim Menschen ins Auge faßt, wird nach diesen Eigenschaften am allerwenigsten hinschauen, sondern er wird hinschauen auf die tieferen Eigenschaften der Seele. Kein Mensch, der sich blenden läßt von dem, was an Haeckel zunächst auffällt, kann, wenn er praktische Karmamethoden entwickeln will, auf Haeckels vorige Inkarnation kommen. Denn wer auf Haeckels vorige Inkarnation kommen will, der muß hinschauen auf die Art, wie Haeckel dasjenige vertrat, was er als Anschauungen hatte. Es ist aus der Zeit zu erklären, in der Haeckel gelebt hat, daß er gerade diese materialistische Bildung hatte. Das aber ist das Unwesentlichste, es kommt auf das innere Seelengefüge an. Und kann man dieses innere Seelengefüge fassen und hat man das okkulte Schauen, dann führt der Blick zurück – zum Beispiel gerade bei Haeckel – zu *Papst Gregor VII.*, dem ehemaligen Mönch Hildebrand, der gerade einer der kräftigsten, intensivsten Vertreter des Katholizismus war. Derjenige, der dann die beiden Gestalten vergleicht und weiß, daß es sich um diese beiden Gestalten handelt, der wird schon das Ähnliche herausfinden, der wird auch den Blick dafür bekommen, was in bezug auf die großen Angelegenheiten der Menschheit das Unbedeutende und was das Bedeutende ist. Die theoretischen Ideen sind gar nicht das Wesentliche. Die theoretischen Ideen sind nur in unserer theoretischen, materialistischen, abstrakten Zeit das Wesentliche. Hinter den Kulissen der Weltgeschichte ist dasjenige, was die Seele in ihrer Art ist, das Wesentliche. Wer das durchschaut, wird schon die Ähnlichkeit zwischen Gregor VII. und seiner Wiederverkörperung als Haeckel herausfinden können.

Solche Anschauungen muß man sich erst aneignen, wenn man auf das konkrete Karmawesen eingeht, und wenn einem das etwas soll sagen können, daß zum Beispiel am Hofe Harun al Raschids Menschen lebten, welche eben äußerlich, weil ihnen so der physische Körper und die Erziehung gegeben waren, sich im Sinne des achten bis neunten Jahrhunderts ausnahmen, die aber die Wiederverkörperungen von alten Eingeweihten in Mysterien waren. Wenn man den geistigen Blick hinrichtet auf diesen Hof Harun al Raschids, dann fällt einem ganz besonders eine Persönlichkeit auf, die ein gründlicher, intensiv wirkender Ratgeber Harun al Raschids und für die damalige Zeit ein universeller Geist war, ein Geist, der diese Merkwürdigkeit hinter sich hatte, daß er in einer vorigen Inkarnation an allen Einweihungen in derselben Gegend, in der Harun al Raschid herrschte – als aber noch ganz andere Völker dort waren – teilgenommen hatte, und der in einer späteren Inkarnation als eine andere Persönlichkeit mit aller inneren Sehnsucht nach einer Initiation gestrebt hat, sie aber nicht erreichen konnte, weil das Schicksal ihn nicht dazu kommen ließ, damals eingeweiht zu werden. Eine solche Persönlichkeit lebte am Hofe Harun al Raschids, die daher dasjenige im tiefsten Inneren verbergen mußte, was aus der früheren Einweihungsinkarnation in ihr war. Das Nichterreichen-Können lag in einer späteren Inkarnation, dann kam diejenige, die am Hofe Harun al Raschids war. Und am Hofe Harun al Raschids wurde diese Persönlichkeit – weil ja dazumal nicht mehr im alten Sinne Initiationen möglich waren – einfach eine Persönlichkeit, die aus einem mächtigen Drange, aus einer mächtigen Phantasie, einer exakten, logischen Phantasie wirkte, ungeheuer anregend wirkte auf alles, was an diesem Hofe gepflegt worden ist, und der Organisator an diesem Hofe war. Es lebten da alle möglichen Gelehrten, Künstler, ein ganzes Heer von Dichtern war ja am Hofe Harun al Raschids, es lebten Vertreter aller Wissenschaften da. Außerdem war Bagdad dazumal eben der Mittelpunkt für alles weit ausgedehnte wissenschaftlich-künstlerische Treiben, das in dem Kalifenreiche vorhanden war. Und was da zu organisieren war, ging eigentlich alles mit von dieser Persönlichkeit aus, einer Persönlichkeit von hoher Initiative. Nun, solche Individualitäten haben doch eine große Bedeutung im weiteren Fortgang der Menschheitsentwickelung.

Sehen wir uns jetzt die Persönlichkeit Harun al Raschids selber an. Wer mit einem okkulten Blick diese Persönlichkeit in ihrer Seelenhaftigkeit erfassen und sie dann wieder aufsuchen kann, und sucht, ob sie sich wieder verkörpert hat, der findet, daß diese Persönlichkeit Harun al Raschids ja in der Tat eine solche war, die weiter verbunden war mit demjenigen, was sie auf der Erde gestiftet hat, es weitergetragen hat, indem sie durch des Todes Pforte gegangen ist, die weitergegangen ist auf geistige Art mit der Erdenentwickelung der Menschheit, die von der geistigen Welt aus vieles beeinflußt hat, aber auch selber viel wieder aufgenommen hat. Und dann erschien sie wiederum eben in der Art, in der sie erscheinen konnte dem Zeitalter nach: es erschien diese Persönlichkeit als Lord *Baco von Verulam*, der der Begründer der neueren Wissenschaftlichkeit war. Baco von Verulam hat ja geradezu dem neueren europäischen Denken von England aus einen großen Anstoß gegeben. Sie können sagen: Ja, er unterscheidet sich mächtig von der Persönlichkeit Harun al Raschids! Aber es ist doch dieselbe Individualität! Denn dasjenige, was eben äußerlich als Unterschied auftritt, gehört der Äußerlichkeit an. Und so sehen wir gewissermaßen die Seele Harun al Raschids von Asien herüber sich nach dem Tode weiterentwickeln, um vom Westen herüber in der Art, wie es eben geschehen konnte, sogar vieles vom neueren Materialismus begründend, auf die neuere europäische Zivilisation zu wirken.

Die andere Persönlichkeit, die nicht nur die rechte Hand, sondern die Seele des Hofes Harun al Raschids war, die jenes merkwürdige Schicksal in geistiger Beziehung hatte, diese Seele machte einen anderen Weg. Dieser Seele lag wenig daran, als sie durch die Pforte des Todes gegangen war, noch einen äußeren Glanz auszuleben. Diese Seele hatte vielmehr den inneren Drang, sich recht innerlich auszuleben. Darum konnte sie gar nicht einen Weg machen, der sie in der nächsten Inkarnation hinüber nach dem Westen geführt hätte. Beachten Sie nur, wie es mit Harun al Raschid war: ungeheurer Glanz, innerliche Gediegenheit der Zivilisation am Hofe Harun al Raschids, aber zu gleicher Zeit der Drang, alles zu veräußerlichen, was im Mohammedanismus gegeben war. Das mußte sich in einer nächsten Inkarnation ausleben. Die weite, umfangreiche Wissenschaftlichkeit mußte zum Vorschein kommen. Sie kam zum Vorschein. Es drängte sich dasjenige, was äußerer Glanz am Hofe Harun al Raschids war, bei Baco selber ans Tageslicht.

Die andere Persönlichkeit war zwar die Seele am Hofe Harun al Raschids, aber eine sehr innerliche Persönlichkeit. Sie stand ja sehr nahe demjenigen, was in den alten Mysterien gepflegt worden ist. Nun konnte man dieses nicht ausleben, wenigstens nicht bis in unsere Zeit, wo das Kali Yuga abgelaufen ist und die Michaelszeit beginnt, wo es wieder möglich geworden ist, ganz unbefangen vom Geistigen zu sprechen. Man konnte aber, was man so aufgenommen hatte, in einer umfassenden, energischen Weise so in die Zivilisation hineingießen, daß es von einer intensiven Wirkung werden konnte. So etwas geschah mit der anderen Persönlichkeit. Die entwickelte sich, nachdem sie durch die Pforte des Todes gegangen war, so in der geistigen Welt, daß sie zuletzt, als sie wieder auf der Erde erschien, ich möchte sagen nicht im Westen landen konnte, wo der Materialismus herkam, sondern in Mitteleuropa landen mußte und dort ausleben konnte dasjenige, was aus den alten Mysterien stammte, aber angepaßt werden mußte den geänderten Zeitverhältnissen. Aus dieser Persönlichkeit wurde die des *Amos Comenius*. Und so könnte man sagen, daß diese zwei Seelen, welche am Hofe Harun al Raschids gelebt haben, in der folgenden Zeit so durch die Weltgeschichte gegangen sind, daß sie zwei verschiedene Wege gegangen sind. Die eine, möchte ich sagen, den Süden Europas umsäumend, um vom Westen aus Organisator der neueren Geschichte, Philosophie, der Wissenschaften zu sein, als Baco von Verulam; die andere nahm, ich möchte sagen, den Landweg, jenen Weg, den auch die Kreuzzüge genommen haben; er nahm den Weg nach Mitteleuropa. Auch er wurde ein großer Organisator, aber man sieht seiner Organisation an, wie sie anders wirkte. Und in der Tat, ein großartiges Schauspiel, ein gewaltiges Schauspiel ist es, daß, allerdings zu etwas verschiedenen Zeiten – man darf das nicht mißverstehen, aber das war mit dem weltgeschichtlichen Karma verbunden – Amos Comenius und Lord Baco von Verulam lebten, daß sie verschiedene Wege genommen haben. Aber dann war es so, daß sie sich doch in der letzten Zeit wiederum, wenn ich mich des trivialen Ausdruckes bedienen darf, in Mitteleuropa getroffen haben. Und vieles von dem, was die Zivilisation finden muß, mußte ja in dieser Weise in der Zivilisation sich vollziehen, daß dasjenige, was in esoterischer Beziehung in dem Wirken des Amos Comenius liegt, sich verbindet mit der Kraft, die in die Technik eingezogen ist, sich verbindet mit allem, was liegt in demjenigen, was durch Baco von Verulam begründet worden ist. Aber es ist eines der wunderbarsten Beispiele der Weltgeschichte, dieses Ausgehen von zwei Seelen, die im achten bis neunten Jahrhundert gewirkt haben am Hofe Harun al Raschids. Harun al Raschid selber, der gewissermaßen geht über Afrika und Südeuropa nach England, um von England zu wirken nach Mitteleuropa herein; Amos Comenius, der nach Mitteleuropa herüberkommt, um in dem, was er ausbildete, sich mit dem anderen zu begegnen.

So, meine lieben Freunde, wird geschichtliche Betrachtung eigentlich erst Realität. Denn was von einer Epoche der Weltgeschichte in die andere Epoche geht, das geht ja nicht in abstrakten Begriffen, fliegt ja nicht in abstrakten Begriffen hinüber, sondern die Menschenseelen sind es selber, die hinübertragen dasjenige, was geschehen ist. Wir verstehen erst, wie in der folgenden Zeit dasjenige entsteht, was sich aus der früheren Zeit entwickelt, wenn wir verfolgen, wie die Seelen sich hinüberentwickeln von einem Zeitalter in das andere. Wir müssen überall Ernst machen mit dem, was man Maja nennt, und der innerlichen Wirklichkeit. Auch Geschichte ist Maja, wenn man sie nur von außen betrachtet; man begreift sie erst, wenn man von der Maja zur Wahrheit geht.

Möge nun – wir wollen ja diese Betrachtungen in der nächsten Mitgliederversammlung fortsetzen –, meine lieben Freunde, es in der richtigen Weise aufgefaßt werden, wenn jetzt, inauguriert durch die Weihnachtstagung, an die Verwirklichung dessen gegangen wird, was ganz im Anfang – vielleicht mit einiger Naivität – angekündigt wurde als «Praktische Karmaübungen». Nach einer jahrzehntelangen Vorbereitung wird aber wohl innerhalb der Anthroposophischen Gesellschaft eine wirkliche geistige Betrachtung auch über den Karmagedanken, über praktische Karmaübungen ertragen werden können, ohne daß daraus Mißverständnisse und Verirrungen im Leben erwachsen.

VIERTER VORTRAG

Prag, 5. April 1924

Bevor ich mir erlaube, auf die so lieben Worte des Herrn Professor Hauffen hin, die in Ihrem Namen gesprochen worden sind, Ihnen meinen Abschiedsgruß zu sagen, lassen Sie mich vorher noch die Betrachtungen des heutigen Abends anstellen.

Es wird ersichtlich geworden sein aus den vorangehenden Betrachtungen hier in der Prager Anthroposophischen Gesellschaft, wie ein Wirken des Geistes – oder vielleicht besser gesagt von geistigen Wesenheiten – über der Menschheitsentwickelung waltet, und wie die Menschenseelen selber geisterfüllt von Epoche zu Epoche dasjenige hinübertragen, was sie in einer Epoche sich erarbeitet haben, allerdings auch dasjenige, was sie als Schuld in der einen Epoche auf ihre Seelen gehäuft haben. Aber all das läßt uns ja einen tiefen Blick in das Leben des physisch-seelisch-geistigen Kosmos hineintun, und erst dadurch begreifen wir unser Menschenwesen, wenn wir einen solchen Blick tun. Denn ohne daß wir dabei in irgendeinen Hochmut verfallen, müssen wir uns gestehen, daß wir dem geistigen Urquell des Kosmos mit unserer eigenen Menschennatur verbunden sind und wir unsere eigene menschliche Natur nur verstehen, wenn wir den Kosmos geistig durchdringen. Nun soll seit der Weihnachtstagung ja nicht nur die Anthroposophie verwaltet werden innerhalb der Anthroposophischen Gesellschaft, sondern das Verwalten soll selbst Anthroposophie sein. Und das muß ja auch in der Umgestaltung des anthroposophischen Wirkens zum Ausdruck kommen. Ich habe mich daher nicht gescheut, in diesen Vorträgen vom Exoterischen weg mehr ins Esoterische hinein die Betrachtung strömen zu lassen, und einiges von dem möchte ich heute noch zu diesem Gesagten hinzufügen. Ich möchte hinzufügen etwas, was anschaulich machen kann, wie die menschliche Seele aus der einen Zeitepoche in die andere hinübergetragen wird. Dasjenige, was im Großen und Ganzen geschieht, geschieht ja auch für den Einzelnen, und wenn wir das Karma begreifen von Persönlichkeiten, die uns allen bekannt sind, so können wir auch ein Licht werfen auf unser eigenes Karma. Deshalb lassen Sie uns heute die Betrachtung über Karma noch etwas im Konkreten fortsetzen.

Ich habe schon im Verlaufe dieser Betrachtungen den Namen eines Mannes genannt, der in einer merkwürdigen Weise zeigt, wie in einer Willensnatur etwas Visionäres zur Offenbarung kommen kann. Ich habe den Namen des italienischen Freiheitshelden *Garibaldi* genannt, habe auch einige charakteristische Züge von ihm angegeben. Alles dasjenige, was sich in diesem Garibaldi äußert, ist Willensregung. Welcher ungeheure Wille gehört dazu, daß er als junger Mann oft und oft in einer gefährlichen Zeit, im zweiten, am Beginne des dritten Jahrzehntes des neunzehnten Jahrhunderts, die Adria auf eigene Verantwortung hin durchschiffte, wiederholt gefangen genommen wurde, immer wiederum durch seine Kraft und seinen Mut freikam. Welch ungeheure Willensentfaltung liegt darin, daß er, als er gesehen hat, wie zunächst in Europa für ihn kein Feld ist, nach Südamerika hinüberging und dort einer der kühnsten Menschen wurde für die Entfaltung des Freiheitslebens. Ich habe auch wohl aufmerksam darauf gemacht, wie er in bezug auf seine Verheiratung eigentlich über die gewöhnlichen irdischen Verhältnisse hinaus das eigene Leben entfaltete; und als er dann wiederum nach Europa zurückgekehrt war, war er ja derjenige, dem eigentlich das Italien der Gegenwart alles verdankt.

Als eines Tages an mich die Frage herantrat: Wie könnte es mit den karmischen Zusammenhängen dieser Persönlichkeit beschaffen sein?, da traten zwei Fragen auf. Denn das Erleben karmischer Zusammenhänge ist nicht etwas ganz Einfaches, sondern etwas Kompliziertes. Ich habe schon gesagt, daß man manchmal bei scheinbaren Geringfügigkeiten des Lebens einsetzen muß, um von diesen Geringfügigkeiten, die aber anschaulich konkret sind, dann überzugehen zu demjenigen, was die Tatsachen des einen Erdenlebens hinüberträgt in die Tatsachen des anderen Erdenlebens.

Und so war es bei Garibaldi besonders der Umstand, daß er seiner Gesinnung nach Republikaner war, durch und durch Republikaner war, aber in Italien mit aller Kraft seines Willens das Königreich unter *Viktor Emanuel* verwirklichte. Und eigentlich sieht man, wenn man nur die äußere Biographie Garibaldis ins Auge faßt, einen gründlichen Widerspruch zwischen dieser seiner innersten Gesinnung und demjenigen, was er getan hat. Auf der anderen Seite sieht man, wie er sich verbunden fühlte mit Männern wie *Mazzini* und *Cavour*, mit denen er in Gedanken durchaus nicht übereinstimmte, die ganz andere Gedankenrichtungen hatten. Da fällt einem dann auf, wie es merkwürdig ist, daß der im Jahre 1807 geborene Garibaldi seine Geburtszeit und seinen Geburtsort eigentlich in unmittelbarer Nähe der Geburtsorte dieser drei anderen Persönlichkeiten hat: des späteren Königs Viktor Emanuel, Cavours, des Staatsmannes, und des Philosophen Mazzini. Sie sind sozusagen in unmittelbarer Nähe voneinander geboren. Da wird man geführt darauf, zu suchen, wie das Karma solcher Persönlichkeiten zusammenhängt.

Die andere Frage, auf die so etwas führt, ist diese – wahrhaftig eine tiefgehende Frage! Wir müssen ja immer darauf aufmerksam machen, wenn wir geisteswissenschaftliche Betrachtungen anstellen, wie es in alten Zeiten Eingeweihte, Initiierte, Besitzer und Eigentümer der Weltenschau im weitesten Sinne gegeben hat. Die Frage kann nun entstehen: Da ja auch diese Weisen der alten Zeiten sich wiederverkörpern müssen, wo sind sie dann in der neueren Zeit? Und mancher könnte fragen: Wo sind denn die großen Persönlichkeiten der alten Zeit, die als Initiierte gewirkt haben, in späteren Zeiten wirksam? – Sehen Sie, sie sind wiedergekommen, diese großen Eingeweihten, aber Sie müssen bedenken, meine lieben Freunde, wie der Mensch, wenn er in irgendeinem Zeitalter erscheint, darauf angewiesen ist, den Körper zu benutzen, den ihm irgendein Zeitalter gibt. Die Körper der alten Zeiten waren gefügiger, waren für den Geist plastischer, biegsamer; und innerhalb des Erdenlebens braucht man den Körper, um dasjenige, was man in sich aufgenommen hat, bevor man heruntergestiegen ist in das Erdenleben, auch wirklich in Erdenoffenbarung und Erdentun umzusetzen. Und so müssen wir gerade bei einer solchen Rätselfrage bedenken – und damit soll gar keine Kritik geübt werden –, wie ja die ganze Erziehung der ganzen neueren Zeit schon seit Jahrhunderten so ist, daß der menschliche Organismus so wird, daß in unserem Leben gar nicht zur Erscheinung kommen kann, was im Eingeweihten gelebt hat. Es muß vieles ganz in den Untergründen des Daseins bleiben. Und deshalb erscheinen manche Eingeweihte alter Zeiten als Persönlichkeiten, denen man dann mit den Begriffen, die man heute hat, gar nicht ansieht, daß sie einmal Eingeweihte gewesen sind, weil sie den Körper ihres Zeitalters benützen müssen.

Gerade einen solchen Fall haben wir in Garibaldi vor uns. Wenn wir im europäischen Leben weit zurückgehen, so finden wir Mysterien und Eingeweihte der tiefsten Art im uralten Irland. Aber die irischen Mysterien haben sich bis in die christliche Zeit wirklich erhalten. Selbst noch heute ist in Irland viel geistiges Leben – nicht abstraktes, begriffliches, sondern wirkliches – geistig wirksam. So chaotisch sich das äußere Irland heute ausnimmt, es ist in Irland viel wirkliches geistiges Leben; aber das ist ja doch nur der letzte Rest desjenigen, was einst dagewesen ist. In Hybernia, in Irland waren tief eingreifende Mysterien, die noch in den ersten Jahrhunderten unter Aufnahme des Christentums bis nach Europa hineingewirkt haben. Und da findet sich dann ein Eingeweihter, der den Weg nahm von Irland ungefähr bis in die Gegend des heutigen Elsaß im achten bis neunten Jahrhundert nach der Begründung des Christentums. Dieser Eingeweihte hat viel getan dazumal, um unter Stürmen für das wirkliche Christentum zu wirken, für das ja *Bonifatius* sehr wenig gewirkt hat in Wirklichkeit. Und zu diesem Eingeweihten sind aus drei Weltgegenden drei Schüler gekommen, drei Schüler, die sich ihm anvertraut haben. Diese drei Schüler sind – der eine mehr, der andere weniger – weit gekommen. Aber es war gerade in den irischen Mysterien die strenge Regel, daß Schüler, die sich einem Eingeweihten anvertraut hatten, von ihm im künftigen Erdenleben nicht wieder verlassen werden, sondern daß von ihm etwas vollbracht wird im Erdenleben, was diese Schüler mit ihm zusammenhält, was ein Band begründet zwischen diesen Schülern und ihm. Der Eingeweihte, den ich meine, ist im neunzehnten Jahrhundert wiederum erschienen als Giuseppe Garibaldi, mit diesem visionären Willen, der eben in älteren Zeiten auf ganz andere Weise zur Offenbarung gekommen ist, sich ausleben konnte, als in einem Körper des neunzehnten Jahrhunderts, der eine ganz andere Erziehung als die des neunzehnten Jahrhunderts, eine sehr geringe Erziehung sogar, durchgemacht hat. Und die drei anderen, die ich erwähnt habe, waren die Schüler, die als Schüler aus drei verschiedenen Erdgegenden gekommen sind. Dasjenige aber, was als Gewalt gewirkt hat von einer Inkarnation in die andere, das wirkte tiefer als äußere Prinzipien. Gegenüber dem, was Mensch an Mensch kettet über die Inkarnationen hinweg, ist das eine Geringfügigkeit, wenn man sagt: Ich bin Republikaner, du bist Monarchist. – Man muß sich in diesen Dingen schon klar sein darüber, wie weit entfernt die irdische Maja, die große Illusion, der Schein des Daseins ist von der geistigen Wirklichkeit, die hinter den Erscheinungen des Daseins geistig impulsierend tätig ist. Und so konnte Garibaldi zum Beispiel Viktor Emanuel nicht verlassen, trotzdem er ganz anderer Gesinnung war als er. Gesinnungen gehören, wenn sie sich auf Äußeres beziehen und nicht auf Menschen, doch dem Zeitalter an, nicht der Individualität, die von Erdenleben zu Erdenleben geht.

Ich möchte ein anderes Beispiel wählen, das mir auf eine merkwürdige Weise nahegetreten ist. Ich hatte einen *Geometrielehrer*, der mir außerordentlich wertvoll war. Vielleicht werden Sie aus meiner Lebensbeschreibung wissen, daß ja Geometrie überhaupt zu demjenigen gehört, dem ich im Leben am meisten an Anregungen verdanke. So wurde mir dieser Geometrielehrer auch besonders wertvoll. Aus dem, daß er ein ausgezeichneter Konstrukteur war, konnte zwar folgen, daß ich ihn sehr liebte, weil ich das Konstruieren liebte, und weil er, was er vorbrachte, mit einer wirklichen Unabhängigkeit und auch mit aller Einseitigkeit des geometrischen Denkens vorbrachte. Er war so einseitig aufs Geometrische hin geschult, daß er zum Beispiel kein Mathematiker war, sondern nur ein Geometriker. Darin war er genial, hatte aber keine Kenntnisse, keine wirklichen Kenntnisse in der Mathematik. Und er lebte gerade in einer Zeit, wo gerade alle Darstellende Geometrie, die sein Fach war, umgestaltet wurde. Er blieb beim alten. Das war ein charakteristischer Zug an ihm. Aber noch viel charakteristischer für den okkulten Forscher war ein anderes. Er hatte das, was man einen Klumpfuß nennt. Nun ist das Eigentümliche, daß, selbstverständlich nicht die physische Substanz, aber die Kraft, die in einer Inkarnation der Mensch in seinen Füßen trägt, die Art und

Weise, wie er auftritt, wie er sich durch die Bewegung der Füße in Schuld oder in das Gute hineinstellt, sich metamorphosiert. Alles dasjenige, was mit den Füßen zusammenhängt, kann in einem nächsten Erdenleben in der Organisation des Kopfes sich ausleben, während dasjenige, was wir jetzt im Kopfe haben, gerade in der Organisation der Beine im nächsten Erdenleben sich ausleben kann. Diese Dinge metamorphosieren sich in eigentümlicher Art. Derjenige, der in diesen Dingen bewandert ist, kann in der Art und Weise, wie jemand auftritt, wie er die Zehen setzt, die Fersen setzt, sehen, wie das Denken in einer vorigen Inkarnation war. Und derjenige, der die Eigentümlichkeit der Gedanken eines Menschen verfolgt, ob einer schnell, flüchtig denkt oder gemessen, bedächtig denkt, wird oft dazu geführt, wirklich zu sehen, wie er in einer vorigen Inkarnation ging.

Ein Mensch, der flüchtig denkt, hatte in der früheren Inkarnation solch einen Gang mit schnellen kleinen Schritten, der nur so hinzappelt über den Boden. Ein Mensch, der bedächtig denkt, hatte ein festes Auftreten. Und gerade solche scheinbar untergeordnete Kleinigkeiten des Lebens führen einen tiefer hinein, wenn man die tieferen geistigen, und nicht die äußerlichen, abstrakten Zusammenhänge sucht. Und so wurde ich denn, als ich mir immer wieder und wiederum das Bild des geliebten Lehrers vor die Seele stellte, geführt zu seiner früheren Inkarnation. Und da gesellte sich zu seinem Bilde ein anderes hinzu, auch eines Menschen mit einem Klumpfuß: *Lord Byrons*. Jetzt standen diese beiden Menschen vor mir. Und das Karma meines Lehrers hatte mich dazu geführt, wie auch die Eigentümlichkeit, die ich Ihnen dargelegt habe, darauf zu kommen, wie im zehnten oder elften Jahrhundert diese beiden Seelen in einer früheren Inkarnation gelebt haben weit im Osten Europas, dort eines Tages unter dem Einfluß einer bedeutsamen Sage standen, einer Legende, einer Prophezeiung, jener Legende, die da sagt, das Palladium, das mit einem gewissen Zauber die römische Macht eigentlich gehalten hat, sei aus dem alten Troja herübergebracht worden nach Rom und in Rom verborgen worden. Und als der Kaiser Konstantin das Römertum verpflanzen wollte hinüber nach Konstantinopel, hat er in außerordentlichem Gepränge das Palladium von Rom hinüberbringen lassen nach Konstantinopel und es unter einer Säule verbergen lassen, unter einer Säule, die er allerdings so ausgestaltet hat, daß sein ungeheurer Riesenhochmut dadurch zum Ausdruck kam. Er hat oben eine alte Apollostatue aufstellen lassen, die er aber so umändern ließ, daß sie ihn darstellte. Er hat sich Hölzer kommen lassen von dem Kreuz, auf dem der Christus gekreuzigt worden ist, und hat eine Art von Kranz von diesen Hölzern gewoben um das Haupt der Statue. Er hat geradezu Orgien des Hochmutes dabei gefeiert!

Dann aber bildete sich die prophetische Sage, daß einmal das Palladium von Konstantinopel weiter nach dem Norden hinübergetragen werden sollte, und daß einmal in einem Slawenreiche verkörpert sein sollte die Macht, die an dem Palladium hing. Diese beiden Menschen, von denen ich sprach, sie haben diese Prophezeiung gehört, und sie haben sich das Ziel vorgesetzt, nach Konstantinopel zu wandern und das Palladium nach Rußland zu bringen. Es ist ihnen nicht gelungen. Es blieb aber der Trieb namentlich bei einem, bei Byron. Das wandelte sich um in den Impuls, einzutreten für die Freiheit Griechenlands, der dann im neunzehnten Jahrhundert Byron fast an dieselbe Stelle führte, wo er das physische Palladium in einem früheren Erdenleben gesucht hat.

Sehen Sie, es ist notwendig, daß man die Fäden findet, welche in frühere Zeiten zurückführen. So wurde ich bei einer anderen Gelegenheit geführt auf eine Persönlichkeit, die etwa im neunten Jahrhundert im Nordosten Frankreichs, des heutigen Frankreich, gelebt hat und eine Persönlichkeit war, die in der ersten Zeit ihres Lebens einen weiten Besitz an Landgütern hatte, die für die damalige Zeit eine reiche Persönlichkeit war, eine kriegerische Persönlichkeit zugleich, und im kleinen viele abenteuerliche Kriegszüge – nichts gerade Großes – durchgemacht hat. Diese Persönlichkeit sammelte, als sie ein bestimmtes Lebensalter erreicht hatte, um sich Leute, welche nun einen Abenteurerzug mit ihr unternahmen, der unglücklich ausging, der eine große, eine riesige Enttäuschung für diese Persönlichkeit brachte, und ohne etwas zu erreichen, mußte diese Persönlichkeit wieder nach Hause zurückkehren. Aber wie es in damaliger Zeit in manchen Gegenden war: Während die Persönlichkeit abwesend war von Haus und

Hof und Land und Leuten, hatte ein anderer sich dessen Haus und Hof und Land und Leute bemächtigt. Die Persönlichkeit fand einfach nicht mehr ihr Eigentum vor – es ist sonderbar, aber es ist geschehen – und mußte in Zukunft als eine Art Helot, als Leibeigener dienen auf dem eigenen Herrenhofe. Da wurde in der Nacht gewöhnlich so manche Zusammenkunft mit benachbarten Leuten gehalten, und in einer ziemlich wüsten Weise wurden Kraftideen entwickelt, bei denen nichts weiter herauskommen konnte, als daß sie eben entwickelt wurden. Man möchte sagen, ein realdialektisches Spiel wurde mit diesen Kraftideen der Auflehnung gegen die Herren – fast wie im alten Römertum – getrieben. Diese Persönlichkeit kann einem schon interessant werden, die von Besitz und Eigentum und Befehlsgewohnheiten vertrieben wurde, die aber ungebeugt an Willen zum Aufrüttler wurde in der ganzen Gegend, namentlich gegen den, der sich des Eigentums bemächtigt hat. Und wiederum erschien im neunzehnten Jahrhundert diese Persönlichkeit und wurde innerlich, gedanklich, seelisch dasjenige, was werden konnte aus dieser früheren Inkarnation, wurde *Karl Marx*, der Sozialistenhäuptling. Und nun denken Sie, meine lieben Freunde, wie durchhellt die Weltgeschichte wird, wenn man sie in dieser Weise betrachten kann, wenn man tatsächlich die Seelen verfolgen kann von einer Epoche zur anderen; wie hinübergetragen wird das, was auf den Seelen liegt, von einer Epoche in die andere Epoche. Konkrete Zusammenhänge bekommt dadurch das geschichtliche Leben und Werden und Wesen der Menschheit.

Und jüngst konnte ich ja in Dornach aufmerksam machen auf einen anderen Zusammenhang, auf einen Zusammenhang, der mich veranlaßt hat, wiederholt während des Krieges, namentlich am Ende des Krieges, darauf aufmerksam zu machen, daß sich die Menschen nicht gar zu sehr blenden lassen sollen von einer gewissen Persönlichkeit der neueren Zeit. Ich habe schon in meinem Helsingforser Kurs 1913 aufmerksam gemacht auf die immerhin recht begrenzte Kapazität, um die es sich da handelt. Das alles geschah, weil mir der Zusammenhang klar war zwischen einem Nachfolger Mohammeds, *Muawija*, aus dem siebenten Jahrhundert, und *Woodrow Wilson*. Alles, was an Fatalismus dazumal lebte in dieser Persönlichkeit des Muawija, kam in diesem ja sonst ganz unerklärlichen Fatalismus, der nur ein Fatalismus des Willens sein wollte, zum Vorschein, im Fatalismus des Woodrow Wilson. Und man möchte sagen, wer suchen will nach einer Bekräftigung, nach einem Ursprung der bekannten vierzehn Punkte, der wird sie schon im Koran finden können. So sind die Zusammenhänge, meine lieben Freunde! Bei diesen Dingen darf nicht das geringste von Sympathie und Antipathie walten, bei diesen Dingen darf nichts von Kritik walten, da muß reinste Objektivität sein. Aber diese Objektivität führt eben dazu, von einem Punkte der Geschichte, wo eine Seele auftritt, zu einem anderen Punkte hinzuleiten. Und man darf schon sagen, wenn die Menschheit ein wenig hinaus sein wird über dasjenige, was heute noch aus der materialistischen Zeit da ist, dann wird man auf solche Dinge hinhören und hinschauen. Und dann wird man ganz anders sich fühlen innerhalb der modernen Zivilisation, weil man sie in ihren Zusammenhängen sehen wird; nicht nur nach solchen Dingen, die tot sind, sondern nach solchen Dingen, die lebendig sind. Darauf kommt es an. Das ganze geschichtliche Werden wird lebendig werden. Und der Mensch braucht, wenn er über den toten Punkt der Entwickelung, auf dem er jetzt steht, in seiner Zivilisation hinauskommen will, den lebendigen Geist und nicht den abstrakten, toten Geist der bloßen Ideen.

Die geschichtliche Betrachtung wird sich ja vielleicht nur sehr widerwillig dem Geistigen in der Weise nähern, wie ich es in meinem öffentlichen Vortrage vor einigen Tagen hier auseinandergesetzt habe, aber sie muß das dennoch. Denn die äußerliche geschichtliche Betrachtung, die nur auf Dokumente gehen kann, ist eigentlich voller Unverständlichkeiten. Da tritt irgend etwas auf, was man durchaus nicht einsehen kann, woher es kommt. Warum? Weil man die Ursprünge nicht kennt. Die Ursprünge sind verloren gegangen. Gerade wenn man solchen Dingen nachforscht, belebt sich im geschichtlichen Werden so manches. Aber es drückt sich damit auch so manches aus, was eben geschehen ist von Menschen, um die Geschichte in bezug auf wichtige Dinge geradezu zu etwas Unrichtigem, etwas Unwahrem zu machen.

Meine lieben Freunde, es wird Ihnen sicher paradox erscheinen, sonderbar erscheinen, wenn der Geistesforscher aus einer verhältnismäßig jungen Vergangenheit konstatieren muß, daß ein wunderbares Kunstwerk der Poesie verlorengegangen, rein verlorengegangen ist wegen der Feindschaft einer gewissen geistigen Strömung. In den ersten Jahrhunderten der christlichen Entwickelung war ein Kunstwerk in den südlicheren Gegenden der europäischen Zivilisation vorhanden, welches darstellte das innerste Wesen der fortschreitenden Zivilisation, unmittelbar nachdem das Christentum eingegriffen hat in die Entwickelung des europäischen Menschen. Dieses Kunstwerk, in seiner Art ein episches Drama, dramatisches Epos, stellte dar, wie der Mensch, nachdem das Christentum als eine junge Erscheinung gewirkt hat, nicht herankommen kann an die wirkliche, wahre Wesenheit Christi, sondern eine ganz bestimmte Mysterienvorbereitung durchzumachen hat, um an die wahre Wesenheit Christi heranzukommen.

Um das einzusehen, worum es sich handelt, muß man sich folgendes klarmachen: Der Christus hat seinen intimeren Schülern sehr klar gemacht, wie in diejenige Wesenheit, die da war der Jesus, der im Orient drüben geboren worden ist, ihn erfüllend gekommen ist im dreißigsten Jahre der Christus als ein Sonnenwesen, als ein kosmisches Wesen. Hineingeboren war der Jesus von Nazareth in eine Mondreligion; denn was war die Jahve-, die Jehovareligion? Was war Jahve selber? Wenn man aufblickte zu Jahve, blickte man hinauf zum menschlichen Ich, das unmittelbar abhängig ist von der physischen Menschengestaltung, von derjenigen Menschengestaltung, die mit uns geboren wird. Dasjenige aber, was mit uns geboren wird, was in uns geformt wird, was in uns ausgebildet wird, indem wir im mütterlichen Leibe zu einem Ich gestaltet werden, ist abhängig von den Mondenkräften. Und Jahve ist eigentlich eine Mondengottheit. Und indem aufgeschaut wurde zu Jahve, sagte man sich: Jahve ist der Führer der Mondwesenheiten, von denen da stammen die Kräfte, die den Menschen ins physische Erdendasein hereinstellen. Aber wenn nur Mondenkräfte im Menschen wirkten, würde er niemals über dasjenige, was in ihm im Leben der Erde veranlagt ist, hinauskommen können. Das kann aber der Mensch jetzt nicht; das hat er in älteren Zeiten gekonnt. Wenn wir zurückgehen in vorhistorische irdische Zeiten, da finden wir ein sehr Merkwürdiges, das den heutigen Menschen sonderbar anmutet. Da finden wir, wie Menschen – der größte Teil einer gewissen Menschenklasse – im dreißigsten Jahre des Lebens eine vollständige Verwandlung der menschlichen Seele erlebten. So sonderbar, paradox es den heutigen Menschen erscheint, es war dennoch so in einer Zeit, von der die Veden nur Nachklänge geben. Es gab damals Menschen im alten Indien: wenn ihnen ein anderer, den sie vor drei Jahren gesehen hatten, begegnete, so konnten sie unter Umständen von ihm erfahren, daß sie ihn gesehen hatten; aber sie erkannten ihn nicht. Sie hatten alles vergessen, was bis zum dreißigsten Jahre war, sie hatten alles vergessen, sogar die Identität ihrer Persönlichkeit. Und so war die Einrichtung sogar vorhanden – wir würden es heute ein Amt nennen, wir nennen ja alles Amt und Behörde –, es bestand die Einrichtung, daß eine solche Persönlichkeit zum Amt gehen und sich sagen lassen mußte, wo sie geboren war und wer sie war. Diese Persönlichkeiten, die bekamen dann in den Mysterien die Mittel, sich erst wieder zurückzuerinnern an ihr Leben bis zum dreißigsten Jahre. Sie waren diejenigen, die dann später die «Zweimal-Geborenen» genannt wurden, die ihr erstes Dasein verdankten den Mondenkräften, ihr zweites Erdendasein verdankten den Sonnenkräften.

Das, was in alten Zeiten im Laufe des Erdenlebens als eine solche Metamorphose so besonders radikal auftritt, was man das Zweimalgeboren-werden nannte, das schrieb man der Sonne zu; mit Recht, denn die Sonnenkräfte hängen mit allem zusammen, was der Mensch in Freiheit aus sich machen kann. Aber allmählich war es in der Entwickelung der Menschheit so gekommen, daß dies nicht mehr hineingehörte in die menschliche Entwickelung, daß der Mensch nicht mehr mit dem Hinaufblicken in die Weltenweiten das Bewußtsein davon in das Physische hineinnahm. *Julian Apostata* wollte darauf aufmerksam machen, daß es das noch gab, aber er mußte es mit dem Tode büßen. Der Christus aber wollte dadurch, daß er seinem Worte die Kraft verlieh, den Menschen dasjenige, was die Natur nicht gab, durch die Moral bringen, durch die religiös-moralische Vertiefung. Der Christus war es, der die Menschen lehrte: Wenn ihr fühlt, wie ich fühle, wenn ihr, statt nach der Sonne zu sehen, nach dem seht, was in mir erweckt ist, der noch als letzter im dreißigsten Jahre das Sonnenwort empfing, dann werdet ihr wieder den Weg zum Sonnenhaften finden. – Und die Mysterienlehrer der ersten christlichen Zeit wußten ganz genau: Es wird sich nun der Verstand entwickeln, die Intellektualität, die dem Menschen zwar die Freiheit bringt, die ihm aber das alte Hellsehen nimmt, das ihn in die Geistigkeit des Kosmos führt.

Deshalb stifteten diese Weisen alter christlicher Mysterien eine Art von Lehre, die nun gegeben wurde in jenem epischen Drama, dramatischem Epos, von dem ich sprach. Da wurde dargestellt ein solcher Schüler der christlichen Mysterien, der unter dem Opfer des Intellektes, das er zu leisten hatte in einem bestimmten jugendlichen Lebensalter, in das wirkliche Christentum hineingeführt werden sollte, auf daß ihm die Anschauung gebracht würde: der Christus ist ein Sonnenwesen, das gelebt hat in dem Jesus von Nazareth von dem dreißigsten Jahre seines Lebens an. Und in ergreifender Weise war in jenem Drama dargestellt, wie ein nach dem wahren Wesen des Christentums Strebender in seinen jungen Jahren das Opfer des Intellekts bringt, das heißt, den hohen Weltenmächten das Gelöbnis leistet, nicht sich an die Intellektualität zu halten, sondern sich in das eigene Innere zu vertiefen, um das Christentum nicht nur kennen zu lernen als etwas Historisch-Traditionelles, sondern es kennen zu lernen als etwas Kosmisches, hinzuschauen auf den Christus als auf denjenigen, der die Sonnenwesenheit als Geistigkeit in sich trägt. Es war eine dramatische Szene großartiger Art, großartigen Inhaltes, die diese Umwandlung einer Menschenwesenheit darstellte unter dem Opfer des Intellekts. Und aus einem Menschen, der das Christentum bloß aufnahm nach dem Wortlaut der Evangelien – so wie es später gekommen ist – wurde einer, der da lernte hinschauen auf das Kosmische, der den lebendigen Zusammenhang des Christus mit dem Kosmos anschaute. Das Hellsichtigwerden für das Christentum als Kosmisches, das stellte für diesen seinen Helden jenes alte epische Drama dar. Die katholische Kirche hat dafür gesorgt, daß auch jede Spur von diesem Drama ausgerottet worden ist. Nichts ist zurückgeblieben, die katholische Kirche hat Macht genug dazu gehabt. Es ist ja zum Beispiel nur einem Zufall zu verdanken, daß eine Abschrift sich erhalten hat von den Werken einer Persönlichkeit am Hofe Karls des Kahlen, von der man sonst auch nichts wissen würde: von *Scotus Erigena*.

Wer solche Dinge sieht, der wird es auch nicht so paradox finden, wenn man genötigt ist durch die geistige Forschung, hinzuweisen auf dieses epische Drama, dramatische Epos, welches geradezu die Verwandlung eines Menschen darstellt unter dem Gelöbnis zu dem Opfer des Intellekts, wodurch ihm die Himmel eröffnet worden sind. Aber in der Tradition hat sich manches Bruchstück aus jenem alten dramatischen Epos erhalten, umgeändert vielfach, nicht mehr verstanden in den großen Zusammenhängen, vor allen Dingen nicht mehr in der alten Bildhaftigkeit verstanden; denn das, was der Inhalt dieses Kunstwerkes darstellte, ist vielfach zum Gegenstand der Malerei geworden. Auch diese Malereien sind ausgerottet worden, nur Traditionen haben sich erhalten. Und von diesen Traditionen ist noch etwas in einem Kreise getrieben worden, dem der Lehrer *Dantes, Brunetto Latini,* angehört hat. Dante hat von diesem Lehrer etwas, allerdings nicht mehr genau, aber etwas Traditionelles erfahren, und in Dantes «Göttlicher Komödie» lebt noch etwas fort von jenem dramatischen Epos. Aber das Werk hat so wahr einmal bestanden, wie die «Göttliche Komödie» selber besteht.

Sie sehen, die Geschichte deckt sich nicht mit der Wirklichkeit, und es wird manches heraufgeholt werden müssen durch rein geistige Forschung aus all dem, was vom Feinde ausgerottet worden ist. Denn man hat eben von einer gewissen Seite her alles Interesse daran, mit Stumpf und Stiel auszurotten dasjenige, was darauf aufmerksam macht, daß der Christus aus dem Kosmos stammt. Man hat die Geburt des Christus im dreißigsten Jahre verlegt gegen die physische Geburt hin. Das alles hätte man nicht tun können, was dann eben christliche Lehre geworden ist, wenn man nicht ausgerottet hätte jenes Drama, von dem ich heute gesprochen habe. Es wird schon die geistige Forschung einmal eine Rolle spielen müssen, wenn die Menschheit fortleben will in ihrer Zivilisation. Sie kennen schon das furchtbar Schädliche jener Erkrankungen, die so auftreten wie bei jemandem, mit dem ich recht gut bekannt war, der eine recht angesehene Stellung hatte, eines Tages sein Haus, seine Familie verließ, auf die Bahn ging, sich ein Billet nach einer entfernten Station nahm, und plötzlich alles vergessen hatte, was er in seinem bisherigen Leben erlebt hatte. Sein Intellekt war in Ordnung, aber die Erinnerung war vollständig getrübt, und als er in jener Station angekommen war, da nahm er sich ein neues Billet, durchquerte auf diese Weise Deutschland, Österreich, Ungarn, Galizien und fand sich zuletzt, als sein Gedächtnis wiedererwachte, in einem Obdachlosen-Asyl in Berlin.

Es ist wahrhaftig der Ruin des ganzen Ich, wenn man dasjenige vergißt, was man durchgemacht hat. So würde es auch den Ruin des Zivilisations-Ich bedeuten, des Ich der europäischen Menschheit, wenn sie vollständig das vergessen würde, was sie geschichtlich durchgemacht hat, was ihr ausgerottet worden ist. Geisteswissenschaft allein kann sie wieder dahin zurückbringen.

Allein selbst Menschen, die verhältnismäßig ganz wohlwollend sind, auch denen, meine lieben Freunde, kommt das, was Geisteswissenschaft zu sagen hat, heute noch ganz sonderbar vor. Man kann doch nicht ohne eine gewisse Ironie dasjenige lesen, was ein sonst so hoffnungsvoller Geist wie *Maurice Maeterlinck* über mich selbst als den Begründer der Anthroposophie unter dem Titel «Das große Rätsel» sagt. Maurice Maeterlinck scheint nicht leugnen zu können, daß immer in den ersten Einleitungen meiner Bücher etwas ganz Vernünftiges steht. Das fällt ihm auf. Aber dann, dann kommt er in etwas hinein, was ihn ungeheuer verwirrt, wo er nicht durch kann. Nun, man könnte ja ein Wort *Lichtenbergs* variieren: Wenn Bücher und ein Mensch zusammenstoßen, und es hohl klingt, muß das ja nicht gerade vom Buch abhängen. Aber es ist eben so – Maurice Maeterlinck ist gewiß eine Hochblüte unserer gegenwärtigen Kultur –, denken Sie doch, es findet sich bei ihm fast wörtlich der Satz: In den Einführungen seiner Bücher, in den ersten Kapiteln, da zeigt Steiner immer einen abwägenden, logischen, weiten Geist; dann in den weitern Kapiteln ist es, als ob er wahnsinnig würde. – Ja, nun, meine lieben Freunde, was hat denn aber das für eine Konsequenz? Das hieße ja: Erstes Kapitel: abwägender, logischer, weiter Geist. Letztes Kapitel: wahnsinnig. Nun ist das Buch fertig, nun kommt ein neues. Wiederum zuerst: abwägender, logischer, weiter Geist, zuletzt: wahnsinnig. Ich habe eine ganze Anzahl von Büchern geschrieben, so daß ich also diese Prozedur mit einer gewissen Virtuosität durchmachen würde: Erstes Kapitel: abwägender, logischer, weiter Geist; dann: verwirrt, verbohrt. Und so wird in meinen Büchern, nach Ansicht Maurice Maeterlincks, jongliert. Aber in der Art, daß man so willkürlich an die Sache herangeht, hat man es in Irrenhäusern doch noch nicht entdeckt.

Nun sehen Sie, man kommt noch in eine viel größere Verwirrung hinein, wenn man an die Bücher derjenigen Menschen herantritt, die einen für verbohrt halten. Und so kann man an der Ironie, mit welcher man manche dieser Dinge aufnehmen muß, sehen, wie schwer es den Menschen der Gegenwart noch wird, sich hineinzufinden in wirkliche Geistesforschung. Aber die muß kommen. Und damit es nicht an uns liegt, meine lieben Freunde, nicht die nötige Kraft angewendet zu haben, um herbeizuführen die geistige Vertiefung, war die Weihnachtstagung eben da, die einen Markstein enthalten soll für die Weiterentwickelung der Anthroposophischen Gesellschaft in der Art, wie ich es schon auseinandergesetzt habe; die vor allen Dingen eine Epoche der anthroposophischen Bewegung einleiten soll, in der ohne Scheu von den konkreten Tatsachen des geistigen Lebens gesprochen werden soll, wie wir es heute und in den vorangehenden Vorträgen wieder getan haben. Es ist eben eine stärkere Stoßkraft nötig, als früher angewendet worden ist, wenn der Geist, dessen die Menschheit bedarf, einziehen soll.

Deshalb, meine lieben Freunde, war es mir wirklich zur tiefsten Befriedigung, daß ich in diesen elf Vorträgen, die ich öffentlich oder in mehr oder weniger engem Kreise halten durfte, hineinführen durfte ein wenig in die Tiefen des geistigen Lebens. Und aus dieser innigen Befriedigung heraus lassen Sie mich meinen herzlichsten Dank aussprechen für die warmen, innigen Worte, die Herr Professor Hauffen heute im Beginn dieser Stunde hier ausgesprochen hat. Ich danke herzlich für Ihren Empfang, danke herzlich für alles, was Ihre Seelen mir entgegengebracht haben bei dieser meiner Anwesenheit. Und Sie können überzeugt sein, daß ich die schönen Worte, die Herr Professor Hauffen gesprochen hat, in der Seele mittragen werde, daß aus ihnen quellen werden die Gedanken, die ich Ihnen immer zusenden werde und die, wenn sie ihr Ziel erreichen, unter Ihnen weilen werden, wenn Sie hier arbeiten. Wir sind ja als Anthroposophen, auch wenn wir voneinander räumlich entfernt sind, im Gemüt doch beisammen, und wir sollen ja dessen eingedenk sein und es wissen, daß wir beisammen sind. Es war mir ja viele Jahre vergönnt, hier in Prag zu sprechen aus den mannigfaltigsten Gestaltungen des geistigen Lebens heraus, und es hatte mir zur herzlichen Befriedigung gereicht. Und diesmal ganz besonders, weil ja an Ihre Herzen und Seelen Anforderungen gestellt wurden, die verhältnismäßig neu sind, weil Sie mit einer noch größeren Vorurteilslosigkeit demjenigen entgegenkommen mußten, was ich diesmal – ich möchte sagen in geistigem Auftrage – zu Ihnen zu sprechen hatte. Wenn ich sage, in geistigem Auftrage, so legen wir das Wort dahin aus, daß wir uns sagen: Im Geiste bleiben wir beieinander. Der Vorstand, der in Dornach gebildet worden ist, ist nur klein; es sind nur diejenigen Leute darin, die innig mit mir verbunden sein können, um aus dieser Initiative heraus dasjenige wirken zu können, was gewirkt werden soll. Allein es wird dasjenige, was gewirkt werden soll, gewirkt werden, wenn alle lieben Freunde aus vollem Herzen zusammenarbeiten, vor allem im geistigen anthroposophischen Zusammendenken, Zusammenempfinden, Zusammenwollen.

Dieses nehmen Sie nebst meinem Danke als einen herzlichen Abschiedsgruß, der aber anders sein will, nicht eine Trennung sein soll, sondern die Einleitung eines geistigen Zusammenseins. Dieses Zusammensein, es soll im Grunde dasjenige bleiben, was aus jedem unserer Worte hervorgeht. Alle Worte, die unter uns gesprochen werden, sollen ja dazu dienen, uns immer enger und enger zusammenzuführen. In diesem Sinne lassen Sie mich, meine lieben Freunde, bewegten Herzens Ihnen versprechen, daß ich mit Ihnen zusammen sein werde, daß meine Gedanken unter Ihnen weilen werden, daß sie suchen werden unter Ihnen eine der Stätten, in denen wirken soll in rechter Art anthroposophisches Wollen, anthroposophische Geistesströmung. Gehen wir in diesem Sinne leiblich nur auseinander, bleiben wir in diesem Sinne herzinniglich geistig zusammen!

Anthroposophie als Erkenntnisgrundlage
des Geistigen in Welt und Mensch und als Seelenimpuls
für moralisches und religiöses Leben

FÜNFTER VORTRAG

Paris, 23. Mai 1924

Das letzte Mal, als ich wenigstens zu einer gewissen Anzahl von Ihnen sprechen durfte, war es, als unser Goetheanum in Dornach noch bestand. Es bereitete mir damals eine große Befriedigung, vor einer Anzahl französischer Freunde sprechen zu dürfen. Diese Befriedigung wird wiederholt dadurch, daß ich auf Einladung unserer französischen Freunde nun auch hier über Gegenstände unserer Anthroposophie sprechen darf. Ich danke diesen Freunden für ihre so liebe Einladung, insbesondere *Mlle Sauerwein,* und spreche auch meine Befriedigung darüber aus, daß *Dr. Sauerwein,* der dazumal in einer so schönen, entgegenkommenden Weise die Vorträge in Dornach übersetzt hat, auch in Paris sich bereit erklärt hat, diese Arbeit zu übernehmen. Ich bin ihm ganz besonders dafür dankbar.

In der anthroposophischen Bewegung hat sich ja einiges dadurch verändert, daß wir in einer verhältnismäßig kurzen Zeit, nachdem uns das Unglück des Brandes getroffen hat, unter großer Teilnahme der anthroposophischen Freunde die Weihnachtstagung abhalten durften, die der anthroposophischen Bewegung, wie ich glaube, doch einen neuen Impuls gegeben hat, insbesondere einen neuen Impuls in bezug auf den Inhalt des anthroposophischen Wirkens selbst. Das Neue in der anthroposophischen Bewegung besteht ja auch darinnen, daß ich selber die Präsidentschaft nun übernehmen mußte, während sie bisher von anderen ausgeübt wurde, und ich mich nur als Lehrer betrachtete. Nun, meine lieben Freunde, es war ein ganz bedeutender Entschluß, auch gegenüber der geistigen Welt, den ich damals fassen mußte. Denn es war ein Wagnis. Ein Wagnis aus dem Grunde, weil mit der Übernahme der äußeren Führung ebensogut es hätte sein können, daß die Offenbarungen von Seite geistiger Wesenheiten, auf die wir doch durchaus angewiesen sind, wenn es sich um Verbreitung der Anthroposophie handelt, – daß diese Offenbarungen geistiger Wesenheiten hätten weniger werden können dadurch, daß ich mich in Anspruch nehmen ließ von der äußeren Verwaltung der Gesellschaft. Ich darf heute schon auf die außerordentlich bedeutsame Tatsache hinblicken, daß dies nicht der Fall ist, sondern daß im Gegenteil seit der Weihnachtstagung der geistige Impuls, der aus den spirituellen Welten herunterkommen muß, wenn die anthroposophische Bewegung ihren richtigen Fortgang nehmen soll, durchaus gewachsen ist, so daß unsere anthroposophische Bewegung seit unserer Weihnachtstagung immer esoterischer und esoterischer werden konnte und es weiter werden wird. Es ist damit verbunden, daß allerdings auch – ich meine von der geistigen Seite her – sehr starke gegnerische Mächte, dämonische Mächte gegen die anthroposophische Bewegung anstürmen. Aber es steht durchaus zu hoffen, daß die Kräfte des Bündnisses, das wir durch die Weihnachtstagung mit guten geistigen Mächten schließen durften, in der Zukunft imstande sein werden, alle diejenigen gegnerischen Mächte auf geistigem Gebiete, die sich doch der Menschen auf Erden bedienen, um ihre Wirkungen zu erzielen, – alle diese gegnerischen Mächte aus dem Felde zu schlagen.

In diesen drei Vorträgen, meine lieben Freunde, möchte ich mir erlauben, zu sprechen davon, wie auf der einen Seite Anthroposophie als eine Erkenntnis des Geistigen in der Welt und im Menschen leben kann und zwar als eine solche Erkenntnis von Welt und Mensch, daß es auf der anderen Seite möglich ist, aus einer solchen Erkenntnis wirkliche innere Seelenimpulse zu erhalten für das moralische und das religiöse Leben. Dadurch, daß dies überhaupt möglich sein wird, Erkenntnisse zu erhalten, die zu gleicher Zeit religiöse, moralische Impulse geben, dadurch wird Anthroposophie etwas anderes der Menschheit geben können als die Zivilisation der letzten Jahrhunderte. Diese krankte ja ganz besonders daran, daß Erkenntnisse großartiger Art da waren, Naturwissenschaft, ökonomische, philosophische Erkenntnisse; aber alle diese Erkenntnisse beschäftigten den Kopf des Menschen. Die moralischen, die religiösen Impulse müssen aus dem Herzen kommen, müssen aus dem Gemüte hervorsprießen. Sie waren da als religiöse, als moralische Ideale. Aber ob in diesen moralischen Idealen auch eine so starke Kraft ist, daß moralisches und religiöses Fühlen Welten schaffen kann, die eine Zukunft bedeuten, wenn die physische

Welt der Gegenwart untergegangen sein wird, darüber konnte die neuere Wissenschaft nichts aussagen. Daraus aber entsprangen die großen Zweifel des verflossenen und des gegenwärtigen Zeitalters.

Von drei Aspekten aus möchte ich zunächst heute das Wesen des Menschen betrachten. Dieses Wesen des Menschen, wir verfolgen es, wir stehen selber darinnen mit unserem Schicksal zwischen der Geburt und dem Tode. Was wir da verfolgen, ist begrenzt auf der einen Seite von der Geburt, besser gesagt von der Konzeption, von der anderen Seite vom Tode. Geburt und Tod sind nicht das Leben, sie beginnen das Leben, sie schließen das Leben. Die Frage ist diese: Können wir mit derselben Betrachtung, mit der wir im Leben, in unserem eigenen Leben, im Leben anderer Menschen zwischen Geburt und Tod darinnenstehen, – können wir mit derselben Betrachtung Geburt und Tod selber anschauen, oder muß auch die Betrachtung eine andere werden, wenn wir an den Grenzen, bei Geburt und Tod, ankommen? Demnach sei der Aspekt des Todes, der in so deutlicher Weise das menschliche Leben begrenzt, das erste, was wir heute geistig ins Auge fassen wollen.

Der Tod nimmt das Physische, das vor uns steht, vom Menschen im Erdenleben hinweg. Wie nimmt er dieses Physische hinweg? Die Erde mit ihren Elementen, sei es in ihrem eigenen Elemente, beim Begräbnis, sei es durch das Element des Feuers, bei der Kremation, – die Erde mit ihren Elementen nimmt den physischen Menschen hinweg. Was kann sie mit dem, was wir mit unseren physischen Sinnen vom Menschen betrachten, was kann sie damit machen? Sie kann damit nur Zerstörung üben. Schauen wir hin auf die Kräfte, die um uns herum sind. Sie bauen, wenn ihnen der menschliche Leichnam überliefert wird, im menschlichen Körper nichts auf, sie zerstören. Wir können sagen: Dasjenige, was an Naturkraft um uns ist, ist nicht da zum Aufbau; denn wenn der menschliche Leib den Naturkräften überlassen wird, zerfällt er. Es muß also etwas anderes sein, was ihn aufbaut, etwas anderes als Irdisches, denn durch Irdisches zerfällt er.

Aber anders sieht diese ganze Sache aus, wenn man mit Erkenntniskräften, die durch Seelenübungen aus der Seele herausgeholt werden, den Tod des Menschen betrachtet. Die gewöhnlichen Erkenntniskräfte sehen den Leichnam, sonst nichts. Gelangt man aber durch Seelenübungen zu einer ersten Erkenntnisstufe, die ich in meinen Büchern geschildert habe, zur Imagination, dann verwandelt sich der Tod vollständig. Der Mensch entreißt sich im Tode der Erde. Und wir sehen, wenn wir die Erkenntnisstufe der Imagination ausbilden, in unmittelbarer Anschauung in lebendigen Bildern den Menschen im Tode nicht sterben, sondern auferstehen aus seinem Leichnam. Es verwandelt sich der physische Tod in Geistgeburt für die Erkenntnisstufe der Imagination. Vor dem Tode steht der Mensch da als Erdenmensch. Er kann sagen: Ich bin da an diesem Orte, draußen ist die Welt. – In dem Augenblick, wo der Tod eintritt, ist der Mensch nur da nicht, wo sein Leichnam ist. Er beginnt sein Dasein in den Weiten des Weltenraumes, er wird eins mit der Welt, die er früher nur angeschaut hat. Die Welt außer seinem Leibe wird nun sein Erlebnis, und damit wird das, was bisher Innenwelt war, Außenwelt; dasjenige, was bisher Außenwelt war, wird Innenwelt. Wir bekommen aus dem persönlichen Dasein heraus ein Weltendasein. Die Erde – so zeigt es sich für die imaginative Erkenntnis – gibt uns mit die Möglichkeit, durch den Tod zu gehen. Die Erde offenbart sich vor dieser imaginativen Erkenntnis als der Träger des Todes im Weltenall. Nirgends finden wir auf den Schauplätzen, die der Mensch betritt, im physischen oder geistigen Leben anderswo den Tod als auf der Erde. Denn im Augenblick, in dem der Mensch durch den Tod durchgeht und mit der Welt eins wird, bietet sich uns der zweite Aspekt dar, – nicht mehr der Aspekt des Todes, sondern jener Aspekt, in dem uns die Weiten des Raumes erscheinen als überall erfüllt von Weltgedanken. Die ganze Welt, der ganze Kosmos wird nun für die Anschauung und für den Menschen selbst, der durch den Tod gegangen ist, voll von Weltgedanken, die leben und weben in den Weiten des Raumes. Der Raumaspekt wird Offenbarer, so daß wir, wenn wir durch den Tod gehen, eintreten in eine Welt der Weltgedanken. Alles wirkt und webt in Weltgedanken. Das ist der zweite Aspekt des Todes.

Wenn wir im Erdenleben Menschen gegenüberstehen, haben wir vor uns zunächst die Persönlichkeit des Menschen; er muß sprechen, wenn wir seine Gedanken haben wollen. Wir sagen dann: Die Gedanken sind in ihm, sie kommen durch seine Sprache zu uns. – Aber nirgends entdecken wir im Umkreis des Erdenlebens Gedanken für sich. Sie sind nur vorhanden in den Menschen und kommen aus ihnen heraus. Treten wir aus der Erdensphäre des Todes in die Raumessphäre der Gedanken, dann leben zunächst nicht Wesen da; wir treffen zunächst in den Weiten des Raumes nicht Wesen – weder Götter noch Menschen –, aber wir treffen überall Weltgedanken. Es ist so, wenn wir durch den Tod gegangen sind und die Weltenweiten betreten, wie wenn wir hier in der physischen Welt nicht zuerst den Menschen sehen würden, sondern, wenn wir dem Menschen entgegentreten, zuerst seine Gedanken wahrnehmen würden, ohne daß wir den Menschen selbst sehen. Wir würden eine Wolke von Gedanken sehen. Und wir sehen eine zweite Wolke: Wir begegnen nicht Wesen, wir begegnen den Weltgedanken, der allgemeinen Weltintelligenz.

In dieser Sphäre der kosmischen Intelligenz lebt der Mensch einige Tage nach seinem Tode. Und in den Weltgedanken, die da weben, erscheint wie eine Einzelheit, ich möchte sagen, wie eine besondere Wolke, auf die man hinsieht, das eigene letzte Erdenleben, das man erlebt hat. Das ist eingeschrieben in die Weltenintelligenz. Man schaut das eigene Leben auf einmal, auf einmal in einem großen Tableau auf wenige Tage. Mit jedem Tage – es sind nur wenige – wird dasjenige, was in die Weltenintelligenz sich eingeschrieben hat, schwächer und schwächer. Es dehnt sich in den Weltenraum hinaus, es entschwindet einem. Während am Ende des Erdenlebens der Aspekt des Todes dasteht, steht am Ende des Erlebens nach wenigen Tagen das Entschwinden in die Weltenweiten. Wir haben so nach dem ersten Aspekt, den wir nennen können den Aspekt des Todes, den zweiten Aspekt, den wir nennen können den Aspekt des Entschwindens des Erdenlebens. Es ist tatsächlich nach dem Tode für jeden Menschen da ein Moment, wo eine ungeheure Sorge auftritt, Furcht, Angst, daß er sich verliere mit seinem ganzen Erdenleben in die Weltenweiten.

Will man sich nun weiter in den Erlebnissen des Menschen nach dem Tode zurechtfinden, so reicht die Erkenntnis der Imagination nicht aus. Es muß eintreten die zweite Erkenntnisstufe, die Inspiration. Die Erkenntnisstufe der Imagination hat Bilder vor sich; sie sind im Grunde wie die Traumbilder. Nur können wir bei den Traumbildern nie überzeugt sein, ob wir eine Wirklichkeit dahinter haben; bei den Bildern der Imagination ist es immer so, daß sie ausdrücken durch ihre eigene Qualität eine Realität. Man lebt mit der Imagination in einer Bildwelt, die aber Realität ist. Diese Bildwelt, sie muß überwunden werden, wenn man dazu kommen will, dasjenige zu schauen, was der Mensch nach den wenigen Tagen, in denen er sein Leben geschaut hat, nach dem Tode erfährt.

Diese Inspiration, die nun errungen werden muß nach der Imagination oder während der Imagination, die hat nicht Bilder vor sich; das ist eine Erkenntnis der Bildlosigkeit, aber des geistigen Hörens. Die inspirierte Erkenntnis nimmt die Weltintelligenz, die Weltgedanken so auf, daß man sie wie geistig hört. Von allen Seiten spricht es, erklingt das Weltenwort mit aller Deutlichkeit; man weiß, daß etwas dahinter ist. Man hat zunächst die Verkündigung. Und dann, wenn man sich hingeben kann dieser Inspiration, dann ist es so, daß man nun – hinter den Gedanken der Welt – die Wesenheiten der Welt beginnt wahrzunehmen in der Intuition. Imagination nimmt Bilder des Geistigen wahr, die Inspiration hört das Geistige geistig sprechen. Intuition nimmt die Wesen selber wahr. Ich sagte: Die Welt ist erfüllt mit Weltgedanken. – Die deuten noch auf keine Wesen, aber wir kommen dazu, hinter den Gedanken Worte zu vernehmen, die Wesenheiten der Welt zu schauen mit der Intuition.

Der erste Aspekt ist der Aspekt des Todes, der Erdenaspekt; der zweite Aspekt, der uns in die Weiten des Raumes hinausführt, in die wir sonst verständnislos als Erdenmenschen hinausblicken, ist der Aspekt des Verschwindens des Menschen. Dann liefert uns der dritte Aspekt das, was die Raumesweiten auch für den sichtbaren Blick begrenzt, – der dritte Aspekt ist der Aspekt der Sterne. Aber die Sterne erscheinen nicht so wie für den physischen Anblick. Für den physischen Anblick sind die Sterne leuchtende Punkte an den Grenzen des Raumes, zu denen wir hinblicken. Sind wir bei der intuitiven Erkenntnis angekommen, so sind die Sterne Offenbarer der Weltwesen, der geistigen Weltwesen. Und wir schauen statt der physischen Sterne mit der Intuition Kolonien, geistige Kolonien im geistigen Weltall, die an den einzelnen Orten sind, an denen wir physische Sterne vermuten. Der dritte Aspekt ist der Aspekt der Sterne. Er führt uns ein, nachdem wir den Tod kennengelernt haben, nachdem wir die Weltintelligenz erkannt haben durch die Raumesweiten, er führt uns, der dritte Aspekt, ein in die Sphären der Weltwesen, der geistigen Weltwesen, er tritt als Menschenaspekt ein in die Sphären der Weltwesen, damit aber in die Sphäre der Sterne. Und so, wie zwischen Geburt und Tod den Menschen aufgenommen hat die Erde, so nimmt, nachdem der Mensch über den Abgrund der Welteninteligenz hinweggegangen ist wenige Tage nach seinem Tode, die Sternenwelt den Menschen auf. Der Mensch war auf der Erde ein Erdenmensch unter Erdenwesen; er wird nach dem Tode ein Himmelswesen unter Himmelswesen.

Die erste Sphäre, in die der Mensch eintritt, ist die Mondensphäre. Er betritt dann später die anderen Weltensphären. Ich darf vielleicht dasjenige, was ich ausführen will, um Ihnen eine kleine Unterstützung zu geben, schematisch an die Tafel zeichnen. Im Moment des Todes gehört der Mensch noch der Erdensphäre an. In diesem Moment hat für den Menschen keine Bedeutung mehr alles dasjenige, was irdisches Wissen umfassen kann. Auf der Erde haben wir verschiedene Stoffe, Metalle, andere Stoffe. Im Moment des Todes hört alle diese Differenzierung auf. Alle äußeren festen Stoffe sind irdisch, und der Mensch lebt im Moment des Todes in Erde, Wasser, Luft und Wärme. Die wenigen Tage nach dem Tode seien durch diese blaue Sphäre, der Sphäre der Welteninteligenz, bezeichnet. Der Mensch schaut sein eigenes Leben, der Mensch ist zwischen dem Erdengebiete und dem Himmelsgebiete. Er betritt wenige Tage nach dem Tode das Himmelsgebiet, zuerst die Sphäre des Mondes. In dieser Sphäre des Mondes begegnen wir als Mensch nun zuerst wirklichen Weltwesen, aber noch sehr menschenähnlichen; denn mit den Wesen, die wir hier wenige Tage nach unserem Tode in der Mondensphäre begegnen, waren wir früher auf der Erde schon einmal zusammen. Sie werden, meine lieben Freunde, in meinen Büchern nachlesen können, wie der Mond als physischer Weltenkörper sich einmal von der Erde getrennt hat. Er war mit ihr verbunden und wurde ein selbständiger Weltenkörper. Aber nicht nur der physische Mond hat sich von der Erde getrennt.

Es waren einmal auf der Erde unter den Menschen große Lehrer der Menschheit, die großen Urlehrer der Menschheit, die die erste Weisheit den Menschen auf die Erde gebracht haben. Diese Urlehrer waren nicht in einem physischen Menschenleibe, sie waren nur in einem ätherischen Leibe auf der Erde vorhanden. Wenn der Mensch unterrichtet wurde von ihnen, so vernahm er das innerlich. Nachdem eine Weile diese großen Urlehrer auf der Erde verweilt hatten, trennten sie sich mit dem Monde von der Erde und bildeten jetzt eine Kolonie auf dem Monde, eine Kolonie der Mondenwesen. Diesen Urlehrern der Menschen auf der Erde, die seit langer Zeit von der Erde abgeschieden sind, denen begegnen wir als ersten Weltwesen wenige Tage nach dem Tode.

Diese Zeit, die nun der Mensch nach dem Tode mit den Mondenwesen zusammenlebt, diese Zeit gibt dem Menschen ein Leben, das sich in einem merkwürdigen Verhältnis zu dem Erdenleben befindet. Wenn man mit der übersinnlichen Erkenntnis in das Leben eines solchen Menschen nach dem Tode eintritt, könnte man glauben, daß dieses Leben ein flüchtigeres, weniger dichtes sei als das Erdenleben, daß der Mensch gewissermaßen gegenüber dem Erdenleben mehr ein luftförmiges Dasein führt. Das ist aber nicht der Fall. Nimmt man mit der übersinnlichen Erkenntnis teil an dem Leben, das der Mensch nach dem Tode durchlebt, so stellt sich heraus, daß durch eine lange Zeit der Mensch ein Leben durchlebt, das viel realer auf ihn wirkt als das Erdenleben, demgegenüber das Erdenleben vielfach ein Traum ist. Es dauert ungefähr ein Drittel der Lebenszeit. Es ist bei verschiedenen Menschen verschieden, was jetzt durchlebt wird im Anschluß an die wenigen Tage nach dem Tode, die ich geschildert habe. Denn was erleben wir dann? Der Mensch gibt sich, wenn er zurückschaut auf die Erdenleben, einer Illusion hin. Er sieht nur die Tage, er beachtet nicht, was er geistig im Schlafe erlebt hat. Es ist im Leben nun einmal so, daß, wenn man nicht ein besonderer Schlafmensch ist, man ein Drittel des Lebens verschläft. Auf das schaut man nun zurück, man durchlebt es bewußt mit den vereinigten Mondenmächten. Das durchlebt man, weil diese großen Urlehrer der Menschheit ihr Dasein uns dann eingießen, mit uns leben; man durchlebt diese auf der Erde gar nicht bewußt vollbrachten Nächte in einer viel stärkeren Realität als das Erdenleben.

Das, was ich hier gesagt habe, möchte ich mir erlauben, durch ein Beispiel zu belegen. Vielleicht kennen einige der lieben Freunde das erste oder ein anderes meiner «Mysteriendramen» und wissen, daß ich dort gezeichnet habe unter anderen Gestalten die Gestalt eines gewissen Strader. Dieser Strader ist künstlerisch gezeichnet nach einer lebenden Persönlichkeit, jetzt verstorbenen, aber damals lebenden Persönlichkeit. Nicht als ob das Erdenleben abgemalt worden wäre, aber es lag der Gestaltung des Strader in meinen «Mysterien» das Erdenleben eines Menschen zugrunde, der außerordentlich interessant war für mich, weil er aus verhältnismäßig einfachen Verhältnissen hineingewachsen ist zuerst in ein Priesterdasein, dann den Priesterrock abgeworfen hat und äußerlich Weltgelehrter geworden ist in einem gewissen rationalistischen Sinne. Die ganzen inneren Kämpfe dieses Mannes interessierten mich. Ich versuchte, sie geistig zu erfassen. Ich habe die vier «Mysterien» geschrieben, indem ich hingeschaut habe auf sein Erdenleben. Nachdem er tot war, konnte ich durch das Interesse, das ich an ihm genommen habe, ihm folgen nach dem Tode die Zeit hindurch, die er in der Mondensphäre durchlebt. Da ist er heute noch darinnen. Von diesem Momente ab, wo zu mir durchgebrochen ist diese Persönlichkeit, diese Individualität in dem Leben nach dem Tode in all der intensiven Realität, in dem dieses Leben nun wirkt, da löschte vollständig aus dasjenige, was einen für das Erdenleben in einem solchen Falle hat interessieren können. Man lebt nun ganz mit dieser Individualität nach dem Tode, und das drückte sich bei mir so aus, daß ich diese Individualität im vierten Mysteriendrama ebenfalls sterben lassen mußte, weil dieser Mensch mir auch nicht mehr als Erdenmensch gegenüberstand. Dies sei nur zur Bekräftigung der Behauptung hingestellt, daß dieses Leben nach dem Tode intensiver, substantieller, realer innerlich erlebt wird von den Menschen als das Erdenleben, das wie ein Traum ist.

Wir müssen aufmerksam darauf sein, daß der Mensch nach dem Tode sich herauslebt in die große Welt, in den Kosmos. Der Kosmos wird jetzt er selber. Er fühlt den Kosmos jetzt als seinen Leib, aber er fühlt auch moralisch dasjenige, was während seines Erdenlebens außer ihm war, jetzt in sich. Dasjenige, was in ihm war, fühlt er außer sich. Nehmen Sie ein ganz triviales Beispiel. Nehmen Sie an, Sie hätten sich während des Erdenlebens durch eine Emotion hinreißen lassen, jemandem einen Schlag zu geben, wodurch Sie ihm erstens physische Schmerzen verursachten und zweitens moralisches Leid zufügten. Nach dem Tode, in der Mondensphäre, durch den Einfluß jener Mondenindividualitäten, erleben Sie nun nicht, was Sie erlebt haben während des Erdenlebens, wo Sie aus innerem Ärger jemandem einen Schlag versetzt haben, vielleicht mit einem innerlichen Wohlgefallen, wo Sie nicht fühlten das Leid des anderen, – jetzt erleben Sie, was der andere erlebt hat. Den physischen Schmerz, das Leid, das der andere erfahren mußte, das erleben Sie in der Mondensphäre. Sie erleben das, was Sie selber getan haben oder auch gedacht haben während des Erdenlebens, nicht wie Sie es fühlten, sondern wie es der andere erlebt hat. So erlebt der Mensch in einem Drittel seiner Lebenszeit nach dem Tode alles dasjenige, was er gedacht, verübt hat während des Erdenlebens in der Art wiederum, wie es ihm die Mondenwesen, von denen ich gesprochen habe, in einer intensiven Realität zeigen, und zwar erlebt er dieses Leben rückwärtsgehend. Als ich zum Beispiel Strader – ich nenne ihn so in den Mysteriendramen, obwohl er anders geheißen hat – , als ich Straders Leben zurückerlebte mit ihm – er ist 1912 gestorben –, da war es so, daß er zuerst dasjenige erlebte, was er zuletzt auf der Erde erlebt hat, dann das Frühere und so weiter zurück. Wenn er mir jetzt vor die Seele tritt, erlebt er ungefähr in der anderen Sphäre, in der Mondensphäre, was er erlebte im Jahre 1875. Die Zeit zwischen 1912 und 1875 hat er seither zurückerlebt und wird weiter zurückerleben bis zu seinem Geburtsdatum.

So durchlebt der Mensch in einem Drittel nach dem Tode sein Leben rückwärts in den Sphären der Mondenwesen, die einmal Erdenwesen waren. Es ist dieses Leben der erste Keim zu demjenigen, was sich verwirklicht als das Karma in den folgenden Erdenleben. Man wird in diesem Leben, das da in einem Drittel der Erdenlebenszeit durchlebt wird, wirklich bekannt innerlich durch eigenes Fühlen und Wahrnehmen, bekannt damit, wie die eigenen Taten auf die anderen

Menschen gewirkt haben. Und da geht, meine lieben Freunde, ein gewaltiger, im Inneren des Geistmenschen daseiender Wunsch auf, daß dasjenige, was man jetzt in geistiger Sphäre, in der Mondensphäre durchlebt, weil man es auf der Erde bewirkt hat in anderen Menschen, – daß das auf einen wieder abgeladen werde, damit Ausgleich sei. Der Entschluß, sein Schicksal gemäß den Erdentaten und den Erdgedanken zu verwirklichen, dieser Wunsch steht am Ende dieser Mondenzeit. Und wenn dieser Wunsch aus diesem Erleben, das zurückgeht bis zur Geburt, furchtlos ist, dann wird der Mensch reif, von der nächsten Sphäre, von der Merkursphäre aufgenommen zu werden. Der Mensch tritt dann ein in die Merkursphäre. In der Merkursphäre – das werden wir in dem nächsten Vortrage zu betrachten haben – erfährt der Mensch durch Wesenheiten, in deren Bereich er jetzt tritt, die niemals Erdenwesen waren, die immer überirdische Wesen waren, – in deren Bereich erfährt er, wie er weiter sein Schicksal gestalten kann. So werden wir ihn zu verfolgen haben durch Merkursphäre, Venussphäre und Sonnensphäre, um kennenzulernen dasjenige, was der Mensch durchmacht zwischen Tod und einer neuen Geburt, entsprechend als sein geistiges Dasein demjenigen, was er unter irdischen Wesen zwischen Geburt und Tod durchgemacht hat. Denn der Mensch lebt sein totales Leben im Erdendasein zwischen Geburt und Tod, im Himmelsdasein zwischen Tod und einer neuen Geburt. Daraus setzt sich sein gesamtes Leben zusammen: Wie? – davon wollen wir dann in den nächsten Vorträgen sprechen.

SECHSTER VORTRAG

Paris, 24. Mai 1924

Gestern bemühte ich mich zu zeigen, wie der Mensch, indem er durch die Pforte des Todes geht, aufsteigt in die ersten Erlebnisse der übersinnlichen Welt, die er in den nächsten Jahrzehnten nach dem Tode durchlebt. Ich zeigte, wie der Mensch eine bestimmte Anzahl von Jahren verweilt in dem, was man die Mondenregion nennen kann, wie der Mensch in dieser Mondenregion in Zusammenhang kommt mit Wesenheiten, die einstmals mit der Erde verbunden waren, die nicht in einem physischen Leibe auf der Erde lebten, aber in einem ätherischen Leibe, und als solche Wesenheiten die Lehrer der ursprünglichen Menschheit waren, den Menschen inspiriert haben jene tiefe Weisheit, die einmal auf der Erde war und die nach und nach auf der Erde erloschen ist. Mit dem Hinweggehen des physischen Mondes von der Erde sind auch diese Wesenheiten hinweggegangen; sie haben ihr Dasein weiter auf dem Monde, und der Mensch kommt wieder mit ihnen zusammen, wenn er durch die Pforte des Todes gegangen ist und all dasjenige überschauen soll, was in der gestern charakterisierten Weise in einer viel stärkeren Realität überschaut wird, als es der Mensch eigentlich während seines Erdendaseins durchlebt.

Ich habe schon angedeutet, daß, nachdem der Mensch genügend lange in der Mondenregion verweilt hat, er den Übergang findet in die Merkurregion, in der er Wesen trifft, die ihn hinausführen in eine Region der Welt, in der ganz andere Wesen wohnen als auf der Erde, eine Region aber, der er als Mensch nun ebenso durch die Zeit zwischen dem Tode und einer neuen Geburt angehört, wie er mit seinem Erdendasein der Erde und ihrer Wirklichkeit angehört hat.

Gestatten Sie nun, meine lieben Freunde, daß ich die kleine Skizze, die ich gestern entworfen habe, heute fortsetze. Wir können ausgehen davon, daß der Mensch, wenn er den Tod durchlebt – was also eigentlich eine sehr kurze Zeit in Anspruch nimmt –, daß der Mensch dann sein Dasein erlebt in den Elementen, in Erde, Wasser, Feuer und Luft.

Dasjenige, was differenzierte Stoffe auf der Erde sind, Metalle, alle anderen Stoffe, die sind dann im Momente des Todes nicht da. Alle festen Stoffe sind Erde, alle flüssigen Stoffe sind Wasser, alle luftförmigen Stoffe sind Luft, und alles dasjenige, was Wärme zeigt, ist Wärme. In dieser vierfachen Differenzierung des Stoffes lebt der Mensch im Augenblicke des Todes. Er geht dann über in diejenige Region, die ich gestern charakterisiert habe als die Region der Weltintelligenz. Weltgedanken durchweben und durchleben die Region, in die er dann eintritt und in der er wenige Tage verweilt. Dann gelangt er in die Mondenregion, die ich beschrieben habe, und von da aus in die Merkurregion.

Diese Skizze, ich möchte sie noch einmal wiederholen: die Region der Elemente, die Region der Weltintelligenz. Und nun kommt der Mensch in die Sternenregion, zuerst in die Mondregion und dann in die Merkurregion.

Nun wollen wir uns einmal klarmachen, wie das Leben des Menschen zunächst in der Mondregion bestimmend einwirken kann auf sein späteres Karma. Auch darauf habe ich gestern schon hingedeutet. Die Sache ist so: Indem der Mensch durch den Tod geht, hat er dieses oder jenes in seinem Erdenleben verübt, dieses oder jenes an Gutem, an Bösem. Und mit all dem tritt er vor jene Wesenheiten durch jenes Erleben, das ich gestern beschrieben habe, hin, die eben die Mondwesen genannt werden können. Diese Mondwesenheiten üben ein strenges Urteil aus, ein Weltenurteil: wieviel Wert eine Handlung hat als gute Handlung für das gesamte Weltall, wieviel Wert eine böse, eine unrechte Handlung hat für das gesamte Weltall. Und dann ist die Sache so, daß der Mensch zurücklassen muß in der Mondenregion all dasjenige, wodurch er das Weltall geschädigt hat. Die Ergebnisse seiner bösen Handlungen, die muß der Mensch in der Mondenregion zurücklassen. Und damit läßt er einen Teil von sich selber zurück. Wir müssen uns nur klarmachen, daß der Mensch mehr, als man meint, eine Einheit ist von sich und demjenigen, was er tut, was er vollbringt. Es geht sozusagen mit einer guten, mit einer schlechten Handlung das ganze Wesen des Menschen eine Verbindung ein. Müssen wir das Böse zurücklassen, das wir verübt haben, so müssen wir einen Teil von uns selbst zurücklassen. – In der Tat, wir kommen über diese Monden region nur heraus mit dem, was wir an Gutem für das Weltall verübt haben. Dadurch sind wir in gewissem Sinne, wenn wir über die Mondenregion hinauskommen, ein verstümmelter Mensch, um so mehr verstümmelt, als wir böse Gedanken mit unserem eigenen Wesen vereinigt haben. Soviel müssen wir zurücklassen, als wir für die Welt Schädliches verübt haben.

Wenn wir nun den weiteren Gang des Menschen durch das Leben zwischen dem Tod und einer neuen Geburt studieren wollen, dann müssen wir auf folgendes sehen: Der Mensch, wie er hier auf der Erde steht, besteht ja aus voneinander deutlich unterschiedenen Gliedern. Die Kopfregion ist verhältnismäßig die am meisten ausgebildete, sie wird auch im Menschenkeim schon vor der Geburt des Menschen veranlagt, so daß sie verhältnismäßig vollkommen ist, während die andere Körperlichkeit des Menschen im Embryonalleben ja eher unvollkommen ist. In gewissem Sinne bleibt das durch das ganze Leben hindurch. Die ausgearbeitetste Partie des Menschen ist die Kopfregion; die anderen Regionen des Menschen sind weniger ausgearbeitet. Nun ist es aber gerade so, daß dasjenige, was vom Haupt des Menschen nach dem Tode bleibt als Geistiges, am schnellsten in der geistigen Region verlorengeht; das verschwindet sozusagen fast ganz mit dem Durchgang durch die Mondenregion. Natürlich müssen Sie mich richtig verstehen: Die physische Stofflichkeit fällt mit dem Leichnam ab; aber im Kopfe haben wir nicht nur die physische Stofflichkeit, wir haben Kräfte, die diesen physischen Leib des Menschen formen und beleben, übersinnliche Kräfte; die gehen durch die Pforte des Todes, die sieht man mit der imaginativen Erkenntnis auch nach dem Tode als Geistgestalt des Menschen, nur sieht man an dieser Geistgestalt das Haupt, den Kopf des Menschen fortwährend schwinden, immer mehr schwinden. Dasjenige, was eigentlich bleibt, was verstümmelt werden kann, das ist die übrige Region des Menschen außer dem Kopf. Mit dieser übrigen Region, die also entweder mehr oder weniger vollkommen eintreten kann in die Merkursphäre, wenn der Mensch ein guter Mensch war in der Hauptsache, die aber sehr verstümmelt eintritt in die Merkurregion, wenn der Mensch ein böser Mensch war, mit diesen Kräften, die unsere Seele umgeben, mit diesen Kräften treten wir in das weitere Leben zwischen dem Tod und einer neuen Geburt ein. Aus diesen Kräften heraus müssen wir das ganze Leben bilden zwischen dem Tode und einer neuen Geburt. Da haben diejenigen geistigen Wesenheiten, die in der Merkursphäre sind, die niemals Menschen waren, die niemals menschliche Gestalt angenommen haben, in deren Umgebung wir nunmehr kommen, eine bedeutsame Aufgabe. Denn mit all dem, was da sozusagen – verzeihen Sie den Ausdruck – als kopfloser Mensch herantritt, mit all dem ist nun verbunden, nachdem die moralischen Makel in der Mondenregion abgelegt sind, dasjenige, was der Mensch während seines Erdenlebens als Gesundheit oder Krankheit durchlebt hat. Es ist wichtig, denn es ist sehr bedeutsam, überraschend und frappierend, daß der Mensch schon in der Mondenregion seine moralischen Makel ablegt, daß aber dasjenige, was ihn an Krankheit befallen hat, nicht abfällt in der Mondregion, sondern erst in der Merkurregion durch jene Wesenheiten, die nicht jemals Menschen gewesen sind, von den Menschen in den geistigen Wirkungen hinweggenommen werden kann. Gerade die Be achtung dieser Tatsache ist etwas außerordentlich Bedeutsames: Krankheiten werden vom Menschen in der Merkurregion in ihren geistigen Ergebnissen hinweggenommen. Und da erleben wir dann zuerst, wenn wir dieses beobachten, wie in der Sternenwelt, die die eigentliche Welt der Götter ist, Physisches und Moralisches ineinanderwirken. Das Moralisch-Makelhafte kann nicht hinein in die geistige Welt, bleibt sozusagen in der Mondenregion zurück, die solchen Anteil hat an den Menschen, denn sie hat zu ihren Bewohnern Wesen, die schon unter den Menschen waren. Auf dem Merkur sind Bewohner, die niemals Erdbewohner waren. Diese Wesenheiten nehmen nun die Krankheiten von den Menschen weg. Diese Krankheiten schaut man wie hinausströmen in die Weltenweiten, in den geistigen Kosmos, und die geistigen Ergebnisse der Menschenkrankheiten werden wie aufgesogen vom geistigen Kosmos, strömen hinaus, werden mit einem gewissen Wohlgefallen sogar aufgenommen. Der Mensch aber, der dieses erlebt im Leben zwischen dem Tode und einer neuen Geburt, der hat nun den ersten Eindruck, der eigentlich ein rein geistiger ist und dennoch ihm so wirklich entgegentritt, wie ihm die Erde wirklich entgegentritt. So, wie wir hier auf der Erde den Wind, den Blitz, das Fließen des Wassers erleben, so erleben wir, wenn wir durch die Pforte des Todes gegangen sind und in die Merkurregion eingetreten sind, das Fortgehen der geistigen Effekte der Krankheiten, sehen, wie sie aufgenommen werden von den geistigen Wesen, diese geistigen Effekte der Krankheiten, und der Eindruck ist der: Jetzt seid Ihr versöhnt, o Götter! – Ich erwähne das zunächst – wir werden morgen auf diese Dinge näher eingehen können –, daß man es erlebt, wie die Götter versöhnt werden für dasjenige, was auf der Erde Böses geschehen ist, dadurch, daß die Effekte der Krankheiten ins weite Weltall hinausströmen.

Das ist eine sehr wichtige Tatsache im Bereich unseres Lebens zwischen dem Tod und einer neuen Geburt. Solche Tatsachen, man hat sie einmal gekannt, als gerade jene Wesenheiten vorhanden waren, die als die großen Urlehrer der Menschheit, die dann die Mondbewohner geworden sind, die Menschen gelehrt haben. Da wußte man auch, daß man über das Wesen der Krankheiten erst erfahren kann, was der Wahrheit entspricht, wenn die Wahrheit von den Merkurwesen kommt; daher war alles Heilwesen, alles medizinische Wissen, das Geheimnis von gewissen Mysterien, den Merkurmysterien. Da war es wirklich so in solchen Mysterien, daß nicht ein Mensch dastand, wie an den heutigen Universitäten, sondern daß tatsächlich höhere Wesenheiten aus den Sternenregionen durch den Kultus, der an diesen Mysterien üblich war, wirkten. Die Götter waren selbst Lehrer der Menschen, und die Medizin ist diejenige Weisheitskunde in alten Menschheitszeiten gewesen, die direkt durch die Merkurwesen in den Mysterien an die Menschen herangebracht worden ist; daher war auch diese alte Medizin durchaus als eine Gabe des Göttlichen von den Menschen angesehen worden. Im Grunde genommen ist alles dasjenige, was im Medizinischen fruchtbar ist, heute entweder aus alten Zeiten stammend, eine Nachwirkung desjenigen, was man von den Göttern des Merkur erfahren hat, oder aber es muß gefunden werden wiederum durch diejenigen Methoden, die den Menschen anleiten, Umgang mit den Göttern zu haben, von den Göttern lernen zu können. Die alte Weisheit ist versiegt, verschwunden; eine neue Weisheit, die wiederum auf dem Umgang mit den Göttern beruht, muß gefunden werden. Das ist die Aufgabe der Anthroposophie auf den verschiedensten Gebieten.

Von der Merkurregion aus kommt der Mensch dann in die Region des Venusdaseins. Dasjenige, was der Mensch von sich bis in die Region der Venus mitbringen kann, das wird von jenen Wesenheiten, die die Venus bewohnen und die noch viel fernerstehen den Erdenwesen als die Merkurwesen, so verwandelt, daß es überhaupt weiterkommen kann in der geistigen Region. Das ist aber nur möglich dadurch, daß mit dem Betreten der Venusregion der Mensch in ein neues Element eintritt. Wenn wir hier auf der Erde leben, kommt viel darauf an, daß wir Ideen haben, Begriffe haben, Vorstellungen haben. Denn was wäre der Mensch auf der Erde, wenn er nicht Vorstellungen und Ideen hätte. Gedanken, die tragen ihn, die sind wertvoll, und wir als Menschen sind, weil wir Gedanken haben, die etwas taugen, wir sind dadurch gescheit. Besonders heute gilt es viel, wenn der Mensch gescheit ist. Heute sind ja fast alle Menschen gescheit. Es war nicht immer so, heute ist es so. Und es hängt eben doch das ganze Erdenleben davon ab, daß die Menschen Gedanken haben. Aus den menschlichen Gedanken ist die großartige Technik entsprungen, es entsteht alles schließlich mit Hilfe von Gedanken, was der Mensch an Gutem oder Bösem verwirklicht auf der Erde. Die Gedanken wirken aber noch nach in der Mondenregion; denn nach der Art und Weise, wie die guten und bösen Taten aus den Gedanken entsprungen sind, urteilen die Wesen in der Mondenregion. Aber auch die Wesen in der Merkurregion, die beurteilen die Krankheiten, die sie ablösen müssen von den Menschen, noch nach den Gedanken. Aber in gewissem Sinne ist hier die Grenze, bis zu der Gedanken – überhaupt dasjenige, was noch an menschliche Intelligenz erinnert – eine Bedeutung haben. Denn kommt man heraus aus der Merkurregion in die Region der Venus, dann herrscht da dasjenige, was wir im Erdenleben im Abglanz kennen als Liebe. Liebe löst da sozusagen die Weisheit ab. Wir treten ein in die Region der Liebe. Nur dadurch kann der Mensch weitergeführt werden hin bis zum Sonnendasein, daß Liebe ihn aus der Weisheitssphäre in das Sonnendasein hineinführt.

Sehen Sie, meine lieben Freunde, es wird Ihnen etwas die Frage in Ihrer Seele bedeuten: Wie erlebt eigentlich derjenige, der so etwas überhaupt erleben kann in der Anschauung, solche Dinge? – Nun haben Sie gewiß gelesen dasjenige, was ich gegeben habe an Seelenübungen in dem Buche, das ins Französische übersetzt ist unter dem Titel «L'Initiation», und Sie werden wissen, daß der Mensch durch solche Seelenübung allmählich zu einer solchen Anschauung kommt. Zuerst erlebt man, wenn man das imaginative Bewußtsein erlangt, sein ganzes Leben auf geistige Art bis zur Geburt in einem großen Tableau. Dasjenige, was man nach dem Tode erlebt auf natürliche Weise, erlebt man durch die Initiation in jedem Augenblick des Lebens. Aber dieses Erleben, wenn es dann zur Inspiration kommt, das zeigt dann gewissermaßen etwas, was durchscheint durch dieses Tableau, durch dieses menschliche Leben. Das ist nun das Bedeutsame. Eigentlich kann man über den ganzen Zusammenhang der Geheimnisse, die da zugrunde liegen – und es ist immer so gewesen –, erst reden, wenn man ein gewisses Alter erreicht hat. Man kann in jedem Lebensalter initiiert werden; aber einen vollständigen Zusammenhang über die kosmischen Geheimnisse durch eigene Anschauung bekommt man über diese Dinge in einem bestimmten Lebensalter erst. Das ist so aus folgendem Grunde.

Wenn man zurückblickt auf dieses Lebenstableau, so gliedert es sich in Abschnitte von sieben zu sieben Jahren, und zwar so, daß man einen ersten Abschnitt überblickt von der Geburt bis zum siebenten Jahre ungefähr, einen zweiten Abschnitt vom siebenten zum vierzehnten Lebensjahr, einen weiteren vom vierzehnten zum einundzwanzigsten Lebensjahr und dann einen einheitlichen Lebensabschnitt vom einundzwanzigsten bis zweiundvierzigsten Lebensjahr; dann einen Lebensabschnitt vom zweiundvierzigsten bis neunundvierzigsten Lebensjahre, einen Abschnitt vom neunundvierzigsten bis sechsundfünfzigsten und vom sechsundfünfzigsten bis zum dreiundsechzigsten Jahre. Man erlebt hintereinander diese Lebensabschnitte. Man schaut im ersten Lebensabschnitt diesen Rückblick, es steht alles auf einmal da bis zum Zahnwechsel hin. Wie durch einen Nebel erscheinen einem in jedem dieser Abschnitte die Weltgeheimnisse, die Geheimnisse des

Kosmos. Im ersten Lebensabschnitte, von der Geburt bis zum siebenten Jahre, erblickt man bei dieser Rückschau die Geheimnisse des Mondes. Wenn das Leben so dasteht im ersten Lebensabschnitt, so erscheint es einem, wie wenn durch einen Nebel die Sonne durchscheint, so erscheinen die Weltgeheimnisse durch den eigenen Ätherleib, den man überblickt. Was ich Ihnen heute erzählt habe, meine lieben Freunde, über das Zurücklassen seiner Makel, seiner bösen Dinge, was ich Ihnen erzählt habe über die Mondbewohner, das steht in dem Lebensbuche, in diesem Lebensbuche des ersten Abschnittes.

Blickt man in seine Kindheit zurück mit Imagination, Inspiration und Intuition, so sagt man sich: Dieses Leben hat eins, zwei, drei bis sieben Kapitel. Im ersten Kapitel, umfassend unsere erste Kindheit, stehen die Mondengeheimnisse. Im zweiten Lebenskapitel, das umfaßt die Lebenszeit zwischen dem Zahnwechsel und der Geschlechtsreife, da stehen die Merkurgeheimnisse. In diesem Zeitalter, das die Kinder gerade in der Schule verleben, in diesem Zeitalter, wenn man auf dasselbe zurückblickt, zeigen sich die Merkurgeheimnisse. Es ist ja den Medizinern bekannt, daß dies dasjenige Alter ist, wo die Kinderkrankheiten sind. Es ist das gesündeste Zeitalter im Menschenleben, die Sterblichkeit ist verhältnismäßig am geringsten, wenn man die ganze Menschheit anschaut. Diesem Lebensabschnitte zeigen sich hinterher die Merkurgeheimnisse, so daß, wenn jemand – es ist das nicht gut möglich, aber wenn es doch sein könnte – mit achtzehn Jahren schon initiiert sein könnte, er überschauen können würde aus seiner Initiation die Mondengeheimnisse, die Merkurgeheimnisse. Wenn man aus den späteren Lebensjahren zurückschaut auf die weiteren Lebensabschnitte vom vierzehnten bis zum einundzwanzigsten Jahre, da zeigt sich im Rückblick alles dasjenige, was an Geheimnissen der Venusregion im Weltall angehört. In der Zeit, in welcher beim Menschen die physische Liebe auftritt, vom vierzehnten bis zum einundzwanzigsten Lebensjahre, sind auch im Lebensbuche geistig eingeschrieben die Geheimnisse des Venusdaseins im Weltenall. Leben wir dann weiter vom einundzwanzigsten bis zum zweiundvierzigsten Jahre, so brauchen wir zu diesem Durchleben einen dreimal größeren

Zeitraum, denn da, wenn wir zurückblicken vom späteren Leben, enthüllen sich uns die ganzen Wesenheiten der Sonnengeheimnisse. Man muß über die zweiundvierzig Jahre alt geworden sein, damit man zurückblicken kann; dann aber sieht man in diesem Lebensabschnitte im Rückblicke die Sonnengeheimnisse. Ist man nun gar schon recht alt geworden und kann zurückblicken auf den Lebensabschnitt vom zweiundvierzigsten bis zum neunundvierzigsten Lebensjahre, dann enthüllen sich die Marsgeheimnisse. Um also in die Marsgeheimnisse einzudringen, muß man über das neunundvierzigste Lebensjahr herauskommen. Man kann initiiert sein; aber um durch eigene Anschauung in die Marsgeheimnisse einzudringen, muß man zurückblicken können auf ein Leben, das in einem Abschnitt vom zweiundvierzigsten bis zum neunundvierzigsten Lebensjahre verlaufen ist. Ist man über sechsundfünfzig Jahre alt, so kann man auf die Jupitergeheimnisse zurückblicken. Und – ich darf über diese Sache sprechen – ist man über das dreiundsechzigste Jahr hinaus, so ist es einem erlaubt durch den Ratschluß der Götter, auch über die Saturngeheimnisse zu sprechen.

Sie sehen, meine lieben Freunde, wir kommen innerhalb dieses Lebens zwischen dem Tod und einer neuen Geburt immer mehr über diejenigen Verhältnisse hinaus, die uns hier auf der Erde umgeben, und in andere Verhältnisse hinein. Dasjenige, was der Mensch, nachdem er die Venusregion durchschritten hat, erlebt, es ist die Tatsachenwelt der Sonnenregion. Und nachdem ich Ihnen beschrieben habe, wie man auf diese Dinge kommt durch die Initiation, darf ich eben fortfahren in der Betrachtung desjenigen, was der Mensch zwischen dem Tode und einer neuen Geburt durchmacht.

Das Hineinwachsen in die geistige Welt ist aber auch ein solches, das immer mehr und mehr sich nähert Wesenheiten, die über dem Menschen hinausstehen. In der Mondregion sind wir noch ganz unter Wesenheiten, die mit den Menschen auf der Erde gelebt haben, in der Hauptsache. Aber wir werden in der Mondregion doch schon ansichtig derjenigen Wesenheiten, die uns auf der Erde führen von Erdenleben zu Erdenleben. Da sind die Wesenheiten, die ich bezeichnet habe in meinen Büchern nach einem alten christlichen Gebrauch mit dem Namen der Hierarchie der Angeloi. Indem man zurückblickt in jener Erfahrung, in jener initiierten Erfahrung, von der ich gesprochen habe, in die erste Kinderzeit, sieht man zugleich dasjenige, was durch die Engelwelt am Menschen geschehen ist. Denken Sie einmal, meine lieben Freunde, wie wunderschön gewisse Anschauungen im naiven Gemüt des Menschen leben und sich eigentlich durch die höhere initiierte Weisheit behaupten! Wir reden davon, wie das erste Kindesalter des Menschen durchwoben ist von der Wirksamkeit der Angeloi. Und wir sehen wirklich, wenn wir zurückblicken, um die Mondenregion zu studieren, unsere Kindheit und damit zugleich das Weben der Welt der Angeloi. Da, wo die stärkeren Kräfte einsetzen beim Menschen, wenn der Mensch in die Schulzeit kommt, sehen wir das Wesen der Archangeloi. Und diese Archangeloi werden für uns wichtig, wenn wir das Merkurdasein betrachten. Innerhalb des Merkurdaseins sind wir in der Welt der Archangeloi. Und wenn der Mensch die Geschlechtsreife erlangt hat, geht er durch das Zeitalter von ungefähr dem vierzehnten bis einundzwanzigsten Lebensjahr. Im Rückblick sieht man durchscheinen durch den menschlichen Lebenslauf, durch das Tableau des Lebenslaufes die Venusgeheimnisse. Man lernt zugleich erkennen, welche Wesenheiten mit dem Venusdasein vorzugsweise verbunden sind, die Wesenheiten aus der Hierarchie der Archai, der Urkräfte. Und jetzt lernt man eine wichtige Wahrheit kennen, wiederum etwas, das, wenn man es wirklich kennenlernt, ungeheuer frappiert. Man schaut hin auf die Wesenheiten, die mit dem Venusdasein verbunden sind, die hereinscheinen in das Menschenleben nach der Geschlechtsreife. Und diese Wesenheiten sind dann diejenigen, die als Urkräfte mit der Entstehung der Welt selber verknüpft sind. Diese Wesenheiten, die als Urkräfte mit der Entstehung des Kosmos selber verknüpft sind, sind in ihrem Abglanz wiederum tätig bei der Entstehung des physischen Menschen in der Generationenfolge. Der große Zusammenhang zwischen dem Kosmos und dem Menschenleben offenbart sich auf diese Weise.

Man blickt dann hinein auch in die Geheimnisse des Sonnenlebens. Dieses Sonnenwesen, was ist es schließlich für unsere heutigen Physiker? – Ein glühender Gasball, da brennen Gase, die verbreiten Wärme und Licht. – Für den geistigen Anblick eine kindische Vorstellung, eine recht kindische Vorstellung; denn die Wahrheit ist diese, daß die Physiker, wenn sie eine Expedition in die Sonne ausrüsten könnten, sehr überrascht sein würden, alles anders zu finden, als sie sich vorgestellt haben. Nichts von Weltengasen ist da. Man würde nicht von Flammen verzehrt werden, wenn man eine Expedition nach der Sonne ausstatten könnte. Aber man würde, indem man in die Sonnenregion hineinkommt, auseinandergerissen werden, durch Auseinanderreißen verzehrt werden. Denn was ist eigentlich das, wo die Sonne ist?

Nun, meine lieben Freunde, wenn Sie hier durch den Raum gehen, sind Stühle da, sind Menschen da, an die können Sie anstoßen. Ich will schematisch aufzeichnen einige von diesen Dingen, sie sind da, man stößt sich an diesen Dingen. Da sind die Dinge, dazwischen ist der leere Raum, da gehen Sie durch. Das ist der Unterschied in dem Territorium, in dem wir hier sind, daß gewisse Raumesteile ausgefüllt sind von Stühlen oder von Ihnen; andere Raumesteile sind leer. Wenn ich die Stühle wegnehme, und Sie kommen herein, so ist nur der leere Raum da. Der leere Raum ist noch weit mehr verbreitet im Weltall. Hier auf der Erde kennt man nicht, was man im Weltall kennenlernen muß. Da kann der Raum leer werden von sich selber, so daß irgendwo kein Raum mehr ist. Wenn Sie dasjenige haben, was man in Deutschland «Selterswasser» nennt, da sind drinnen kleine Perlen, die sind dünner als das Wasser, die sehen Sie; das Wasser sehen Sie nicht, aber die Perlen. So können Sie nun auch, wenn Sie hinausschauen in den Raum, nichts sehen. Aber, wo die Sonne ist, da ist weniger Raum. Stellen Sie sich vor, hier sei der leere Raum des Weltalls, aber in diesem leeren Raum wäre nichts da, auch kein Raum, so daß Sie in der Tat, wenn Sie hinkämen, aufgesogen würden und verschwinden. Es ist gar nichts da, es ist Platz für alles Geistige. Nichts Physisches, nicht einmal Raum ist da. Das ist das Sonnendasein in Wirklichkeit, über das die Physiker sehr überrascht sein würden. Erst am Rande dieses leeren Raumes, da fängt es etwas an, so zu sein, wie die Physiker es voraussetzen. Da sind etwas glühende Gase, in der Sonnenkorona, aber innerhalb dieses leeren Raumes ist nichts Physisches, nicht einmal Raum. Da ist lauter Geistiges. Da drinnen sind die drei Arten von Wesenheiten: Exusiai, Dynamis und Kyriotetes, die sind im Sonnendasein.

In die Region der Exusiai, Dynamis, Kyriotetes treten wir nun ein, wenn wir das Venusdasein durchschritten haben in der weiteren Zeit zwischen dem Tod und einer neuen Geburt. Da sieht man, wenn man zurückblickt – nur muß man älter als zweiundvierzig Jahre geworden sein –, da sieht man gewissermaßen den Abglanz des Sonnenhaften. Exusiai, Dynamis, Kyriotetes, unter denen lebt man den größten Teil der Zeit, die man zubringt zwischen dem Tode und einer neuen Geburt.

Nun, meine lieben Freunde, wenn der Mensch wirklich eindringt zwischen dem Tode und einer neuen Geburt in diese Sonnenregion, dann wird alles anders, als wir irgend etwas gewöhnt sind zu sehen in der physisch-irdischen Welt. In der physisch-irdischen Welt, – wir haben gute Absichten, neben uns steht einer vielleicht, der hat sehr böse Absichten; wir versuchen gute Handlungen auszuführen, es gelingt uns mehr oder weniger, neben uns steht einer, dem sozusagen alles gelingt. Wir sehen dann das Leben dahingehen. Nach Jahren oder Jahrzehnten blicken wir zurück auf dasjenige, was geschehen ist, und man kommt allzuleicht gegenüber dem physisch-irdischen Verlauf zum Urteil: Es ist nicht so, daß die gute Absicht, aber auch die guten Taten, im Erdenleben auch gute Folgen haben für den Menschen. – Zum Beispiel erscheint auf der Erde der Gute bestraft, der Böse belohnt, indem der Gute unglücklich werden kann, der Böse glücklich werden kann. Wir sehen keinen Zusammenhang zwischen demjenigen, was moralisch lebt, und demjenigen, was sich physisch verwirklicht. Dagegen hat alles Physische seine notwendigen Konsequenzen; die magnetische Kraft muß das Eisen anziehen, sie hat diese notwendige Konsequenz. Auf der Erde verwirklicht sich zunächst für dasjenige Leben, das wir durchleben zwischen Geburt und Tod, nur, was im physischen Zusammenhang steht. Nun, meine lieben Freunde, einen solchen physischen Zusammenhang gibt es im Sonnendasein nicht. In diesem Sonnendasein gibt es nur einen moralischen Zusammenhang. Jedes Moralische hat dort die Macht, sich auch zu realisieren und in entsprechender Weise zu realisieren. Das Gute bewirkt Daseinserscheinungen, die beglückend sind, das Böse bewirkt Daseinserscheinungen, die für den Menschen nicht beglückend sind. Der moralische Zusammenhang, der hier auf der Erde nur ideell ist, auch nur ideell hingestellt werden kann auf äußerlich mangelhafte Weise, indem man durch Jurisprudenz den Bösen bestraft, – dort wird er Realität.

In der Sonnenregion beginnt alles dasjenige, was der Mensch nur im kleinsten Gedanken als gute Intentionen getragen hat, Realität zu sein, auf die dann hinschauen Exusiai, Dynamis, Kyriotetes. Wie man das Gute in sich hat, denken und empfinden und erleben konnte, so wird man von den Wesen der Sonnenregion angesehen. Daher kann ich Ihnen die Sonnenregion nicht schildern auf theoretische Weise, sondern nur schildern auf lebendige Weise. Man kann nicht gut eine Definition geben, wie wirkt das oder jenes Gute in der Sonnenregion, man muß so reden, daß dem Zuhörer klar werden kann: Hast du als Mensch in der Erdenregion einen guten Gedanken gehabt, so hast du in der Sonnenregion in dem Leben zwischen dem Tod und einer neuen Geburt den Umgang mit Exusiai, Dynamis und Kyriotetes. Du darfst ein geistig geselliges Leben führen mit diesen Wesenheiten. Hast du aber Böses gedacht, das du sozusagen mit deinem eigenen Wesen in der Mondregion zurückgelassen hast, so bist du ein Einsamer, verlassen von Exusiai, Dynamis und Kyriotetes. So wird das Gute Realität in der Sonnenwelt durch unser Zusammenleben mit diesen Wesenheiten. Wir verstehen die Sprache dieser Wesenheiten nicht, wenn wir nicht Gutes gedacht haben; wir können nicht vor sie hintreten, wenn wir nicht Gutes vollbracht haben. Da ist alles Realität als reale Wirksamkeit unseres Guten in der Sonnenregion.

Das ist dasjenige, was ich heute vorläufig über die Dinge sagen wollte, wir wollen morgen diese Betrachtung weiter fortsetzen.

SIEBENTER VORTRAG

Paris, 25. Mai 1924

Über das Leben zwischen dem Tod und einer neuen Geburt haben wir gesprochen und dabei gesehen, wie der Mensch aufgenommen wird nach dem Tode von einer außerirdischen Welt, von jener außerirdischen Welt, die uns auf der Erde nur durch ihre Zeichen erscheint, denn Sterne sind Zeichen einer anderen Welt. Und wenn wir auf diese Zeichen hindeuten, dann kann uns diese Hindeutung sein zugleich diejenige auf geistige Welten, die wir selbst betrachten, wenn wir in dem Dasein zwischen dem Tod und einer neuen Geburt sind. Und wir haben gesehen, wie der Mensch eintritt in eine Mondensphäre, in eine Merkursphäre, in eine Venussphäre, und sind gestern angekommen bei der Betrachtung der Sonnensphäre. Zugleich habe ich ausgeführt, wie man durch die Initiationserkenntnis ein Wissen erlangen kann von den entsprechenden Welten. Hat man sich die Möglichkeit erworben, hineinzuschauen in die geistige Welt durch diejenigen Methoden, die Sie in meinen Büchern geschildert finden, dann bekommt man zunächst einen Rückblick auf das gesamte Erdenleben. Auf einmal, wie ausgebreitet in einem großen Tableau, liegt es da, und man überschaut es in Zeiträumen, die immer ungefähr sieben Jahre dauern im Rückblick. Wir erblicken unsere erste Kindheit bis zum Zahnwechsel. Wenn wir sie durchschauen, so strahlt uns entgegen das Geheimnis der Mondensphäre. Durchschauen wir dann dasjenige, was zwischen dem Zahnwechsel, dem siebenten Jahre und der Geschlechtsreife liegt, so strahlt uns entgegen das Geheimnis der Merkursphäre. Von dem vierzehnten oder fünfzehnten Jahre bis zum Beginn der Zwanzigerjahre, wenn beim Menschen die Geschlechtsreife eingetreten ist, kommt diejenige Epoche, aus der uns im Rückblicke erscheint das Geheimnis der Venussphäre. Und wenn man schon etwas alt geworden ist und zurückblickt auf die Zeit zwischen dem einundzwanzigsten Jahre ungefähr und dem zweiundvierzigsten Jahre, auf diese Zeit, wo man in der Reife des Menschenlebens steht und noch nicht der Abstieg begonnen hat, – wenn man zurückblickt auf diese Zeit, treten einem die Geheimnisse der Sonnensphäre entgegen. Diese Geheimnisse bestehen ja darinnen, daß in dieser Sphäre, wie ich schon gestern angedeutet habe, keine Naturwirkungen sind. Alles das, was wir hier an Ursachen und Wirkungen in der Natur der Erde wahrnehmen, gibt es in der Sonnensphäre nicht. In der Zeit, die wir betreten, wenn wir die Monden-, Merkur-, Venussphäre absolviert haben und in die Sonnensphäre eintreten, in der Zeit haben wir um uns keine Naturwirkungen, sondern nur moralisch-seelische Wirkungen. Alles dasjenige, was gut ist, hat seine entsprechenden guten Ergebnisse, alles dasjenige, was böse ist, ist längst in der Mondensphäre abgefallen. Die Sonnensphäre ist lautere Güte, strahlende, leuchtende Güte. Kein Böses hat in ihr Platz. Und wir müssen dieses Sonnendasein durchleben, durchleben oftmals als Mensch jahrhundertelang, denn die Zeit ist sozusagen ausgedehnter in dem Leben zwischen dem Tod und einer neuen Geburt als hier auf der Erde. Wenn wir diese Sonnensphäre durchleben, dann kommen wir nicht nur in die Gesellschaft derjenigen Seelen, die nun auch vom Erdenleben aus durch die Pforte des Todes gegangen sind, mit uns zugleich die geistige Welt betreten haben, und mit denen wir durch das Karma verbunden waren, sondern wir kommen auch in der Sonnensphäre in das Gebiet der Exusiai, Dynamis, Kyriotetes. Das sind Wesenheiten, die ganz in geistigen Wirkungen leben, Wesenheiten rein geistiger Art. Und dasjenige, was wir als moralische Umwelt in der Sonnensphäre wahrnehmen, gehört zu diesen Wesenheiten so, wie das mineralische, pflanzliche, tierische Reich zu der Wesenheit der Erde gehört.

Wenn man das Leben der Menschenseele in der Sonnensphäre verstehen will, muß man sich klar darüber sein, daß wir hier auf der Erde als Mensch stehen, gewissermaßen räumlich eingeschlossen in unsere Haut. Alles, was innerhalb unserer Haut ist, nennen wir uns selbst. Alles dasjenige, was außer unserer Haut ist, nennen wir die Welt. Und wir blicken von demjenigen, was innerhalb unserer Haut ist, heraus in die Welt. Genau das Umgekehrte ist der Fall im Leben in der Sonnensphäre. Da sind wir in all dem darinnen, was wir hier Welt nennen; da ist der Mond in uns, nicht außer uns, ist Merkur in uns, ja die

Sonnensphäre selber mit ihrem ganzen Gebiet ist in uns, nicht außer uns. Und so, wie wir hier im Erdenleben unterscheiden zwischen unserem Körper und unserem Kopf und uns klar sind darüber, daß der Kopf sich absondert als das Erkenntnisorgan von dem übrigen Körper, wenn er arbeiten soll, – so wie wir wissen, daß der Kopf etwas anders geartet sein muß als der übrige Körper, wissen wir während der Sonnensphäre: Wir haben den Weltenorganismus, der uns angehört, als Mondwesen, als Merkurwesen, als Venuswesen, als Sonnenwesen an uns. Aber wir haben etwas Besonderes noch an uns, so wie wir hier im Erdenleben den Kopf haben. Was wir da Besonderes an uns haben, ist Mars, Jupiter, Saturn, ist gewissermaßen unser Kopf im Sonnendasein. Wir können sagen: Im Sonnendasein werden Mond, Merkur, Venus unsere Gliedmaßen, die Sonne selber unser gesamtes rhythmisches System; unser Herz und unsere Lunge, das ist im Leben in der Sonne die Sonnensphäre selber mit allen ihren Wesenheiten. Dagegen dasjenige, was hier das Begreifens-Organ ist, das Vernunftorgan, der Kopf, das ist in der Sonnensphäre dasjenige, was wir als Mars, Jupiter, Saturn finden. So, wie wir hier mit unserem Kopf in seiner untersten Partie, mit dem Munde, sprechen können, so leben wir dadurch, daß wir den Mars in unserem Weltenleibe in uns tragen, durch das Weltenwort. Das tönt durch alle Raumesweiten. Und so, wie wir hier die Gedanken in unserem Kopfe tragen, diese kleinen, irdisch-winzigen Gedanken, so tragen wir die Weltenweisheit in uns durch den Jupiter. Und wie wir hier Erinnerung haben, Gedächtniserlebnisse, so tragen wir im Sonnendasein in uns das Saturndasein, das uns Welterinnerung gibt. Und wie wir hier in unserer Haut leben und hinausschauen, leben wir in unserem Sonnendasein, wie ich es beschrieben habe, und schauen auf die Außenwelt, auf den Menschen. Der Mensch ist in unserer Welt darinnen. Nicht natürlich der Mensch, von dem die irdische Anatomie spricht, sondern etwas, was in sich so groß und gewaltig, so majestätisch ist wie das Weltall mit all seinen Sternen.

Wenn wir es vom irdischen Standpunkte erblicken, meine lieben Freunde, dann ist es schon so: Wir haben eigentlich – und es ist für den irdischen Menschen gut, damit er nicht dem Größenwahnsinn verfällt – eine viel zu geringe Meinung von dem, was im Menschen eingeschlossen ist. Im Grunde genommen, wenn wir alle Menschen zusammennehmen auf der Erde, sind sie die Träger aller Hierarchien; diese entfalten ihr Wesen im Menschen. Das, was im Menschen ist, was viel großartiger ist als alle Sternenwelt, alle Sternengänge und -erscheinungen, das ist unsere Außenwelt im Sonnendasein. Und mit den Wesenheiten, die ich genannt habe, Exusiai, Dynamis, Kyriotetes, mit den anderen Wesenheiten, die im Monde leben, mit den Wesen aus der Hierarchie der Angeloi, mit den Wesen, die auf der Venus leben, mit den Wesen aus der Hierarchie der Archai, mit all den anderen Menschenseelen, mit denen wir karmisch verbunden sind, arbeiten wir aus der Anschauung des menschlichen Leibes heraus unser nächstes Erdendasein aus. Und diese Arbeit im Sonnendasein zur Entstehung des nächsten Erdenmenschen, des nächsten menschlichen Lebens auf der Erde, diese Arbeit, sie ist eine viel großartigere als alles dasjenige, was der Mensch zur Kultur und Zivilisation auf der Erde hervorbringen kann. Dasjenige, was schließlich die Erdzivilisation bietet, ist Menschenwerk. Der Mensch ist nicht nur Menschenwerk; er darf mitarbeiten im Sonnendasein am späteren Erdenleben. Es würde etwas Klägliches herauskommen, wenn der Mensch im Zusammenhang mit anderen Menschenseelen allein an diesem Wunderbau, den er darstellt im Erdenleben, arbeiten würde. Da muß er zusammenarbeiten mit allen höheren Hierarchien. Denn dasjenige, was durch die Mutter des Menschen geboren wird, das ist ja nicht auf der Erde entstanden, nur sozusagen der Schauplatz ist auf der Erde entstanden. In demjenigen, was durch die physische Vererbung gegeben wird, verkörpert sich ein wunderbares Weltengebilde, das in übersinnlichen Welten im Sonnendasein geformt ist.

Da muß man schon, wenn man solche Dinge mit dem richtigen Erkenntnisvermögen erfaßt, zur Sonne hinaufschauen und sich sagen: Schön ist schon ihr physisches Strahlen, schön dasjenige, was uns als die Sonnenwärme zur Erde herniederströmt. Aber wenn wir uns durchdringen mit der Erkenntnis dessen, was die Sonne eigentlich ist, so fühlen wir: Da droben, wo der Sonnenball durch die Welt geht, da ist der Schauplatz, in dem die künftigen Generationen von Menschen in ihren geistigen Vorbildern zuerst gestaltet werden; da arbeiten die höheren Hierarchien im Zusammenhang mit den Menschenseelen, die im vorigen Erdenleben auf der Erde waren, zur Bildung der Menschen der Zukunft. Dieser Sonnenball ist eigentlich der geistige Embryo desjenigen, was wir als Erdenleben in der Zukunft erahnen. Und im Grunde genommen ist es die erste Hälfte des Sonnendaseins, die wir so zubringen, daß wir mit den Göttern zusammen so aus dem Sonnendasein heraus unser zukünftiges Erdenmenschenwesen formen.

Wenn wir die halbe Zeit des Daseins zwischen dem Tode und einer neuen Geburt erlebt haben und angekommen sind bei dem, was ich in meinen «Mysterien» die «Mitternachtshöhe» genannt habe, beginnt eine andere Arbeit. Wir haben ja gehört, daß das Sonnendasein lauter Güte ist. Würde nur das, was ich Ihnen beschrieben habe, aus der höheren Weltenweisheit heraus gearbeitet haben, so würden nicht Menschen auf die Erde kommen, sondern engelhafte, götterhafte, gütige Wesen. Aber diese götterhaften, gütigen Wesen hätten nicht Freiheit, es wäre nichts Freies in ihnen. Denn es würde ihrer Natur entsprechen, dem Sonnendasein, aus dem sie entsprungen sind, gemäß, nur das Gute zu tun. Sie hätten keine Wahl zwischen dem Guten und Bösen.

In der zweiten Hälfte des Sonnendaseins wird ein Teil desjenigen, was zur Menschenrealität geworden ist durch die Arbeit des Sonnendaseins, umgeformt, so daß es gewissermaßen zum Bilde verflüchtigt wird. Zunächst wird der Mensch geformt, so daß er in seinem Organismus werden müßte ein bloß gütiges Wesen. Dann aber wird ein Teil desjenigen, was am Menschen geformt wird, in der zweiten Hälfte des Sonnendaseins nicht zu einer Realität gebildet, sondern nur zum Bilde, so daß wir den weiteren Weg im Sonnendasein antreten teilweise als geistige Realität, teilweise als Bild. Aus demjenigen, was geistige Realität ist, wird die Grundlage für unseren Körper im künftigen Erdendasein. In demjenigen, was bloß Bild ist, wird die Grundlage für unser Haupt, für unseren Kopf geschaffen. Weil das bloß Bild ist, kann es sich ausfüllen mit viel dichterer Materie, mit Knochenmaterial. Aber es gliedert sich zugleich ein diesem Teil, der Bild ist, nicht geistige Realität ist, sondern Bild ist, es gliedert sich ein das, was wir hier auf der Erde noch im Nachklang dieses Bildes erleben. Dasjenige, was unser Magen, unsere Leber und so weiter wollen, das erleben wir als Naturnotwendigkeit. Das, was in uns als moralischer Impuls sitzt, erleben wir hier auf der Erde geistig, das, was wir da geistig erleben, was aus unserem Gewissen heraustönt als der moralische Impuls, das bildet sich der Anlage nach in dem, was hier Bild wird, in der Sonnenkeimesanlage des Menschen.

Nun, meine lieben Freunde, die Erde in ihrer Entwickelung, die Entwickelung der Menschheit auf der Erde, sie haben eine Geschichte. Die Kultur, die Zivilisation entwickelt sich durch den Lauf der Geschichte hindurch. Das Sonnenleben, das wir durchlaufen in einer langen Zeit zwischen dem Tode und einer neuen Geburt, hat auch Geschichte. Und das wichtigste Ergebnis in der Erdengeschichte ist das Mysterium von Golgatha, und wir unterscheiden ja in der Erdengeschichte die Geschehnisse, die Tatsachen vor dem Mysterium von Golgatha und nach dem Mysterium von Golgatha. In einer ähnlichen Weise muß man auch im Sonnenleben, das der Mensch durchmacht zwischen dem Tod und einer neuen Geburt, unterscheiden zwischen dem, was vorgegangen ist da, bevor auf der Erde das Ereignis von Golgatha war, und dem, was nachher vor sich gegangen ist. Nur ist die Sache so: Wenn wir das Erdenleben bis zum Ereignis von Golgatha betrachten, dann finden wir, daß auf der Erde nicht die Christus-Wesenheit anwesend ist; der Christus wird erwartet auf der Erde, aber er ist noch nicht da, er ist noch in seinem Sonnendasein. Die Initiierten in den Mysterien hatten die Mittel und Wege, um aus ihren Mysterienstätten teilzunehmen an dem Sonnenleben. Wenn sie aufsteigen konnten, die Initiierten, zu einer Erkenntnis außerhalb ihres Leibes, dann gelangten sie außerhalb des Erdenerlebens durch die Initiation zum Christus, denn der Christus war in der Sonne zu finden. Nach dem, was auf der Erde geschehen ist durch das Mysterium von Golgatha, ist der Christus nicht mehr in der Sonne, er hat sich verbunden mit dem Erdendasein. Erst war im Sonnenleben der Christus da, nachher ist er nicht mehr da, gerade entgegengesetzt dem Erdenleben, wo der Christus zuerst nicht da ist und dann da ist. Aber ebenso, wie radikal eingreift der Christus-Impuls in das Erdenleben, so auch in das Sonnenleben. Wie es uns auf der Erde hier ein Ringen kostet, in uns selber das seelische Leben so zu vertiefen, daß wir den Christus erleben können, daß wir innerlich erfüllt werden vom Christus, daß wir durchchristet werden, so ist es während des Sonnenlebens schwierig, den ganzen Menschen seiner Wesenheit nach, so wie ich es vorhin gesagt habe, zu überblicken, zu schauen. Und insbesondere war es in alten Zeiten der Menschheitsentwickelung, wo auf der Erde allerdings eine instinktive Hellsichtigkeit geherrscht hat, schwierig, nach dem Tode im Sonnenleben den Menschen zu schauen. Daß der Mensch auf der Erde etwas Geistiges in sich schaute, machte es ihm gerade im Sonnenleben schwierig, das Geheimnis des Menschen als Außenwelt zu schauen. Da war es vor dem Mysterium von Golgatha der Christus, der den Menschen im Sonnendasein die Kraft gab, wirklich das Menschenwesen restlos zu schauen. Seit dem Mysterium von Golgatha müssen wir als Menschen auf der Erde jene innere Vertiefung durchmachen, die uns werden kann durch das Betrachten des Mysteriums von Golgatha, durch das Hineinleben in das Mysterium von Golgatha, durch die Anteilnahme an dem Christus-Leben. Wir können auf diese Art und Weise in uns während des Erdendaseins in freiem Bewußtsein jene Kräfte sammeln, die wir mitnehmen können durch den Tod und die uns die Kraft geben können, das Menschenwesen im Sonnendasein zu schauen. Und hat der Christus den Menschen im Leben zwischen dem Tode und einer neuen Geburt vor dem Mysterium von Golgatha die Kraft gegeben, den Menschen zu schauen im Sonnendasein, so bereitet er nach dem Mysterium von Golgatha während des Erdenlebens den Menschen vor, damit er im Sonnendasein das ganze, volle Menschenwesen schauen kann. So also lernen wir das Wesen des Christentums auch nur ganz kennen, wenn wir aus dem Erdendasein hinausschauen auf das Sonnendasein. Und wir lernen im Sonnendasein, wie wir gesehen haben, eine erste Hälfte kennen, wo der Mensch zunächst in der Realität gebildet wird, wo er lauter Güte ist. Dann wird das Bildhafte erzeugt, das in das spätere Menschenleben hereinragt, den Menschen freimacht, in dem der Keim des moralischen Erlebens enthalten ist.

Wenn wir nun an das herantreten mit der initiierten Wissenschaft, was da an moralischen Anlagen, an Gesundheitskräften im Menschen entsteht, dann sehen wir nichts Richtiges mit unserer Imagination,

Inspiration und Intuition, wenn wir nicht uns durchkraften lassen, wenn wir nicht unsere Imagination, Inspiration und Intuition durchkraften lassen von dem, was uns werden kann durch diejenige Sphäre, in die der Mensch nun nach und nach aus dem Sonnendasein heraus gewissermaßen hineinschlüpft, – die Sphäre des Marsdaseins, des Jupiterdaseins, des Saturndaseins. Und wollen wir diese zweite Hälfte des menschlichen Lebens zwischen dem Tod und einer neuen Geburt im Zusammenhang beurteilen, so müssen wir wiederum in rückschauendem Leben auf gewisse, sieben Jahre dauernde Epochen sehen. Aber um das im Zusammenhang zu überblicken, müssen wir, wie ich schon andeutete, über das dreiundsechzigste Jahr gegangen sein. Wenn wir zurückblicken über den Zeitraum vom zweiundvierzigsten bis neunundvierzigsten Lebensjahre, strahlt uns heraus aus diesem Lebensabschnitt dasjenige, was Marsgeheimnisse sind. Aus dem neunundvierzigsten bis sechsundfünfzigsten Lebensjahr strahlen uns entgegen die Jupitergeheimnisse; und aus dem Zeitraum vom sechsundfünfzigsten bis dreiundsechzigsten Lebensjahr strahlen uns entgegen die Saturngeheimnisse. Wir können einfach durch diesen Rückblick mit dem, was uns da entgegenstrahlt, verstehen, was im Mars vorgeht, was im Jupiter vorgeht, was im Saturn vorgeht für die Vorbereitung des Menschen zu einem neuen Erdendasein. Denn hier, wo der Mensch eintritt, wenn er durch das Sonnendasein durchgegangen ist, zuerst in das Marsdasein, dann ins Jupiterdasein und später ins Saturndasein, da wirken für den Menschen offenbar die Wesenheiten der höheren Hierarchien, die Throne, die Cherubime, die Seraphime, und zwar so, daß mit der Marssphäre die Throne auftreten, mit der Jupitersphäre die Cherubime, mit der Saturnsphäre die Seraphime.

Wenn wir nun diese zweite Hälfte des Lebens zwischen dem Tod und einer neuen Geburt durchgehen, dann ist es wiederum in einer gewissen Beziehung umgekehrt, wie es im Erdenleben ist. Hier im Erdenleben stehen wir auf der Erde, schauen hinaus in die Weiten der Sternenwelt, erblicken die Wunderbarkeit der Sternenwelt, lassen sie in ihrer Erhabenheit auf uns wirken. Wenn wir vom Sonnendasein weiterschreiten, uns vorbereitend für das künftige Erdenleben, durch Mars-, Jupiter-, Saturnsphäre, da sind wir, wohin wir blicken, im religiösen Leben. Aber wir blicken gegen die Erde hinunter. Da erscheint uns nicht die Erde in der physischen Weise, wie wir sie hier um uns haben, da erscheint uns – ich möchte sagen, in der Richtung nach der Erde – ein gewaltiges geistiges Leben, das gewoben wird aus den Mars-, Jupiter-, Saturnereignissen, das gewoben wird aus den Taten der Seraphime, Cherubime und Throne. Aber jetzt ist es nicht ganz so wie früher, daß wir alles von der Welt in uns fühlen. Die Exusiai, Kyriotetes, Dynamis haben wir in uns gefühlt; und indem wir nun erleben, hinunterschauend, die Taten der Seraphime, Cherubime und Throne, sehen wir da zunächst außer uns; wir sehen unter uns den übersinnlichen Himmel, denn die rein geistige Welt ist für uns darüber. Wir sehen den übersinnlichen Himmel, wir sehen hinunter in die Mars-, Jupiter- und Saturnsphäre, sehen leben und streben und arbeiten in ihrer Art Throne, Cherubime und Seraphime. Aber was für ein Anblick bietet sich uns, indem wir diese Arbeit sehen? – Da bietet sich uns der Anblick, daß wir erlebend sehen auf übersinnliche Art und Weise unter den Seraphimen, Cherubimen und Thronen dasjenige, was die Erfüllung unseres Karma im nächsten Erdenleben sein wird, was wir erleben werden als Mensch durch andere Menschen, weil wir in gewisser Weise ein Karma angesponnen haben mit ihnen; das erleben wir zuerst durch Göttertaten unter Seraphimen, Cherubimen und Thronen. Die machen untereinander aus, was wir im nächsten Erdendasein als Erfüllung unseres Karma erleben. Die Götter sind wirklich die Schöpfer des Menschen; aber auch unser Karma schaffen sie. Daß Götter die karmische Erfüllung zunächst im Himmelsbilde erleben, das macht auf uns den Eindruck, der sich einprägt, indem wir unser Dasein weiterführen. Unser Karma, wie es sich erfüllen wird, wir nehmen es auf uns, weil wir es zuerst in Göttertaten der Seraphime, Cherubime und Throne erblicken. So erleben wir in diesem Anblicke dasjenige, was über uns kommen wird im nächsten Erdenleben, ausgeführt durch Götter.

Sie sehen daraus, daß durch die Initiationswissenschaft die Erkenntnis des Karma zu gewinnen ist, wenn man verfolgt das Menschenleben in der zweiten Hälfte des Durchganges vom Tode zu einer neuen Geburt und in der Lage ist, zu entziffern dasjenige, was durch Throne,

Cherubime und Seraphime geschieht in der Mars-, Jupiter-, Saturnsphäre. Und derjenige, der gelernt hat zurückzublicken auf sein Leben vom zweiundvierzigsten bis zum neunundvierzigsten Lebensjahre im Geiste, dem bietet sich auch die Möglichkeit, eben in die Marsgeheimnisse, in das Marsgeschehen einzudringen, gewissermaßen zu sehen, was da vorgeht – hauptsächlich zwischen den Thronen, aber im ganzen zwischen Thronen, Seraphimen und Cherubimen –, wenn der Mensch durch diese Sphäre durchgeht. Hier im Erdenleben allein läßt sich das Karma eines Menschen, wie es sich auswirkt, nicht beurteilen. Man muß zu Hilfe nehmen die übersinnliche Welt. Und wenn man Karmastudien machen will, muß man hinblicken gerade auf den Teil der Welt, den der Mensch durchmacht zwischen dem Tode und einer neuen Geburt in der Mars-, Jupiter-, Saturnsphäre. Nun ist es da so, daß für gewisse Menschen maßgebend wird für das nächste Erdenleben gerade dasjenige, was sich in der Marssphäre abspielt.

Sie schauen hin zwischen dem Tod und einer neuen Geburt auf die Marssphäre und sehen, was sich abspielt. Da ist es vorzugsweise dasjenige, was ich nennen möchte das «Weltenwort». Alles ist Wort. Die Wesen des Mars, sie sind nur Wortwesen, wenn ich den Ausdruck gebrauchen darf. Wenn Sie sich vorstellen: der Mensch besteht aus Fleisch und Blut, er spricht, er bringt dadurch die Luft in Bewegung. Indem die Luftwellen an unser Ohr anschlagen, hören wir, die Töne verkörpern sich in Luftwellen. So sind die Marswesen aus solchen Wellen gebildet, ihr ganzes Wesen besteht in Worten. Indem man hört mit dem Geiste, erlebt man diese Wesenheiten. Wenn man zurückblickt in seinem späteren Leben nach dem Lebensabschnitt vom zweiundvierzigsten bis zum neunundvierzigsten Lebensjahre, wenn diese Sphäre diejenige ist, die zwischen dem Tode und einer neuen Geburt auf den Menschen am stärksten wirkt, wenn da hauptsächlich sein Karma ausgearbeitet wird, dann hängt das, was er auf der Erde erleben wird, sehr stark mit dem Marsdasein zusammen, er schaut aus dem jenseitigen Leben durch die Marssphäre in der maßgebenden Zeit hinunter; er bildet sich ein Erdenleben aus, das mit dem Marsdasein eben durchaus sehr stark zusammenhängt. Nehmen wir ein Beispiel. Nehmen wir einen Menschen, der gelebt hat in der Zeit, als die Araber unter dem Impuls Mohammeds, von Asien heraus, von Nordafrika nach Europa kriegerisch geströmt sind und die spanischen Reiche bedroht haben und die maurische und arabische Herrschaft aufgerichtet haben. Nehmen wir einen Menschen, der in dieser Zeit vor der Ausbreitung der Araberherrschaft in Afrika nach der Sitte der damaligen Zeit Erkenntniswissenschaft gelernt hat. Solch einen gab es; er hat aufgenommen innerhalb Nordafrikas – nicht ganz so, aber in ähnlicher Weise, wie Sie es historisch wissen von dem heiligen Augustinus – die nordafrikanische Wissenschaft. Ich meine jetzt nicht den heiligen Augustinus, sondern eine andere Persönlichkeit, die später nordafrikanische Wissenschaft etwas verschieden aufgenommen hat, maurisch-arabisch gefärbt. Diese Persönlichkeit ist dann nach Spanien, nach dem heutigen Spanien herübergekommen, hat da eine Art von Umwandlung in seinem Bekenntnisse durchgemacht, hat sich mehr einer christlichen Anschauung zugewendet und durcheinandergebracht arabische Anschauungen, die sie früher aufgenommen hatte, und christliche Anschauungen, die sie aufgenommen hat. Es kam dann in diese Persönlichkeit etwas schon von dem hinein, was eine Art kabbalistischer Wissenschaft war, noch nicht dasjenige, was man gewöhnlich Kabbalistik nennt, aber schon Ansätze zur kabbalistischen Denkweise kamen in diese Persönlichkeit hinein. So hatte diese Persönlichkeit viele Zweifel, innere Zweifel in sich aufgenommen und innere Unsicherheit und starb auch in dieser Unsicherheit. Es war eine männliche Persönlichkeit, die verhältnismäßig kurz darnach später im Mittelalter, vor der Mitte des Mittelalters, als Frau wiedergeboren wurde, wo sich das Ganze dann, was das Leben an Zweifeln angehäuft hatte in dieser Persönlichkeit, tiefer in die Natur derselben hineingelebt hat. Und diese Persönlichkeit erschien dann später wieder, erschien so wieder, daß sie, teilweise schon vorher, teilweise in dem Leben zwischen dem Tode und einer neuen Geburt, von dem Frauenleben wieder zu einem männlichen Leben so durchgegangen ist, daß sie vorzugsweise ihr Schicksal für das nächste Erdenleben geprägt hat durch die Marssphäre und dadurch verwandt wurde für das nächste Leben mit all dem, was auf der Erde lebt und webt als scharfes Verstandesurteil – Verstandesurteil, das vielfach einen begrifflich-kriegerischen Charakter hatte. Es entsteht aus der Persönlichkeit, die ich da in zwei Inkarnationen charakterisiert habe, dann *Voltaire*.

Sie sehen, wie sich in dem Leben zwischen dem Tod und einer neuen Geburt durch den Zusammenhang des Menschen mit dem, was hinter den Sternen lebt, das Erdenleben formt. Wir lernen überhaupt das Erdenleben nur kennen in seinem geschichtlichen Verlauf, wenn wir hinschauen können auf den Zusammenhang eines Menschenlebens mit anderen Erdenleben desselben Menschen.

Wodurch kommen denn die Dinge, die als Ursache und Wirkungen in früheren Epochen der geschichtlichen Entwickelungen vorhanden sind, herüber in die neue Epoche? – Die Menschen selber tragen sie herüber. Sie alle, die Sie hier sitzen, haben das, was Sie erleben in der gegenwärtigen Zivilisationsepoche, herübergetragen aus Ihrem Erleben in früheren Epochen. Die Menschen selber bilden die Geschichte. Aber wir verstehen dieses Bilden der Geschichte nur, wenn wir hinschauen können und nicht bloß abstrakt schwätzen, sondern konkret hinschauen können auf dasjenige, was mit den Menschen zwischen dem Tod und einer neuen Geburt geschieht.

Von besonderer Bedeutung für das Verständnis des menschlichen Erdenlebens wird, wenn man jene karmische Entwickelung betrachtet, die sich abspielt dann, wenn der Mensch aus seinen früheren Erdenleben die besondere Bedingung mitbringt, daß er sich im Saturndasein die Hauptimpulse seines Karma schafft. Menschen, die im Marsdasein sich die Hauptimpulse ihres Karma schaffen, werden so wie Voltaire. Sie hängen stark mit all ihren Gedanken zusammen mit dem Erdenleben, kritisieren es, bekämpfen es und so weiter, und finden es wohl auch so, daß sie es – bei Voltaire ist es genial – in Sentenzen zusammenfassen. Anders steht die Sache, wenn das Karma hauptsächlich durch die Saturnimpulse gebildet ist. Diese Saturnimpulse, sie sind eigentlich von einer ganz besonderen Wirkung auf den Menschen. Schon die Anschauung der Saturngeheimnisse, die man überblickt, wenn man zurückschaut auf sein irdisches Leben zwischen dem sechsundfünfzigsten und dreiundsechzigsten Lebensjahr, schon der Anblick der Saturngeheimnisse hat etwas in vieler Beziehung stark Bedrückendes, Erschütterndes; es ist in einer gewissen Weise fremd dem irdischen Leben. Und wer durch die Initiationswissenschaft im Laufe der Jahre zwischen dem sechsundfünfzigsten und dreiundsechzigsten Lebensjahre allmählich erlebt, wie die Saturngeheimnisse sich ihm enthüllen, der erlebt dies dramatisch sich steigernd, erschütternder und erschütternder, allerdings auch solches, das in steigendem Maße immer schwieriger und schwieriger zu erleben wird, weil es das Leben angreift. Aber man möchte sagen: Die ganze wunderbare Bedeutung vom Menschen kann man ihrem Zusammenhange nach entdecken, wenn man hineinschaut, wie sich in dieser Sphäre Karma bildet. – Auch hierüber ein Beispiel; dabei muß ich allerdings eines voraussagen.

Es könnte unter Ihnen allen, meine lieben Freunde, eine Frage auftauchen, die ganz berechtigt wäre, die Frage, die sich stützte auf die Behauptung, die auch ich oftmals mache in Büchern und Vorträgen, daß es in alten Zeiten große Eingeweihte gegeben hat, die unter den Menschen gelebt haben. Sie können fragen: Wo sind die in der Gegenwart, in der späteren Zeit? – Und wahrscheinlich, wenn Sie in der Gegenwart herumblicken: von vielen Menschen, die in der Gegenwart wirken, werden Sie nicht behaupten, daß sie den Charakter von Eingeweihten tragen, und schließlich ist das schon seit langem der Fall. So muß man die Frage aufwerfen: Wo sind die Eingeweihten in deren späteren Inkarnationen?

Derjenige, der in einer früheren Inkarnation auch nach außen hin mit vollem Bewußtsein als Eingeweihter dastand, muß es in einer folgenden Inkarnation nicht wieder werden. Es kann die Initiation im Unterbewußtsein bleiben. Der Mensch muß eben denjenigen Körper benutzen, den ihm irgendein Zeitalter geben kann. Die heutigen Körper sind für die spirituelle Wissenschaft nicht sehr geeignet, sie sind ein fortwährendes Hindernis, weil sie aus einer materialistisch veranlagten Zeitepoche herauskommen, und erst recht ist unsere Erziehung von der Kindheit an ein Hindernis. Wenn man in sie hineinwächst und war vorher ein Eingeweihter in alten Zeiten, kann man nicht wiederum dasjenige, was von der Einweihung blieb für diese Inkarnation, nach außen hin ausleben. Man lernt schreiben, aber in der gegenwärtigen Schrift läßt sich nicht ausdrücken, was ehemals Eingeweihtenwissenschaft war. Und so in anderen Verhältnissen des Lebens. Und so ist es, daß ja in der Tat Eingeweihte früherer Epochen in anderer Weise groß im Leben auftreten, aber nicht als Eingeweihte. Und manches Leben in der Gegenwart und der unmittelbaren Vergangenheit weist zurück auf frühere Einweihung. Sehen Sie, ich möchte Ihnen ein Beispiel anführen, ein Beispiel einer wirklich in früheren Erdenleben eingeweihten Persönlichkeit. Es war gerade eine Persönlichkeit, die eingeweiht war in die hybernischen Mysterien, die Mysterien Irlands, in der Zeit des ersten christlichen Jahrhunderts, als die alten großen Mysterien Irlands schon im Niedergang waren, aber noch das große Wissen bewahrten. Da lebte eine Persönlichkeit, die in einem höheren Grade eingeweiht war. Nun waren die irischen Mysterien von ganz besonderer Tiefe, nicht von einer intellektuellen Tiefe, sondern von einer allgemein menschlichen Tiefe. Es war zum Beispiel einer der kultischen Eindrücke, die man empfing, dieser: Nachdem man lange vorbereitet war über das Trügerische der Wahrheit auf der Erde, über die Möglichkeit der Zweifel, sollte man im Bilde erleben dasjenige, was nur durch das Bild den großen Eindruck machen kann. Da wurde der Schüler vor zwei Statuen gebracht. Die eine stellt sich dar wie ganz elastisch, aber im Inneren hohl. Sonst war sie von majestätischer Größe, sie machte durch ihre ganze Wirkung einen gewaltigen Eindruck. Der Schüler mußte tasten. Dieses Tasten durchschauerte ihn innerlich furchtbar, den Eindruck des Lebendigen machte die Statue – man grub sich hinein mit dem Finger, zuckte zurück, und gleich stellte sich die Form wieder her. Man bekam den Eindruck von einem Leben, das da war, das sich gleich herstellt, wenn es auch nur ein wenig zerstört wird. Dadurch sollte auf alles dasjenige im Menschen gedeutet werden, was im Menschen sonnenhaft ist.

Die andere Statue, sie war mehr plastisch. Wiederum tastete man da. Der dadurch entstandene Eindruck blieb. Erst, wenn man am nächsten Tage wieder hingeführt wurde, war inzwischen in der Nacht alles wieder hergestellt worden. Solche Kultverrichtungen bewirkten eine Umwandlung des inneren Lebens. Und so hatte einen tiefen Eindruck eine Persönlichkeit in diesen irischen Mysterien empfangen, die dazumal auch als männliche Persönlichkeit lebte. Sie werden begreifen, meine lieben Freunde, daß, wenn man heute Inkarnationsbeispiele anführt, man leicht auf männliche Inkarnationen stößt, weil in früheren Epochen fast ausschließlich die Männer eine Rolle gespielt haben. Die weiblichen Inkarnationen liegen dazwischen. Heute, wo die Frau beginnt, die große Rolle zu spielen in der geschichtlichen Entwickelung, heute bereitet sich die Zeit vor, wo man in intensiver Weise wird zu sprechen kommen auf weibliche Inkarnationen.

Nun finden wir eine Persönlichkeit, auf welche die kultischen Einweihungszeremonien der hybernischen Mysterien einen ungeheuren Eindruck machten, sie großartig berührten im Inneren, und man kann sagen, sie wurde durch dasjenige, was sie erlebte, erfüllt von solchen inneren Eindrücken, daß sie eigentlich mit der ganzen Seele die Erde ganz vergaß. Nachdem sie auch ein Frauendasein erlebt hatte, in dem sich nur in der allgemeinen Seelenverfassung etwas zeigte von früheren Einweihungsimpulsen, kam sie im neunzehnten Jahrhundert wiederum auf die Erde als eine bedeutende Persönlichkeit des neunzehnten Jahrhunderts, aber eine solche Persönlichkeit, die die Folgen ihres Karma in der Saturnsphäre durchmachte, in jener Sphäre, wo man lebt zwischen Wesen, die im Grunde genommen keine Gegenwart haben. Das ist das ungeheuer Erschütternde, wenn man die Saturnsphäre hellsichtig schaut, in dem Sinne, wie ich das auseinandergesetzt habe, daß in der Saturnsphäre Wesenheiten leben, die eigentlich keine Gegenwart haben, sondern nur auf ihre Vergangenheit zurückblicken. Was sie tun, geschieht unbewußt, und eine Handlung, die sie tun, kommt erst zum Bewußtsein, wenn sie geschehen ist, eingeschrieben ist in das Weltenkarma. Die Bekanntschaft mit diesen Wesen, die ihre Vergangenheit wie einen geistigen Kometenschweif nachziehen, wirkt erschütternd. Zu diesen Wesenheiten trug diese Persönlichkeit, die einmal eingeweiht war, hinausgewachsen war über das irdische Dasein, zu diesen Wesenheiten, die keinen Anteil nehmen an der Gegenwart, trug diese Persönlichkeit ihre Seele, bildete ihr Karma aus. Es ist da wirklich so, wie wenn in einer großartigen, majestätischen Weise all dasjenige, was noch dazu als ein Eingeweihtendasein erlebt worden ist, wie wenn es beleuchtete weithin die ganze Vergangenheit der menschlichen Erdenleben. Da lebt sich das ein wie eine Befruchtung dieser Vergangenheit, was durch die hybernische Einweihung erlebt wurde. Als nun diese Persönlichkeit auf der Erde erschien, da waren es nunmehr Zukunftsimpulse durch den Kontrast, in dem sich die Seele jetzt auf der Erde entwickeln mußte. Als diese Seele – unmittelbar beim Hinuntergang auf die Erde aus der Saturnsphäre, ganz hingerichtet den Blick auf die Vergangenheit in einer Weise, daß die Vergangenheit erhellt war von dem Eingeweihtenlicht – dann hinunterstieg auf die Erde, bildet sie den Kontrast aus: fest auf der Erde stehend, aber in die Zukunft schauend, gewichtige, sich überspannende Ideen, Impulse und Empfindungen auslebend! Es wird aus diesem hybernischen Eingeweihten *Victor Hugo*. – Wir sehen eigentlich einen Menschen erst dann recht, wenn wir ihn im Zusammenhang ansehen in seiner Entwickelung auch zwischen dem Tod und einer neuen Geburt. Wir sehen ihn mit seinen moralischen, religiösen, ethischen Qualitäten, wenn wir ihn so anschauen. Nicht ärmer wird eine Persönlichkeit dadurch, daß wir sie durchleuchten mit Geisteslicht, sondern reicher.

Wie versteht man durch solche Beispiele, die wirklich mit aller Exaktheit herausgeholt sind durch Geisteswissenschaft aus der Entwickelung der Menschheit, wie versteht man das Leben des Menschen, das Zusammenwirken der Welt mit den Menschen? Wie versteht man zum Beispiel durch ein drittes Beispiel manches, was sonst rätselhaft sein könnte für denjenigen, der unbefangen auf die Sache hinschaut? Wie versteht man durch einen karmischen Zusammenhang in diesen Fällen etwas, was ganz merkwürdig, was sonst unbegreiflich erscheint?

Da sehen wir hin auch auf eine Art Mysterien, aber ganz verfallene Mysterien. Die Mysterien, die einstmals eine große Rolle in Amerika gespielt haben, aber die in die Dekadenz gekommen sind, so daß die Vorstellungen, die sich gebildet haben von dem Kulte, und die Verrichtung der Kulte selber durchaus kindlich, möchte ich sagen, geworden waren gegenüber dem Großartigen, was früher vorhanden war. Es zeigt sich selbst in dem Abergläubischen, Zauberischen, Magischen dieser Mysterien vor der Entdeckung Amerikas, also doch vor nicht sehr langer Zeit, noch etwas von der Kraft, von der suggestiven Kraft dieser alten Mysterien. Da lebte wiederum eine Persönlichkeit darinnen, von der ich sprechen will, die innerhalb dieser Mysterien nicht nur Vorstellungen, sondern Eindrücke bekam von solchen Wesenskräften, die etwa dort bezeichnet werden als Taotel, Quitzalkaotel, Tetzquatlipoka, Wesenheiten, die allerdings einen starken, aber ich möchte sagen unreinlichen Eindruck auf den Menschen machen. Es ist vielfach die Eigenart von verfallenen Mysterien, daß sie einen unreinlichen Eindruck mit Bezug auf das Ethische machen. Ich sehe diese Persönlichkeit später als Mann wiedergeboren, durchdrungen im Unterbewußtsein stark von demjenigen, was an suggestiver Kraft von solchen Mysterien ausgehen kann. Da sehen wir diese Persönlichkeit wiedergeboren als *Eliphas Levi* und in ihm aufleben einfach mit den abstrakten, rationalistischen, rein äußerlichen Begriffen dasjenige, was eigentlich verfallenes Mysterienwesen ist. Sofort wird ein Licht geworfen auf eine sonst rätselhafte Erscheinung, die etwas von Großartigkeit hat in ihren Schriften, aber auch etwas von dem, was ganz inkohärent die menschliche Seele macht, sogar in gewisser Beziehung dumm und dumpf macht.

Überall, wo wir hinblicken, klärt sich uns das Leben durch die Zusammenhänge auf, auf die nicht in abstrakter, sondern in konkreter Weise Anthroposophie hinweisen muß. Aber können Sie sich nun vorstellen, meine lieben Freunde, daß Sie echte Schilderungen desjenigen, was jenseits des Erdenlebens liegt, entgegennehmen, ohne aus diesen Schilderungen innere Bewegung Ihres Gemütes, innere Durchwärmung und Durchleuchtung Ihrer Seele zu empfangen? Schaut sich nicht das Menschenleben nach Geburt und Tod anders an, ja fühlt es sich nicht anders, wenn man diese Schilderungen aus dem übersinnlichen Leben wirklich mit aller inneren Kraft auf die Seele wirken läßt? – Da schaut man hin und weiß: Man ist heruntergestiegen aus einer Welt, die zu beschreiben ist; wir tragen hinein in die physische Welt dasjenige, was unter Göttern gelebt hat. – Das nur theoretisch zu begreifen, ist nicht das Wesentliche. Aber sich als Mensch so zu fühlen: hinuntergestiegen zu sein aus solcher Sphäre, die so beschrieben werden kann, das bedeutet, daß wir uns als Mensch in unserem sinnlich-physischen Leibe auf der Erde verantwortlich fühlen dafür, daß wir würdig werden dessen, was mit uns heruntergestiegen ist. Wird so die Erkenntnis innerer Willensimpuls, würdig zu werden unserem Seelenleben vor dem Hinunterstieg durch die Geburt, dann wird dasjenige, was in der Anthroposophie gelehrt wird, zum unmittelbar Moralischen. Dieses Durchkraften der moralischen Impulse, das ist ein wesentlicher Aspekt der Anthroposophie. Ich glaube, er dürfte auch aus der Art der Beschreibung dieser drei Vorträge hervorgetreten sein.

Blicken wir nach dem anderen Aspekt, dem Aspekt des Todes, der das physische Erdenleben schließt. Er setzt an die Stelle, wo der Mensch gelebt hat, das Nichts. Schildern wir aber dasjenige, was wir schildern konnten aus der übersinnlichen Welt, dann steigt hinter dem Nichts die geistige Götterwelt auf, und der Mensch erlangt das Bewußtsein: er wird die Kraft haben, da, wo das Nichts seines physischen Leibes sich hingelegt hat, die Arbeit zu beginnen für einen neuen physischen Leib. Das gibt den kräftigen religiösen Impuls und das gibt den realen religiösen Impuls. So, meine lieben Freunde, entspringt aus Anthroposophie ein Bild des Weltlebens, des Menschenlebens. So erkraften sich aus Anthroposophie moralische und religiöse Ideale. Von diesem Inhalte der Anthroposophie wollte ich Ihnen einiges sprechen in den drei kurzen Vorträgen, die ich vor Ihnen halten konnte.

Ich möchte diese Vorträge damit schließen, daß ich aufmerksam mache auf dasjenige, was auch unter uns selbst als lebendige Anthroposophie da sein muß, als wesenhafte Anthroposophie, daß, wenn wir auseinandergehen räumlich, wir im Geiste beieinander bleiben. Unsere Gedanken werden sich finden, und wir gehen eigentlich in Wirklichkeit nicht auseinander. Weil wir Verständnis uns erwerben durch Anthroposophie, durch die Betrachtung des Übersinnlichen, wissen wir, daß diejenigen Persönlichkeiten, die Anthroposophie zusammengeführt hat, immer im Geiste und in der Seele zusammensein können. Deshalb wollen wir diese Zweigvorträge damit schließen, daß wir uns sagen: Wir waren, ich und Sie, eine Weile räumlich zusammen; wir wollen recht stark im Geiste beieinander bleiben! Damit darf ich diese Betrachtungen hiermit vor Ihnen schließen.

Karma als Schicksalsgestaltung des menschlichen Lebens

ACHTER VORTRAG

Breslau, 7. Juni 1924

Am allertiefsten greift ja die anthroposophische Weisheit dadurch in das Menschenleben ein, daß sie hinweist auf die umfassendsten kosmischen Geheimnisse, auf die Geheimnisse der ganzen Welt, die ja in der Wesenheit des Menschen eigentlich wiederum mikrokosmisch vereinigt sind. Aber in alledem, was uns auf diese Weise aus dem Kosmos heraus klar werden kann, lichtvoll werden kann, lebt etwas, das nicht nur ins Tägliche, sondern bis ins Stündliche des Menschenlebens hineinleuchtet, was dadurch, daß es dieses Menschenleben in bezug auf sein Schicksal, sein Karma behandelt, hineinleuchtet in dasjenige, was dem Menschenherzen unmittelbar naheliegt, ihm ja, wie gesagt, stündlich naheliegt. Und so möchte ich denn, von den verschiedensten Gesichtspunkten ausgehend, in diesen Tagen zu Ihnen namentlich sprechen über die anthroposophische Begründung derjenigen Ideen, derjenigen Geistesbilder, die uns das Karma des Menschen nahebringen können.

Wir wissen ja, daß in das Menschenleben, wie es abläuft zwischen Geburt und Tod, sozusagen zwei Augenblicke hineinspielen, die sich von allen anderen Augenblicken dieses irdischen Menschenlebens wesentlich unterscheiden. Das ist der Augenblick – es ist natürlich im wörtlichen Sinne kein Augenblick, aber Sie werden es verstehen –, in welchem der Mensch als geistig-seelisches Wesen heruntersteigt ins irdische Leben, annimmt einen physischen Leib als Werkzeug seines Wirkens im Irdischen, sich nicht nur umkleidet mit diesem physischen Leibe, sondern sich sozusagen in diesen physischen Leib verwandelt, um auf der Erde wirken zu können: der Anfang des irdischen Lebens, Geburt und Empfängnis. Der andere Augenblick ist der, in dem der Mensch aus dem irdischen Leben herausgeht, indem er durch die Pforte des Todes in die geistige Welt zurückkehrt.

Wenn wir an den letzteren Augenblick uns zunächst halten, so sehen wir ja, wie in den ersten Tagen nach dem Tode die physische Menschenform bis zu einem gewissen Grade erhalten bleibt. Wir fragen uns aber: Wie verhält sich dasjenige, was da als physische Menschenform erhalten bleibt, zur Natur, zu demjenigen Dasein, das uns im Erdenleben in den verschiedenen Reichen der Natur umgibt? Sind diese Reiche der Natur, ist die ganze äußere Natur imstande, sich so zu dem Überreste der menschlichen Wesenheit zu verhalten, daß sie diesen Überrest in seiner Bildung aufrechterhalten kann? Nein, dazu ist die Natur nicht imstande. Die Natur ist einzig und allein in der Lage, dasjenige, was als menschlich-physisches Gebilde aufgebaut ist seit dem Hineintreten in das physische Erdenleben, zu zerstören, und mit dem Tode beginnt die Auflösung der Form, die der Mensch als seine Erdenform betrachtet. Wer diese ja ganz offensichtliche Wahrheit nur tief genug auf seine Seele wirken läßt, dem geht auf, wie einfach schon in der physischen Menschenform der Gegenbeweis gegen alles Materielle liegt. Denn wäre das Materielle richtig, so müßte man sagen können, die Natur baue die menschliche Form auf. Man kann es nicht sagen, denn die Natur kann die menschliche Form nur zerstören, nicht aufbauen. Und es kann von diesem Gedanken ein mächtiger Eindruck ausströmen. Er strömt auch aus, er wird nur sehr häufig nicht in die richtige Gedankenform gebracht. Er lebt im Unbewußten der menschlichen Seele, er lebt in allem, was wir beim Todesrätsel empfinden. Da aber lebt er doch ein energisches Dasein. Und Anthroposophie will ja nichts anderes, als solche Rätsel, die dem unbefangenen Menschensinn an dem Leben aufgehen, bis zu jenem Grade der Lösung bringen, der eben wiederum zur richtigen Führung des Lebens notwendig ist. Und so muß sie zunächst einfach den unbefangenen Menschengeist hinweisen auf dasjenige, was der Moment des Todes ist.

Auf der anderen Seite kann sie hinweisen auf den Moment der Geburt. Aber über diesen Moment der Geburt kann man eigentlich nur eine der Todesvorstellung entsprechende Vorstellung gewinnen, wenn man sich ein wenig einläßt auf eine unbefangene Selbstbeobachtung. Diese Selbstbeobachtung muß auf das menschliche Denken gehen. Das menschliche Denken, es verbreitet sich über alles dasjenige, was in der physisch-sinnlichen Erdenwelt geschieht. Wir machen uns über das, was so in der Welt vorgeht, unsere Gedanken. Wir könnten gar nicht

Menschen sein, wenn wir uns nicht diese Gedanken machten; denn durch die Bildung dieser Gedanken unterscheiden wir uns von allen anderen Wesenheiten, die uns in dem irdischen Bereiche umgeben. Aber wenn wir unsere Gedanken in unbefangener Selbstbeobachtung erfassen, dann erscheinen sie uns ja wirklich recht weit entfernt von alledem, was uns sonst als Wirkliches umgibt. Man stelle sich nur in der richtigen Art vor, wie innerlich-abstrakt und kalt wir werden, wenn wir uns dem Denken hingeben, gegenüber der Art, wie wir sind, wenn wir uns mit unserer Seele dem Leben hingeben. Darüber sollte gar kein Zweifel sein vor dem unbefangenen Gemüte, daß Gedanken als solche zunächst etwas Kaltes, Abstraktes, etwas Nüchternes, Trockenes haben. Aber es sollte zu dem ersten meditativen Erleben des Anthroposophen gehören, in der richtigen Art gerade unser Gedankenleben anzuschauen. Dann wird ihm an diesem Gedankenleben etwas aufgehen, was ihm sehr ähnlich erscheinen kann wie der Anblick, den wir gegenüber einem Leichnam haben. Was ist denn charakteristisch für den Anblick eines Leichnams? Da liegt er vor uns, dieser Leichnam. Wir sagen uns: In diesem Gebilde hat eine menschliche Seele, ein menschlicher Geist gelebt; diese menschliche Seele, dieser Geist sind fort. Wie eine Schale der Seele und des Geistes liegt das da, was ein menschlicher Leichnam ist, aber uns zugleich den Beweis liefernd, daß alles, was außermenschliche Welt ist, dieses Gebilde niemals hätte hervorbringen können, daß dieses Gebilde nur aus der innersten, geistbeseelten Menschennatur selber hervorgehen konnte, daß es ein Überrest ist von etwas, das nicht mehr ist. Die Form selber zeigt uns: Der Leichnam ist ja keine Wahrheit, er ist nur ein Rest von einer Wahrheit, er hat nur einen Sinn, wenn Seele und Geist darin leben. Jetzt in der übriggebliebenen Form hat er eben vieles verloren, aber so wie er ist, zeigt er gerade, daß Seele und Geist in ihm gewohnt haben.

Dann können wir unseren seelischen Blick auf das Denkleben richten. Es wird uns – zwar von einem etwas anderen Gesichtspunkte aus – auch so erscheinen, als ob es etwas Leichnamhaftes wäre. Das menschliche Denken, wenn wir es unbefangen in uns selber anschauen, kann eigentlich ebensowenig durch sich selber bestehen, wie die menschliche Form im Leichnam. Die hat keinen Sinn, und der menschliche

Gedanke, wie er die äußere Natur auffaßt, hat gar keinen Sinn, ebensowenig wie ein Leichnam. Denn die äußere Natur ist ja immer etwas, was von den Gedanken wohl erfaßt werden kann, aber niemals den Gedanken hervorbringen kann. Es könnte ja sonst keine Logik geben, die unabhängig von allen Naturgesetzen sieht, was denkerisch richtig und falsch ist. Wenn wir den Gedanken hier in der irdischen Welt auffassen und ihn richtig durchschauen, muß er uns als ein Leichnam, als ein seelischer Leichnam erscheinen, wie das als ein physischer Leichnam erscheint, was vom Menschen übrigbleibt, wenn der Mensch durch die Pforte des Todes gegangen ist. Wir verstehen die Form des Menschen nur, wenn wir sie anschauen als einen Rest dessen, was ein belebter Mensch übriggelassen hat im Tode. Denken Sie sich einmal, es gäbe nur einen einzigen Menschen auf der Erde und der wäre gestorben, und ein Marsbewohner käme herunter und schaute sich diesen Leichnam an: er würde ihn gar nicht verstehen. Er könnte alle Formen im Mineralischen, Pflanzlichen, Tierischen studieren und würde doch nicht begreifen, wie diese Form, die da tot liegt, zustande kommen konnte. Denn sie widerspricht sich selbst, und sie widerspricht der ganzen außermenschlichen, irdischen Welt. Sie verrät in sich selber, daß sie von etwas verlassen worden ist, denn sie könnte nicht so sein, wie sie ist, wenn sie nur immer so sich selbst überlassen gewesen wäre.

Geradeso ist es mit unseren Gedanken. Die könnten gar nicht so sein wie sie sind, wenn sie nur durch die äußere Natur da wären. Sie sind ein Seelenleichnam, dem physischen Leichnam zu vergleichen. Wenn ein Leichnam da ist, muß etwas gestorben sein. Was ist gestorben? Gestorben ist diejenige Form des Denkens, die wir gehabt haben, bevor wir heruntergestiegen sind in die irdische Welt. Da lebte das, was im abstrakten Gedanken tot ist. Es verhält sich das Denken der Seele, die noch keinen Körper hatte, zu dem Gedanken, wie wir ihn nun haben, so, wie sich der beseelte und durchgeistigte Mensch zum Leichnam verhält. Und wir Menschen im physischen Leibe sind das Grab, in dem begraben worden ist das lebendige Seelenleben des vorirdischen Daseins. Der Gedanke war in der Seele lebendig. Die Seele ist für die geistige Welt gestorben. Wir tragen nicht den lebendigen Gedanken, wir tragen den Gedankenleichnam in uns.

Das ist es, was sich ergibt, wenn wir an die andere Seite des irdischen Lebens gehen, die entgegengesetzt liegt der Seite des Todes, wenn wir nach der Geburt hin gehen. Wir sagen uns: In einer gewissen Weise stirbt das Geistige im Menschen durch die Geburt; das Physische am Menschen stirbt durch den Tod. – Dann sprechen wir richtiger über diese Tatsachen, als gewöhnlich gesprochen wird in unserer Zeit.

Wenn wir zuerst die Eingangspforte in die Anthroposophie suchen durch ein gemütvolles Hinlenken der Seele zu dem Tode und uns so begreiflich machen, wie das Denken ein Leichnam ist gegenüber dem vorirdischen Denken, dann weitet sich uns der Blick auf den Menschen über das Erdenleben hinaus, und wir bereiten uns erst dadurch vor, die anthroposophische Lehre, die anthroposophische Weisheit aufzunehmen. Nur weil man nicht in der richtigen Weise auf dasjenige sieht, was im Erdenleben zwar noch da ist, wenn auch als Leichnam – aber dazu ist das Erdenleben die Stelle –, deshalb findet man so schwer den naturgemäßen Weg zur Anthroposophie. Heute überschätzt man das Denken, aber man kennt es eigentlich nicht; man kennt es nur in seiner seelen-leichnamhaften Beschaffenheit.

Nun, wenn man so die Gedanken lenkt, wie ich sie versuchte vor Ihnen zu lenken, dann wird man ja stark auf die zwei Seiten des ewigen Lebens der menschlichen Seele gewiesen. Wir haben ja, im Grunde aus den menschlichen Hoffnungen heraus, nur ein Wort in den modernen Sprachen für die halbe Ewigkeit, die jetzt beginnt und nicht aufhört. Wir haben nur das Wort «Unsterblichkeit», weil den Menschen unseres Zeitalters vorzugsweise interessiert, was nach dem Tode geschieht. Er ist jetzt da, und es hängt mit allen seinen Lebensinteressen zusammen, zu wissen, was nach dem Tode geschieht. Aber es gab Zeiten in der Menschheitsentwickelung, da interessierte den Menschen noch ein anderes. Heute sagt sich der mehr egoistisch denkende Mensch: Das, was auf den Tod folgt, interessiert mich, denn ich möchte wissen, ob ich über den Tod hinaus lebe; das, was vor der Geburt war oder vor der Empfängnis, interessiert mich nicht. – Denn er ist da, der Mensch, also denkt er über das vorirdische Leben nicht ganz so nach wie über das nachtodliche. Aber zum Ewigen der Menschenseele gehören diese zwei Seiten: die Unsterblichkeit und die Ungeborenheit.

Ältere, ursprüngliche Mysteriensprachen der Menschen, die noch, dem Zeitalter entsprechend, die übersinnliche Welt sahen, hatten auch für Ungeborenheit ein entsprechendes Wort. Wir müssen uns erst wiederum eines abringen dadurch, daß wir nach solchen Richtungen hin die Gedanken lenken. Dadurch aber werden wir auch zu der ganz andersartigen Gesetzmäßigkeit geführt als die Naturgesetzmäßigkeit ist, wie sie im Menschen besteht: zu dem menschlichen Schicksal.

Zunächst tritt uns ja dieses menschliche Schicksal nur so vor die Seele, daß es uns sozusagen wie zufällig trifft, daß es sich wie zufällig auslebt. Wir vollbringen dies und jenes aus diesem oder jenem Impulse heraus und müssen uns dem gewöhnlichen Leben gegenüber sagen: In unzähligen Fällen kommt es vor, daß dem Guten schwierige, leidvolle, tragische Lebenserfahrungen beschieden sind, wogegen demjenigen, der gar nicht gute Absichten hat, nicht schlimme, sondern gerade gute Lebenserfahrungen zuteil werden. Den Zusammenhang zwischen dem, was seelisch von uns ausgeht, und dem, was uns schicksalsmäßig trifft, diesen Zusammenhang sehen wir mit dem gewöhnlichen Bewußtsein im gewöhnlichen Leben bekanntlich nicht. Wir sehen, wie das Gute getroffen werden kann von den schlimmsten Schicksalsschlägen, das Böse nicht getroffen zu werden braucht von etwas anderem als oftmals von einem relativ guten Schicksal. Wir sehen im Naturgeschehen die Notwendigkeit, wie Wirkungen auf die Ursachen folgen; wir können das in geistiger Beziehung, in das unser moralisches Leben eingesponnen ist, nicht sehen. Und dennoch, wenn wir wiederum unbefangen auf das Leben hinsehen, sehen wir auch das Schicksal sich so abspielen, daß wir uns sagen müssen: es fließt so das Schicksal fort, daß wir es selber gesucht haben.

Man sei nur ganz unbefangen sich selbst gegenüber. Man schaue sich in irgendeinem Zeitpunkte des Lebens, den man in dieser Inkarnation erreicht hat, das frühere Leben an. Sagen wir, es ist einer fünfzig Jahre alt geworden und er schaut mit unbefangenem Blicke diese fünfzig Jahre zurück bis in die Kindheit; dann sieht man, wie man eigentlich durch einen inneren Drang zu allem selber hingegangen ist, was einen trifft. Es ist unangenehm, es zu beobachten; aber man verfolge die Dinge rückwärts, und man sieht, wie man sich sagen muß bei dem, was ausschlaggebend ist im Leben: Man hat sich wie zu einem Punkte, auf den man im Raum losgeht, so in der Zeit zu diesen Ereignissen des Lebens hinbewegt. – Es fließt schon das Schicksalsmäßige aus uns selber. Deshalb ist es durchaus begreiflich, wenn solche Menschen, die nun auch etwas väterlich geworden sind, wie Goethes Freund Knebel, sich sagen: Betrachtet man dieses Menschenleben, so kommt es einem ganz planvoll vor. Gewiß, dieser Plan ist nicht immer so, daß, wenn man auf ihn zurückblickt, man sich auch immer sagt: Wenn ich so zurückschaue, da würde ich es wieder so tun. – Aber dennoch, wenn man auf die Einzelheiten, die man getan hat, hinsieht, sieht man immer: Man hat zum Vorhergehenden das Folgende zugesetzt aus inneren Trieben heraus, und so ist es geschehen, daß dieses oder jenes Ereignis in unser Leben hineinfiel. – Man kommt auf diese Weise dazu, einzusehen, daß eine ganz andere Gesetzmäßigkeit durch unser moralisches Seelenleben sich ausdrückt als im Naturleben. Durch alles das kann man sich dann die Stimmung schaffen, in der man gegenübertreten muß dem Geistesforscher, der nun aus der Anschauung der geistigen Welt die Gestaltung des Schicksals ebenso zu schildern weiß, wie der Naturforscher aus den Naturvorgängen die Naturgesetze. Und eben dieses Erfassen der geistigen Gesetzlichkeit im Weltenall, das ist die Aufgabe der Anthroposophie in der Gegenwart.

Davon zunächst einleitend ein paar Worte. Sie erinnern sich, ich habe zum Beispiel in meiner «Geheimwissenschaft» angeführt und auch in anderen Zusammenhängen dargestellt, wie dasjenige, was uns als Mond draußen vom Himmel herunterscheint, einmal mit der Erde verbunden war, wie der physische Mondenkörper sich von der Erde losgelöst hat, in einem ganz bestimmten Zeitpunkt sich getrennt hat von der Erde. Der Mond wird sich in einer zukünftigen Zeit wieder mit der Erde vereinigen. Aber nicht nur der physische Mond hat sich von der Erde getrennt, sondern auch gewisse Bewohner, die auf der Erde waren, als der physische Mond noch mit der Erde verbunden war, haben sich von der Erde getrennt. Wenn wir dasjenige, was als geistige Güter innerhalb der menschlichen Entwickelung lebt, nehmen, so kommen wir auch nur durch eine solche Betrachtung immer mehr darauf, daß zwar die gegenwärtige Menschheit ungeheuer gescheit ist

– fast alle Menschen sind heute ungeheuer gescheit –, aber nicht weise. Weisheitsgüter – wenn auch nicht in verstandesmäßiger Form, sondern mehr in poetisch-bildhafter Form – waren einmal am Beginne der Menschheitsentwickelung da, hinausverstreut unter die Menschheit unserer Erde von großen Lehrern, von Urlehrern, die unter den Menschen waren. Diese Urlehrer der Menschheit waren nicht in einem physischen Menschenleibe wohnend, sie verkörperten sich nur in einem Ätherleibe, und der Verkehr mit ihnen war etwas anders, als er zwischen physischen Menschen ist. Diese Lehrer wanderten in einem Ätherleibe auf der Erde herum. Der Mensch, dem sie Führer wurden, der fühlte ihre Nähe in seiner Seele. Er fühlte in seine Seele etwas hineinkommen, was wie eine Inspiration war, wie ein innerliches Aufleuchten von Wahrheiten, auch von Anschauungen. Auf eine geistige Weise lehrten sie. Aber es war in der damaligen Zeit der Erdenentwickelung so, daß man unterschied Menschen, die man sehen kann, und Menschen, die man nicht sehen kann. Man machte nicht Anspruch darauf, Menschen, die man nicht sehen kann, sehen zu wollen, denn man hatte die Gabe, von ihnen die Lehren zu empfangen, auch wenn man sie nicht sah. Man hörte diese Lehren aus dem Innern der Seele heraus kommen und man sagte sich: Wenn diese Lehren kommen, dann hat sich mir genaht ein großer Urlehrer der Menschheit. – Und man hatte auch nicht etwa äußerlich Anschauungen von diesen Urlehrern; man begegnete ihnen im geistigen Schauen. Man schüttelte ihnen nicht physisch die Hand, aber begegnete sich doch und fühlte so etwas wie einen geistigen Händedruck.

Diese Urlehrer haben der Menschheit die ursprünglichen großen Weistümer gegeben, die nur im Nachklang erhalten sind selbst in solchen Schöpfungen, wie es die Veden sind und die Vedantaphilosophie. Selbst diese großen Lehren des Orients sind doch nur Nachklänge. Da war einmal eine Urweisheit über die Menschheit der Erde ausgebreitet, die dann zugrunde gegangen ist, damit die Menschen aus sich selber heraus in freiem Wollen sich wieder hinaufarbeiten können zum Geist. Freiheit des Menschenwesens wäre nicht möglich gewesen, wenn die Urlehrer dageblieben wären. Diese waren daher eine verhältnismäßig kurze Zeit, nachdem der Mond sich getrennt hatte von der Erde, dem

Monde gefolgt und haben ihren Wohnplatz in dieser Weltenkolonie des Mondes aufgeschlagen. Sie sind wichtigste Bewohner dieser Mondenkolonie seit jener Zeit geworden, seit der sie sich von der Erde getrennt und die Menschen sich selber überlassen haben. Aber wenn wir auch seit jener Zeit diesen großen Urlehrern nicht mehr hier auf der Erde begegnen, begegnen wir ihnen doch als Menschen, die von Erdenleben zu Erdenleben gehen, in unserem Leben nach dem Tode, und zwar sehr bald, nachdem wir durch die Pforte des Todes gegangen sind. Auch das ist geschildert worden, daß der Mensch, wenn er durch die Pforte des Todes geht, erlebt, wie sich, nachdem er den physischen Leib verlassen hat, der Ätherleib immer mehr weitet, immer größer und größer, aber auch dünner wird, und zuletzt im Weltenall verschwindet. Dann aber, dann fühlen wir unser Dasein nicht auf der Erde, sondern wir fühlen diese wenigen Tage nach dem Tode, nachdem wir den Ätherleib abgelegt haben, unser Dasein im unmittelbaren Umkreis der Erde. Ein paar Tage nach dem Tode fühlen wir uns nicht auf dem Erdenkörper lebend, sondern wir fühlen so, wie wenn dieser Erdenkörper erweitert wäre bis dahin, wo der Mond um die Erde herumkreist. Wir fühlen uns auf einer vergrößerten Erde, und wir fühlen gar nicht den Mond als nur einen Körper, sondern wir fühlen die ganze Sphäre als eins, die Mondenbahn nur als das Ende der Sphäre; die Erde einfach vergrößert wie bis zur Mondensphäre hin und geistig geworden. Wir sind in der Mondensphäre, und in dieser Mondensphäre verbleiben wir nun eine längere Zeit nach dem Tode. Da aber kommen wir zunächst wiederum zusammen mit denjenigen geistigen Wesenheiten, die im Ausgangspunkt des Erdendaseins des Menschen die großen Urlehrer waren. Die ersten Wesenheiten, denen wir nach unserem Tode im Kosmos sozusagen begegnen, sind diese ersten Urlehrer der Menschen; in deren Bereich kommen wir wieder. Und es ist nun eine merkwürdige Erfahrung, die wir machen.

Man könnte sich leicht vorstellen, das Dasein nach dem Tode, das eben eine Zeitlang dauert – von der Zeit werde ich noch zu sprechen haben –, habe etwas Schattenhaftes gegenüber dem Erdenleben. Das Erdenleben kommt uns ja so robust vor, wir können überall die Dinge anpacken, sie sind dicht; der Mensch ist dicht, kompakt. Wir bezeichnen etwas als wirklich dann, wenn wir es recht angreifen können. Dieses robuste Erdenleben erscheint uns, wenn wir durch die Todespforte gegangen sind, eigentlich wie ein Traum. Denn wir treten, indem wir auf die geschilderte Weise in den Mondenbereich eintreten, in ein Dasein, das uns nunmehr viel realer, viel mehr von Wirklichkeit durchsättigt erscheint, und das aus dem Grunde, weil diese Urlehrer der Menschheit, die ihr Dasein in der Mondenregion fortsetzen, uns mit ihrem eigenen Sein durchdringen und uns alles viel realer erscheinen lassen, als wie wir hier als Erdenmenschen die Dinge der Welt erleben. Und was erleben wir?

Nun, sehen Sie, das Erdenleben erleben wir ja eigentlich nur fragmentarisch. Wenn wir so zurückblicken mit dem gewöhnlichen Bewußtsein, dann kommt es uns wie ein einheitlicher Strom vor. Wie haben wir aber gelebt? Wir haben gelebt schattenhaft, einen Tag, dann folgt eine Nacht. Aber daran erinnert sich das gewöhnliche Bewußtsein nicht. Dann kommt wieder ein Tag, dann wieder eine Nacht, und so geht es fort, und wir setzen in der Erinnerung die Tage nur zusammen. Wir müssen in einer wahren Rückerinnerung immer die Tage unterbrechen mit dem, was wir in der Nacht erlebt haben, immer die Tage unterbrechen durch die Nächte. Das tut das gewöhnliche Bewußtsein mit einem gewissen Recht nicht, weil es herabgedämpft ist im Schlafe. Wenn wir unter diesen Mondenwesen sind, die einmal die Urlehrer der Menschheit waren, dann erleben wir gerade dasjenige, was wir in den Nächten durchgemacht haben hier auf der Erde. Daraus ergibt sich auch, wie lange diese Form des Daseins in der Mondenregion dauert. Wenn einer nicht eine Schlafratte ist, so verschläft er etwa ein Drittel seines Erdenlebens. Aber genau ebensolange dauert das Leben in der Mondenregion: ungefähr ein Drittel des Erdenlebens. Ist einer zwanzig Jahre alt geworden, so dauert es etwa sieben, ist einer sechzig Jahre alt geworden, so dauert es zwanzig Jahre, und so weiter. Da lebt man nun unter diesen Wesenheiten, da durchdringen sie einen mit ihrem Dasein.

Um aber zu verstehen, was man da ist, muß man gleich eindringen in dasjenige, was man nun wird, wenn man den physischen Leib verläßt. Davon weiß der Initiierte zu sagen und der Tote zu sagen, denn der Tote verläßt den physischen Leib durch die Region des Raumes. In dem Augenblicke, wo man den physischen Leib verlassen hat, geht man gerade in demjenigen auf, was außerhalb des physischen Leibes ist. Wenn ich hier stehe und ich meinen Leib verlasse, so ist das erste, in dem ich drin bin, der Tisch, und dann alles, was mich umgibt. Ich bin immer in demjenigen drinnen, was die Welt erfüllt, und immer weiter in dem drinnen, nur just nicht innerhalb meiner Haut. Dasjenige, was bisher meine physische Innenwelt war, das wird meine Außenwelt, und alles, was früher die Außenwelt war, wird meine Innenwelt. So wird auch das Moralische meine Außenwelt. Stellen wir uns vor, ich habe, als ein böser Kerl, einem anderen eine Ohrfeige gegeben, und ich lebe jetzt zurück nach dem Tode ins vierzigste Jahr: da habe ich ihn verletzt. Es war für ihn ein furchtbarer moralischer Eindruck. Ich lachte vielleicht in meinem Leben darüber. Jetzt erlebe ich nicht das, was ich damals erlebt habe, sondern was er erlebte an physischem Schmerz, an moralischen Leiden. Ich bin ganz in ihm. Das war ich in Wirklichkeit schon während jeder Nacht, nur bleibt das im Unterbewußten, da erfährt man es nicht, es bleibt Bild. Jetzt werden wir durchdrungen mit der Substanz der großen Urlehrer, die in dem Monde leben. Da machen wir es durch in einer intensiveren Weise als hier auf der Erde. Es wird, was hier auf der Erde wie ein Traum ist, eine viel stärkere Realität; sie machen wir durch. Diese intensive Realität erlebt auch noch derjenige, welcher aus dem hellseherischen Bewußtsein heraus mit einem Toten nach dem Tode weiter fortlebt, mit ihm dadurch, daß er sich zur Inspiration aufschwingen kann, übersinnlich schauend leben kann. Da erlebt man dann, wie die Menschen nach dem Tode eine intensivere Realität durchmachen als vor dem Tode. Das zu erleben, was ein Mensch nach dem Tode durchmacht, das wirkt viel stärker, wenn man es wirklich erlebt, als irgendwelche irdischen Einflüsse wirken können. Dafür ein Beispiel.

Einige werden doch wohl meine Mysterien kennen und in diesen Mysterien die Gestalt des Strader. Die Gestalt des Strader ist dem Leben nachgezeichnet. Es hat eine solche Persönlichkeit annähernd gegeben, sie hat mich außerordentlich interessiert. Ich habe das Leben dieser Persönlichkeit äußerlich verfolgt, die in der Gestalt des Strader

– natürlich poetisch verändert – gegeben ist. Nun wissen Sie ja, daß ich vier Mysteriendramen geschrieben habe. Im vierten stirbt Strader. Dieses vierte Mysteriendrama, das 1913 geschrieben ist, das erlebte ich so, daß ich gar nicht anders konnte, als Strader sterben zu lassen. Warum? Nun, mein Blick war, solange das Vorbild von Strader in der physischen Welt hier lebte, auch auf dieses Vorbild des Strader gerichtet. Aber nun war mittlerweile dieses entsprechende Vorbild gestorben. Es hat mich so interessiert, daß ich es weiter verfolgte. Da waren die Eindrücke von dem Leben nach dem Tode so stark, daß sie mir völlig das Interesse auslöschten, wie er war während des Erdenlebens. Nicht so, als ob die Teilnahme nicht geblieben wäre, aber es war diese Teilnahme nicht hinreichend gegenüber den gewaltigen Eindrücken von dem, was er erlebte nach seinem physischen Erdentode, wenn man das verfolgte. Ich mußte den Strader sterben lassen, weil sein Vorbild mir vor Augen war, wie es nach dem Tode weiterlebte, und das war viel stärker als das frühere Leben.

Sehen Sie, das hat sich auch praktisch ausgelebt. Freunde haben sich gefunden, die erraten haben, wer das Vorbild des Strader ist, und haben mit einer gewissen edlen Hingabe sich bemüht, nachzuforschen dem Nachlasse dieses Vorbildes des Strader. Sie brachten mir das mit einer ungeheuren Freude. Ich mußte sozusagen unwillkürlich etwas unartig werden, denn mich interessierte das gar nicht, weil in dem Augenblicke, wo gegenüber diesen Überresten des Irdischen die Eindrücke vom Leben nach dem Tode auftraten, diese alles dasjenige auslöschten, was die Freunde noch aus dem irdischen Leben mir brachten. Und das ist es nun, daß diese Eindrücke, die bewirkt werden dadurch, daß in den Menschen die Substanz der Mondenwesen einzieht, daß diese Eindrücke eben alles, was man im Erdenleben erfahren kann, übertönen, das Dasein realer machen. Man erlebt also in einer stärkeren Realität die ausgleichende gerechte Tat. Was es bedeutet für den anderen, daß man ihm dieses oder jenes zugefügt hat, das erlebt man stärker als dasjenige, was man selbst getan hat.

Aus diesem Erleben nach dem Tode, das wir in der Sphäre der großen Urlehrer der Menschheit durchmachen, bildet sich der erste Keim des Karma. Da fassen wir die Absicht: Das, was wir getan haben, muß durch uns selber ausgeglichen werden. Da tritt zuerst das auf, daß Absichten Wirkungen haben im Leben. Hier in der irdischen Welt braucht sich das Gute nicht im Guten, das Böse nicht im Bösen zu verwirklichen. In dem Augenblicke, wo wir die außerirdische Welt betreten, muß so etwas, wie wir es als Entschluß fassen innerhalb einer viel realeren Welt als die irdische, was da lebt in uns als Impuls: Du mußt dasjenige, was da als die Gegenseite dessen erscheint, was du getan hast, ausgleichen –, in dem Augenblicke muß, was wir so in uns erfassen als Absicht, eine reale Ursache werden für den Ausgleich im späteren Leben.

Schildern möchte ich Ihnen, wie sich nach und nach das Karma bildet, was der Mensch, wenn er wieder erscheint, nachdem er durchgemacht hat die Zeit zwischen dem Tod und der neuen Geburt, zu einem neuen Leben gestaltet. Die erste Zeit, die wir durchmachen nach dem Tode, wird eben in dieser Weise durchgemacht, daß wir die Absicht, unser Karma auszuführen, durch das Zusammenleben mit den Mondenwesen in uns fassen. So möchte ich Ihnen konkret die Etappen schildern, in denen der Mensch zwischen dem Tode und einer neuen Geburt sein Karma ausgleicht.

NEUNTER VORTRAG

Breslau, 8. Juni 1924

Gestern wurde auseinandergesetzt, wie der Mensch das Leben zwischen dem Tode und einer neuen Geburt zur Vorbereitung der Kräfte seines Karma zunächst zubringt in dem, was man die Mondensphäre nennen kann, und wir haben gesehen, wie der Mensch in dieser Mondensphäre diejenigen Wesenheiten trifft, welche einmal seine Mitbewohner auf der Erde waren: die großen Urlehrer der Menschheit. Das ist die eine Art von Wesenheiten, die der Mensch unmittelbar, könnte man sagen, nach seinem Tode antrifft. Zusammen mit diesen Wesenheiten sind dann diejenigen, welche Sie angeführt finden in meiner «Geheimwissenschaft» unter dem Namen der Angeloi. Es sind diejenigen Wesenheiten, welche unmittelbare Erdenbewohner ja niemals waren, welche also einen Erdenkörper nie getragen haben, auch nicht einen solchen ätherischen Leib, wie ihn der Mensch trägt. Denn die anderen Mondenbewohner, von denen ich gesprochen habe, haben wohl einen menschenähnlichen ätherischen Leib getragen, wenn auch nicht einen physischen Menschenleib.

Diese Angeloi sind diejenigen Wesenheiten, die uns geleiten von Erdenleben zu Erdenleben. Sie sind in der gegenwärtigen kosmischen Entwickelungsperiode unserer Menschenwesenheit die Führer von einem Erdenleben zum anderen. Und es ist schon von der Mondensphäre aus, daß sie uns leiten. Nun haben wir ja gesehen, wie der Mensch dazu kommt, in dieser Mondensphäre sein Karma gewissermaßen zu veranlagen und die inneren Impulse aufzunehmen, die ihn dann zum Ausleben des Karma führen. Dasjenige aber, was der Mensch mit sich genommen hat durch die Todespforte an unrechten Taten, an solchen Taten, die nicht bestehen können vor den geistigen Welten, alles das muß der Mensch in dieser Mondensphäre zurücklassen, so daß, wenn ich mich so ausdrücken darf, das böse Karma in der Mondensphäre zurückgelassen wird. Denn in dem Augenblicke, wo der Mensch weiterdringt in dem Leben zwischen dem Tod und einer neuen Geburt, würde es ganz unmöglich sein, daß der Mensch behaftet bliebe mit demjenigen, was die Wirkung, die Konsequenz seiner bösen Taten ist.

Dann, wenn der Mensch hinausgekommen ist über diese Mondensphäre, dann hat er wiederum sein inneres Leben vergrößert über ein weiteres Gebiet des Kosmos hinaus. Er tritt ein in diejenige Sphäre, die man die Merkursphäre nennen kann. Da lebt er zunächst nicht zusammen mit solchen Wesenheiten, welche mit ihm die Erde bewohnt haben, sondern er lebt zusammen mit den Wesenheiten der Hierarchie der Archangeloi. Die lernt er da kennen. Natürlich lebt er in all diesen Gebieten zusammen mit jenen Menschenseelen, die nun auch durch die Pforte des Todes gegangen sind. In der Mondensphäre ist das die dritte Art von Wesenheiten, mit welchen der Mensch zusammenlebt: Menschenseelen, die entkörpert sind, die gleich ihm durch des Todes Pforte gegangen sind. Wir werden gerade nachher sehen, warum eigentlich die Wirkungen, die geistigen Wirkungen der bösen Seite des Karma zurückbleiben müssen in der Mondensphäre. Jetzt wollen wir uns mit der Tatsache begnügen.

Indem der Mensch in die Merkursphäre eintritt, wird er weiter geläutert und gereinigt. Der Mensch hat nämlich, wenn er sozusagen das für den Kosmos moralisch Unbrauchbare in der Mondensphäre abgelegt hat, noch immer an sich die geistigen Gegenbilder seiner physischen Untauglichkeiten, seiner physischen Schwächen. Er hat in sich diejenigen Krankheitsanlagen und Krankheitsergebnisse, die er hier auf Erden durchlebt hat. Nun wird es Sie überraschen, aber die Sache ist so, daß wir zuerst in dem Leben zwischen dem Tode und der neuen Geburt ablegen die moralischen Schwächen, während die physischen Schwächen später erst abgelegt werden, nämlich in der Merkursphäre. Da wird der Mensch geläutert und gereinigt in seiner Seele von all dem, was er in der Seele miterlebt hat während der Erdenzeit: die verschiedensten Krankheitsprozesse. Der Mensch wird also seelisch völlig gesund gemacht in der Merkursphäre. Denn Sie müssen bedenken, der Mensch ist ja durchaus ein einheitliches Wesen. Man spricht ganz falsch über den Menschen vom okkulten Standpunkt aus, wenn man sagt, der Mensch sei eine Zusammensetzung von Geist, Seele und

Leib. Er ist nicht aus diesen drei Bestandteilen etwa zusammengesetzt, sondern wenn man ihn betrachtet, so nimmt er sich nach der einen Seite als Leib, nach der anderen als Geist aus und zwischendrinnen als Seele; aber in Wirklichkeit ist das alles eine Einheit. Wenn der Mensch krank ist, so erlebt die Seele auch das Kranksein; der Geist durchlebt es auch, das Kranksein. Und wenn dann der Mensch im Tode den physischen Leib abgelegt hat, so hat er in der Seele zunächst die Wirkungen auch jener Erlebnisse, die er durch die Krankheitsprozesse durchgemacht hat. Die aber werden in der Merkursphäre völlig abgelegt unter der Einwirkung jener Wesenheiten, die wir als die Archangeloi bezeichnen. Da wird also der Mensch nach und nach durch Monden- und Merkursphäre ein Wesen, das keine moralischen und keine physischen Schwächezustände mehr in sich hat. Er tritt in diesem Zustande nun ein – mittlerweile sind viele Jahrzehnte verflossen – in die Venussphäre. Und in dieser Venussphäre wird das, was jetzt vom Menschen hindurchgedrungen ist durch Monden- und Merkursphäre, so bearbeitet, daß der Mensch übergehen kann, nachdem er die Venussphäre durchgemacht hat, in die Sonnensphäre. Und wir durchleben in der Tat einen größeren Teil unseres Lebens zwischen dem Tode und einer neuen Geburt in dieser Sonnensphäre.

Gerade aus den Angaben, die ich Ihnen mache, werden Sie ersehen, wie begründet durchaus eigentlich alles ist, was Einrichtung war jener alten Mysterien, die aus einer instinktiven, aber großartigen, gewaltigen Hellseherweisheit in alten Zeiten hervorgegangen sind. In diesen alten Zeiten hatte man zum Beispiel niemals Medizin so studiert wie heute, indem man einfach in der physischen Welt bleibt und den physischen Menschen in seinen Krankheitssymptomen studiert, probiert, was ihm da helfen kann, indem man die Leiche seziert, die Veränderungen an der Leiche gegenüber dem normalen Organismus studiert und so weiter. Das würde man in den Zeiten der alten Mysterienweisheit als etwas außerordentlich Kindisches betrachtet haben, denn da wußte man ganz genau, wie der Mensch geheilt wird. Das kann man nur erfahren, wenn einem die Wesenheiten der Merkursphäre die Aufklärung darüber geben, denn die wird im Zusammenhang aller kosmischen Prozesse gegeben. Da wird der Mensch gründlich geheilt.

Wenn man daher in das hineinsieht, was ich ja von einem anderen Gesichtspunkte in meiner «Geheimwissenschaft» als die Orakel der Merkur-Mysterien beschrieben habe, so gewahrt man da, wie es eigentlich in diesen Mysterien, die im wesentlichen im Dienste der alten Heilkunde gestanden haben, zugegangen ist.

Sehen Sie, wir haben gestern sprechen müssen von den großen Urlehrern. Das waren einmal Mitbewohner der Menschen auf Erden. Sie waren überall, wo Menschen waren, denn sie bevölkerten mit den Menschen als eine Art zweites, ätherisch vorhandenes Menschengeschlecht die Erde. Aber in jenen alten Zeiten stiegen für das Bewußtsein der Menschen, das allerdings nur ein dumpfes, traumhaftes war, auch andere Wesenheiten zu den Menschen herunter, Wesenheiten, die nun durchaus nicht die Erde bewohnen. Natürlich ist das, was man über solche Dinge zu sagen hat, für den Menschen, der so ganz ergeben ist der heutigen materialistischen Wissenschaft, nicht nur ein Paradoxon, sondern ein völliger Unsinn. Aber dieser «Unsinn» ist eben die Wahrheit. Diese alten Mysterienweisen haben gewußt: Aufschluß über die Gesundungsprozesse können nur die übersinnlichen Wesenheiten des Merkur geben. Daher wurden diese Merkur-Mysterien so eingerichtet, daß durch einen entsprechenden Kultus in der Tat Bewohner des Merkur herabsteigen konnten auf den Altar der Merkur-Kultstätte, und daß die Priester der Merkur-Mysterien sich besprechen konnten mit den geistigen Wesenheiten, die so herunterstiegen durch die Verrichtungen der Kultushandlungen. Und das, was in diesen alten Zeiten Heilkunde war, das wurde durchaus in den Merkur-Mysterien in diesem Sinne entgegengenommen. Man nannte die einzelnen Wesenheiten – die nicht einmal immer dieselben zu sein brauchten, aber man empfand sie als dieselben –, die herunterstiegen auf die Altäre, eben den Gott Merkur. Man nahm die alte Mysterien-Medizin entgegen in der Art, daß man sagte: Das hat der Gott Merkur seinen Arzt-Priestern mitgeteilt. Damit heilte man.

Auch heute beruht die Geisteswissenschaft darauf, daß durch die entsprechende Vorbereitung der Initiierten die Wesenheiten unseres Kosmos auf die Erde heruntersteigen. Diejenigen, die Eingeweihte sind in die heutige Mysterienweisheit, wissen ganz gut, daß auch da das Wesentliche darauf beruht, daß man ins Zwiegespräch kommt mit den Wesenheiten des Kosmos. Aber im allgemeinen Menschenbewußtsein von heute ist das Gegenteil vorhanden von dem, was in der alten Zeit durchaus da war. Heute sagt man: Der ist ein Arzt, der an der Universität zum Arzt promoviert worden ist. – Das sagte man in alten Zeiten nicht. In alten Zeiten war der ein Arzt, der mit dem Gotte Merkur gesprochen hat. In den darauffolgenden Zeiten ist schon alles in der Auflösung; da waren nur noch die Traditionen desjenigen vorhanden, was einst in den Mysterien aus den Zwiegesprächen zwischen den Arzt-Priestern mit dem Gotte Merkur hervorgegangen ist.

Nun, in der Venussphäre handelt es sich darum, daß tatsächlich das, was vom Menschen noch übriggeblieben ist, nachdem er sein Böses und seine ungesunden Zustände abgelegt hat, übergeführt werde in die Sonnensphäre. Sehen Sie, da müssen wir, wenn wir das verstehen wollen, auf eine Eigentümlichkeit der ganzen Menschenwesenheit hindeuten. Hier auf der Erde erscheint uns der Mensch immer als ein Ganzes. Er muß schon ein so großer Verbrecher werden, daß er enthauptet wird, dann erscheint er nach der Enthauptung nicht mehr als ein Ganzes im physischen Leibe. Aber bei geringeren Vergehen und Verbrechen, wenn er auch noch so streng bestraft wird, erscheint er immer als ein Ganzes. Nun, das ist nicht der Fall mit dem geistig-seelischen Gegenbild, das der Mensch durch die Monden- und Merkursphäre hindurchträgt. Der Mensch ist eigentlich, indem er mit Seele und Geist ankommt in der übersinnlichen Welt, nachdem er durch die Pforte des Todes geschritten ist und abgelegt hat die Schwächen des Bösen und die Schwächen der Krankheiten, in gewissem Sinne kein ganzer Mensch mehr. Denn der Mensch ist identisch mit seinem Bösen, das Böse bildet einen Teil seines eigenen Wesens. Wenn einer nur ein ausgepichter Bösewicht wäre, gar nichts gutes Menschliches in sich hätte, dann würde er seinen ganzen Menschen in der Mondensphäre zurücklassen müssen, er käme gar nicht weiter; denn in demselben Maße, in dem wir böse sind, lassen wir unser eigenes Wesen im Monde zurück. Wir sind eins, identisch mit demjenigen, was böse an uns ist vor der geistigen Welt, so daß wir in gewissem Sinne als verstümmelte Menschen in der Venussphäre ankommen.

Nun herrscht in der Venussphäre tatsächlich in dem geistigsten Sinne reinste Liebe. Die Venus ist das Element der reinsten Liebe, und da wird durch die kosmische Liebe von der Venussphäre in das Sonnendasein das hinübergetragen, was in dieser Weise vom Menschen geblieben ist.

In der Sonnensphäre hat nun der Mensch real zu arbeiten an dem Zustandekommen seines Karma. Unsere jetzigen Physiker würden im höchsten Grade staunen müssen, wenn sie nun wirklich einmal in die Sonne kämen. Denn alles das, was hier auf der Erde auszukundschaften wäre über die Sonne, stimmt nicht. Die Sonne soll etwas wie eine Art glühender Gasball sein. Das ist sie nicht, sondern die Sache ist so – ich möchte von einem Vergleich ausgehen, der etwas banal ist –: Wenn Sie Selterswasser in einer Flasche haben, so müssen Sie, wenn Sie das Wasser sehen wollen, schon sehr aufmerksam sein und da hinschauen, wo es bald aufhört, sonst erscheint es Ihnen überhaupt nicht. Was sehen Sie denn eigentlich? Sie sehen nicht das Wasser, sondern die Perlen der Kohlensäure, die dünner sind als das Wasser. Sie sehen das Dünnere, und das Dichtere sehen Sie nicht. Nun, wie ist es mit der Sonne? Wenn Sie zur Sonne hinschauen, dann sehen Sie die Sonne nicht deshalb, weil sie im leeren Raum ein verdichteter, glühender Gasball wäre, sondern Sie sehen die Sonne deshalb, weil es da besonders dünn ist. Und nun müssen Sie sich schon zu einer Vorstellung bequemen, die nicht gerade gewöhnlich ist.

Wenn Sie so hinschauen, so sehen Sie in den Raum hinein. Ich will nicht über die Natur des Raumes sprechen. Hier sehen Sie ins Wasser

hinein; im Wasser sind die Perlen ausgespart (siehe Zeichnung), die sind dünner als das Wasser. Da, wo oben die Sonne ist, ist es dünner als der Raum. Sie werden sagen: Der Raum ist schon nichts. – Aber wirklich, wo die Sonne ist, ist noch weniger als nichts! Nun, Erdenmenschen könnten ja, besonders in der heutigen Zeit, aus ganz anderen Untergründen heraus wissen, daß es auch weniger als nichts gibt. Wenn ich fünf Mark in der Tasche habe, so habe ich fünf Mark. Wenn ich sie nach und nach ausgegeben habe, so habe ich endlich Null. Aber wenn ich Schulden mache, dann habe ich weniger als nichts. Man weiß ja das heute, was das bedeutet, weniger als nichts haben. Sehen Sie, so ist es: Wo Raum bloß ist, ist nichts; aber wo die Sonne ist, ist weniger als nichts. Da ist in dem Raum ein Loch, da ist gar kein Raum, und in diesem Loch im Raum, da leben in der Tat geistige Wesenheiten, leben die Exusiai, Dynamis, Kyriotetes. Sie leben in diesem Loch – allerdings, indem sich überallhin ihr Dasein erstreckt – als die Wesenheiten Exusiai, Dynamis, Kyriotetes, die Sie angeführt finden in meiner «Geheimwissenschaft». Und mit ihnen lebt der Mensch den größten Teil seines Lebens zwischen dem Tode und einer neuen Geburt zusammen. Mit ihnen im Verein, mit denjenigen Menschenseelen ferner, die mit ihm durch die Todespforte gegangen sind und mit denen er einen karmischen Zusammenhang hat, und mit anderen Wesenheiten noch, von denen die Menschen kaum eine Ahnung haben können, wird dann in gemeinschaftlicher Arbeit das Karma ausgearbeitet für das nächste Erdenleben.

In diesem Sonnengebiete geht es anders zu als hier auf der Erde. Warum stellen sich denn unsere gescheiten Naturforscher – gescheit sind sie wirklich – die Sonne als einen glühenden Gasball vor? Weil sie aus einem gewissen illusionären materialistischen Instinkt heraus wollen, daß sie sich in der Sonne etwas vorstellen können, wo etwas Physisches vor sich geht. Es geht in der Sonne gar nichts Physisches vor sich. Das geht nur höchstens vor in der Sonnenkorona, gar nicht im Sonnenraum. Der ist reinste geistige Welt. Da drinnen gibt es keine Naturgesetze. Die Materialisten möchten, daß auch in der Sonne die Naturgesetze walten; aber da gibt es keine Naturgesetze, die sind ausgeschlossen. Da walten einzig und allein jene Gesetze, welche die entsprechenden karmischen Folgen erzeugen aus dem Guten, und welche, wenn der Mensch jetzt verstümmelt die Sonne betritt, durch die Liebe der Venuswesen ergänzend wirken auf seine Verstümmelung, die als

Ergebnis seines bösen Karma da ist. Der Mensch kann natürlich durchaus Respekt, Achtung haben vor dem vielen, was hier auf der Erde geschieht, und die Menschen werden, wenn man das Leben zwischen dem Tode und einer neuen Geburt schildert, oftmals den Eindruck haben: Dort sind wir so lange, was machen wir da eigentlich? – Ja, gegenüber dem, was da gemacht wird, damit wir im nächsten Erdenleben die Wirkungen des Karma haben, gegenüber allen diesen Mächten, die um uns sind und durch uns gehen während des Sonnendaseins, ist alles, was in der Hochkultur der Erde geschieht, eine Kleinigkeit. Nur geschieht da alles auf eine rein geistige Weise.

Sehen Sie, ein Teil des Karma wird schon vorbereitet in der Venussphäre, sogar in der Merkursphäre wird schon etwas vom Karma ausgearbeitet. Wir werden in den folgenden Vorträgen eine berühmte weltgeschichtliche Persönlichkeit kennenlernen, die ihr Lebenskarma im Laufe des neunzehnten Jahrhunderts dadurch hatte, daß sie es zum Teil vorbereitete gerade in der Venus- und Merkursphäre. Und solche Persönlichkeiten, die schon in der Venus- und Merkursphäre beginnen, die Gestaltung des Karma des folgenden Lebens vorzubereiten, werden oftmals außerordentlich bedeutsame Persönlichkeiten in ihrem folgenden Erdenleben. Aber für die weitaus meisten Menschen wird der Hauptteil dessen, was als Karma sich auslebt im Erdenleben, innerhalb der Sonnensphäre, wo wir am längsten sind, ausgearbeitet. Auf das Genauere werden wir noch einzugehen haben; ich will heute zunächst das Bild skizzieren, wie das Karma nach und nach in den verschiedenen Sphären veranlagt wird. Nur müssen Sie sich vorstellen, damit Sie nicht in Widerspruch kommen mit Schilderungen, die ich von anderen Gesichtspunkten aus gegeben habe über das Leben zwischen dem Tode und einer neuen Geburt, daß der Mensch, indem er aufrückt in diese Sphären, in ganz andere Weltverhältnisse hineinkommt. Wenn man zum Beispiel die Sonnensphäre betreten hat und dann wiederum hinaustritt aus der Sonne und in die Marssphäre hineinkommt, dann ist man nicht über diese Sonnensphäre ganz hinaus, sondern die Sonne wirkt weiter hinein in diesen von der Erde abgelegenen Teil des Kosmos. In der Sonnensphäre hat man es nur zu tun mit dem, was vom Menschen als Moralisches geblieben ist und was von ihm im Gesunden geblieben ist; das andere hat er abgelegt. Das andere ist in ihm als eine Art Unvollständigkeit; aber alles das, was unvollständig ist, wird in der Sonnensphäre ergänzt. Wir leben da in der Sonnensphäre zunächst eine erste Hälfte unseres Daseins; da bereiten wir namentlich das vor, was dann führen kann zur physischen Durchorganisierung des nächsten Menschenleibes. In der zweiten Hälfte des Sonnendaseins widmen wir uns im Verein mit den Wesenheiten Exusiai, Dynamis, Kyriotetes, im Verein mit den Menschenseelen, mit denen wir karmisch verbunden sind, der Ausarbeitung des Moralischen, das dann in unserem nächsten Leben aufgeht, des moralischen Teiles des Karma. Nur wird namentlich dieser moralische Teil und der geistige Teil des Karma, zum Beispiel besondere Anlagen für dies oder jenes, ausgebildet in der Marssphäre, in die wir eintreten nach der Sonnensphäre, in der Jupitersphäre und in der Saturnsphäre. Und das ist ja gerade das Eigentümliche, daß wir, indem wir diese Sphären durchmachen, erkennen, was eigentlich die physischen Sterne sind.

Ein physischer Stern ist eine Contradictio in adjecto. Denn was ist denn eigentlich ein Stern? Da stellen sich heute die Physiker vor: Da oben brennt irgend etwas, ein Gas oder so etwas. Wenn sie herankommen würden an die Sonne, würden sie höchst erstaunt sein, gerade in der Sonne kein Brennendes, sondern ein Loch im Raum zu finden, so daß sie überhaupt zersplittern würden zu einem Staube, der dünner ist als jeder Staub, der auf der Erde gedacht werden kann. Es wäre nur das Geistige da. So sind auch die anderen Sterne, die wir sehen, nicht etwa jenes glühende, brennende Gas; da ist ganz etwas anderes. Angrenzend an diese Erde, die wir bewohnen, die ihre physischen Stoffe und ihre physischen Kräfte hat, ist der allgemeine Weltenäther. Dieser allgemeine Weltenäther wird uns sichtbar dadurch, daß, wenn wir einfach so hineinschauen in den Äther, unser Sehraum begrenzt ist; er scheint dann blau umgrenzt. Aber jetzt überhaupt noch zu glauben, daß da im Kosmos physische Substanzen herumbummeln, so wie man im materialistischen Denken es sich vorstellt, das ist eine kindische Vorstellung. Da bummeln gar nicht physische Substanzen herum, sondern wo ein Stern ist, ist etwas ganz anderes. Man kommt überhaupt allmählich, wenn man im Ätherischen immer weiter geht, aus dem Raum ganz hinaus in jene Sphären, wo die Götter leben. Und jetzt stellen Sie sich ganz lebhaft vor eine seelische Beziehung von Mensch zu Mensch, die sich körperlich auslebt. Drastisch ausgedrückt, stellen Sie sich vor, Sie werden von einem Menschen geliebt; der streichelt Sie, Sie spüren das Streicheln. Es wäre kindisch, wenn Sie sich vorstellen würden, an der Stelle, wo die Streichelströme gehen, da sei, wenn Sie nicht hinschauen, physische Materie. Sie werden gar nicht angestrichen mit physischer Materie, es ist ein Vorgang da, und das, was das Wesentliche ist, ist eine Seelenempfindung, die des Streichelns. So ist es, wenn wir hinausschauen in die Äthersphären. Die Götter in ihrer Liebe streicheln gewissermaßen die Welt. Es ist ein ganz ordentlicher Vergleich: sie liebkosen die Welt, sie berühren sie an gewissen Stellen; nur dauert dieses Berühren sehr lange, weil die Götter dauernd sind. Aber dieser Ausdruck der Liebe im Äther, das sind die Sterne. Das sind sie wirklich; da ist gar nichts Physisches. Und einen Stern sehen heißt kosmisch dasselbe, wie eine Berührung, die aus der Liebe der Menschen hervorgegangen ist, verspüren. So verspüren wir die Liebe der göttlich-geistigen Wesenheiten, indem wir zu den Sternen aufsehen. Wir müssen uns damit bekanntmachen, daß die Sterne nur Zeichen sind für die Anwesenheit der Götter im Weltenall. Unsere physische Wissenschaft wird viel zu lernen haben, wenn sie von ihrer Illusion zur Wahrheit vordringen will. Aber die Menschen werden überhaupt nicht zur Selbsterkenntnis kommen und das eigene Wesen nicht kennenlernen, bevor sie nicht – für das außerirdische Weltenall – diese physische Wissenschaft ganz und gar umgewandelt haben werden in eine geistige Wissenschaft. Physische Wissenschaft, das hat nur einen Sinn für die Erde, denn nur auf der Erde gibt es physische Substanz.

Und so kommen wir, indem wir die Erde verlassen beim Durchgange durch die Todespforte, immer mehr in ein rein geistiges Erleben hinein. Daß zuerst unser Leben bei diesem rückläufigen Durchleben in einem dritten Teil des Erdenlebens anders ausschaut als das physische Leben, rührt davon her, weil die Mondensphäre mit ihrer Substantialität uns durchdringt. Das ist auf geistige Weise bewirkt. Und unter den vielen Dingen, die da zu geschehen haben in den Sternensphären, ist eben auch die Ausarbeitung des Karma.

Nun möchte ich Ihnen auch noch sagen, damit diese Dinge immer eins das andere stützen, wie derjenige, der heute die Initiationswissenschaft durchmacht, zu solchen Beobachtungen kommt. Ich habe es ja öfter seit einiger Zeit sogar schon in öffentlichen Vorträgen geschildert, wie der Mensch, wenn er durch die Methoden, die Sie angegeben finden in meinem Buche «Wie erlangt man Erkenntnisse der höheren Welten?», zu dem wirklichen übersinnlichen Erkennen aufsteigt, zunächst zurückblickt auf sein Erdenleben und dieses wie in einem Tableau überschaut. Alles, was sonst im Innern hintereinander ist, ist gleichzeitig da als ein mächtiges Lebenspanorama, das man überschaut bis zur Ich-Geburt, aber getrennt in einem gewissen Sinne sind doch die einzelnen Lebensepochen. Man schaut hin auf dasjenige, was man durchlebt hat von der Geburt bis zum Zahnwechsel, man schaut zurück und übersieht als eine geschlossene Reihe für sich das, was vom Zahnwechsel bis zur Geschlechtsreife geht, dann wiederum bis zum Anfang der Zwanzig und so weiter. Aber indem man weiter aufsteigt in seinen Konzentrationen, eben die Methoden für die Erkenntnis der geistigen Welt weiter auf sich anwendet, kommt man dazu, nicht nur das, was man da schaut, zu sehen, sondern man bringt es, indem man das Lebenstableau überschaut und zuerst das sieht, was von der Geburt bis zum siebenten Jahre geht, später dazu, daß dieses Menschenleben verschwindet: man schaut gewissermaßen durch sein eigenes Leben durch. Da erscheint an der Stelle des eigenen Lebens, welche die erste Kindheit bedeutet, da, wo man früher dasjenige gesehen hat, was sich in einem abgespielt hat von der Geburt bis zum siebenten Jahre, wenn man in das leere Bewußtsein eingetreten ist, wenn man zur Inspiration aufgestiegen ist, das Leben und Weben der Mondensphäre. So daß die Initiationswissenschaft für die normale heutige Initiation erkennen läßt die Geheimnisse der Mondensphäre, wenn man mit inspirierter Erkenntnis auslöscht das eigene Lebenstableau und sieht, was da nun aufleuchtet an der Stelle dessen, was in dem eigenen Leben sich abspielt von der Geburt bis zum siebenten Lebensjahre.

Schaut man dann zurück auf das Gebiet, das man durchlebt hat vom siebenten bis zum vierzehnten Jahre, und löscht man es aus in inspirierter Erkenntnis, so schaut man hinein in die Merkursphäre. Alles ist mit dem menschlichen Wesen selber verknüpft. Der Mensch ist mit dem ganzen Weltenall verbunden. Lernt er sich wirklich selber kennen, findet er sich in sich selber zurecht, so lernt er das ganze Weltenall kennen. Und nun bitte ich Sie, eines zu berücksichtigen. Man bekommt wirklich einen großen Respekt vor der alten instinktiven Initiationswissenschaft. Die hat den Dingen die richtigen Namen gegeben, die uns heute noch geblieben sind. Würden nur wenige Dinge heute Namen bekommen, so würde man das Chaos sehen. Denn mit heutigem Erkennen und Wissen können keine ordentlichen Namen gebildet werden. Aber wenn wir das Leben unbefangen anschauen, so bekommen wir Achtung, Ehrerbietung vor demjenigen, was die alte Initiationswissenschaft getan hat. Die wußte aus ihrem Instinkt heraus noch dasjenige, was heute durch alle möglichen Statistiken festgestellt werden kann: daß eigentlich der Mensch in ganz kindlichem Alter die Kinderkrankheiten hat, sehr krankheitsanfällig ist, leicht stirbt, und eben erst wieder so anfällig ist nach der Geschlechtsreife. Das gesündeste Lebensalter sind die Jahre von sieben bis vierzehn, da ist die Sterblichkeit gering. Da wirkt die Merkursphäre. Das haben die alten Weisen gewußt, und heute erkennen wir es wieder, wenn man durch die heutige Initiationswissenschaft eindringt in die Geheimnisse des Daseins. Da möchte man niederknien vor demjenigen, was aus den urheiligsten Traditionen der Menschheit vor einen hintreten kann.

Und dann, wenn man zurückblickt in dasjenige, was der Mensch erlebt von dem vierzehnten bis zum einundzwanzigsten Lebensjahre und es auslöscht in inspirierter Erkenntnis, so dringt man in die Geheimnisse der Venussphäre ein. Wiederum sehen Sie da die alte Initiationswissenschaft wunderbar wirken. Der Mensch wird geschlechtsreif, das Lieben tritt auf. Da tritt man ein in diejenige Lebensepoche, wo man die Venusgeheimnisse enthüllt, wenn man mit Initiationswissenschaft darauf zurückschaut. Alle die Dinge, die man auf solche Weise schildern kann, wie ich es getan habe, sind ein Teil der wirklichen menschlichen Selbsterkenntnis, der vertieften menschlichen Selbsterkenntnis, die auf diese Weise entsteht.

Dann wiederum, wenn man in die Zeit vom einundzwanzigsten bis zum zweiundvierzigsten Lebensjahre zurückblickt und durch Inspirationserkenntnis auslöscht das eigene imaginative Erleben, so kommt man an die Geheimnisse der Sonnensphäre heran, und es kann, wie ich schon verschiedentlich in den eben vorher gemachten Auseinandersetzungen angedeutet habe, der Mensch bei der Rückschau auf die Zeit zwischen dem einundzwanzigsten und zweiundvierzigsten Lebensjahre durch eine vertiefte Selbsterkenntnis erleben die Sonnenerkenntnisse. Um die Sonnenerkenntnisse zu erringen, müssen wir eine dreimal so lange Lebensdauer durchschauen, wie diejenige für die anderen Himmelskörper unseres Planetensystems. – Und nehmen Sie jetzt das Real-Konkrete. Wenn ich Ihnen gesagt habe, eine weltgeschichtliche Persönlichkeit hätte ihr Karma vorzugsweise durchgearbeitet in der Merkur- und in der Venussphäre, so sehen Sie jetzt, wie so etwas erforscht wird. Man erlangt die Möglichkeit, im eigenen Leben zurückzublicken in die Lebensepoche zwischen dem siebenten und vierzehnten Jahre, und dann in die zwischen dem vierzehnten und einundzwanzigsten Jahre; dann löscht man sie aus in der Inspiration, und dann erlangt man Einblicke in die Merkur- und in die Venussphäre. Durch diese Einblicke sieht man, wie eine solche Individualität zusammenarbeitet mit den anderen Wesenheiten der höheren Hierarchien und mit anderen Menschenseelen, und wie dadurch ihre Erdeninkarnation zustande gekommen ist, eine Erdeninkarnation im neunzehnten Jahrhundert.

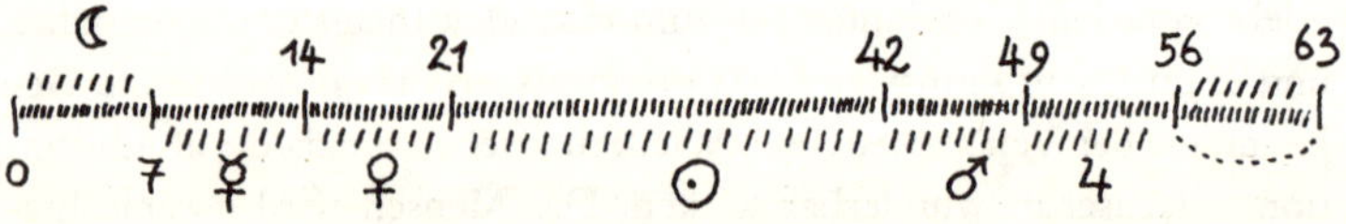

Haben nun Wesenheiten an ihrem Karma besonders arbeiten müssen in der Marssphäre, so ist das schon schwerer zu erforschen. Denn wenn jemand vor dem neunundvierzigsten Jahr initiiert wird, so kann er nicht zurückblicken zu derjenigen Lebenszeit, auf dic cs jetzt hier ankommt, die Lebenszeit vom zweiundvierzigsten bis neunundvierzigsten Jahre. Man muß über das neunundvierzigste Lebensjahr hinausgekommen sein, um auslöschen zu können, was man da war; dann kann man in die Geheimnisse der Marssphäre hineinschauen. Und ist man initiiert nach dem sechsundfünfzigsten Jahr, so kann man noch in eine andere Periode zurückblicken, in die Periode zwischen dem neunundvierzigsten und sechsundfünfzigsten Lebensjahre, in die Periode, wo die Jupiterkarmen ausgearbeitet werden. Und nun sehen Sie den ganzen Zusammenhang dieser Dinge. Erst beim Rückblick in die Lebenszeit zwischen dem sechsundfünfzigsten und dreiundsechzigsten Lebensjahr kann der ganze Zusammenhang dann überschaut und aus innerer Erkenntnis heraus gesprochen werden, denn da kann man auf die ganz außerordentlich merkwürdige Saturnsphäre zurückblicken. Denn die Saturnkarmen sind diejenigen, welche die Menschen auf die merkwürdigste Weise gerade zusammen wiederum in die Welt hineinstellen. Aber um diese Zusammenhänge mit der Initiationswissenschaft zu durchschauen – gewiß, durch Unterweisung kann man es schon verstehen –, aber um selbständig hineinzuschauen und den ganzen Zusammenhang zu beurteilen, muß man selbst sogar dreiundsechzig Jahre geworden sein. Es heißt das also: Es treten Menschen auf innerhalb eines bestimmten Erdenlebens, zum Beispiel ein großer Dichter, von dem ich Ihnen sprechen werde, tritt auf; er lebt durch seine Fähigkeiten, durch seine Schöpfungen ganz besonders das in seinem Karma dar, was nur durchgearbeitet werden konnte in der Saturnsphäre.

So dürfen wir sagen: Schauen wir hinauf zu unserem Planetensystem mit der Sonne – und wir können so hinaufschauen zu den übrigen Sternen, denn der übrige Sternenhimmel ist durchaus auch im Zusammenhang mit dem Menschen, wir werden auch darüber sprechen –, schauen wir da hinauf, so schauen wir unter manchem anderen aus dem Kosmos heraus gestaltet das menschliche Karma. – Dieser Mond, diese Venus, dieser Jupiter sind wahrhaftig nicht allein das, als was sie uns die physische Astronomie schildert. Wir haben in ihnen zu schauen, in ihren Konstellationen, in ihren gegenseitigen Verhältnissen, in ihrem Glanz und in ihrem ganzen Dasein die Aufbauer des Menschenschicksals, die Schicksalsuhr, in der wir lesen können unser Schicksal. Sie scheint so eigentlich herunter vom Himmel in den Konstellationen. Das hat man auch einstmals in der alten instinktiven Mysterienweisheit gewußt, aber diese alte Astrologie, die eine rein geisteswissenschaftliche ist, die mit den geistigen Untergründen des Daseins erkennend arbeitete, ist eben in dilettantischer und laienhafter Form auf die Nachwelt gekommen. Und erst wieder aus Anthroposophie heraus wird sich etwas ergeben, was im wirklichen Geistzusammenhang erkennen lassen wird, wie durch die große Schicksalsuhr dieses Menschenleben hier auf der Erde gesetzmäßig sich gestaltet.

Aber sehen wir von diesem Gesichtspunkte aus auf ein menschliches Karma hin. Schauen wir uns einen Menschen an, dessen Karma wir auf uns wirken lassen. Es ist ja wirklich so, daß derjenige, welcher nun wiederum durch Anthroposophie hereinwächst in eine gesunde Weltanschauung gegenüber unserer krankhaften von heute, nicht nur zu anderen Begriffen und Vorstellungen über die Welt und den Menschen kommt, sondern auch zu anderen Gefühlen und Empfindungen. Denn denken Sie sich: Lernt man ein Menschenschicksal kennen, dann lernt man dabei Geheimnisse des ganzen Sternensystems kennen. Man schaut auf die Geheimnisse des Kosmos hin, indem man ein Menschenschicksal vor sich hat. Es kommen nun die heutigen Menschen, schreiben Biographien und haben keine Ahnung davon, was sie da eigentlich profanieren, wenn sie in ihrer Weise Biographien schreiben. In den Zeiten, in denen das Wissen heilig war, weil es galt als eine Ausstrahlung der Mysterien, schrieb man nicht in dem Sinne, wie man das heute tut, Biographien. Man schrieb die Biographien, indem man dahinter durchaus vermuten ließ, was aus den Geheimnissen der Sternenwelt wirkte. Wenn man ein menschliches Schicksal überblickt, dann sieht man darinnen das Walten zunächst höherer Wesenheiten des Vor-Sonnendaseins, der Angeloi, Archangeloi, Archai; das Walten höherer Wesenheiten des Sonnendaseins, Exusiai, Dynamis, Kyriotetes; der Wesenheiten, die das ganze Karma ausarbeiten, das vorzugsweise das Marskarma ist, der Throne; das Walten derjenigen, die ausarbeiten das Jupiterkarma, der Cherubim; das Walten derjenigen Wesenheiten, die mit dem Menschen zusammen arbeiten an einem solchen Karma, das das Saturnkarma ist, der Seraphim. Wir schauen also dadurch, daß wir das Bild des Schicksals, ein Menschenkarma vor uns haben, in diesem Menschenkarma die waltenden Hierarchien. Dieses Menschenkarma ist ja zunächst ein Hintergrund, ein Vorhang, wie ein Schleier. Schauen wir hinter diesen Schleier, dann weben und arbeiten und wirken und tun daran Archai, Archangeloi, Angeloi; Kyriotetes, Dynamis, Exusiai; Seraphim, Cherubim, Throne. Jedes Menschenschicksal ist eigentlich in Wahrheit doch wie etwas, das auf einem Blatt Papier als Geschriebenes ist. Denken Sie sich, es könnte ja auch einen Menschen geben, der sich so etwas, was auf ein Blatt Papier gedruckt ist, anschaut und sagt: Da sind Zeichen darauf, zuerst K–E–I und so weiter; mehr versteht er nicht, er ist nicht imstande, diese Buchstaben zusammenzusetzen zu Worten. Was liegt da für ein Ungeheures darinnen, diese Buchstaben zusammenzusetzen zu Worten! Wir haben ja die zweiundzwanzig bis achtundzwanzig Buchstaben – nun ja, dreißig bis vierunddreißig, wenn wir alle nehmen –: Der ganze Goethesche «Faust» besteht aus nichts anderem, als aus diesen Buchstaben! Wer nicht lesen kann, kann den Goetheschen «Faust» nicht lesen, er hat nur diese vierunddreißig Buchstaben, gar nichts sieht er im Goetheschen «Faust». Wenn einer nun etwas anderes sieht, weil er diese Buchstaben in ihrer Zusammensetzung zu diesem ganz wunderbaren Goetheschen «Faust» aufbauen kann, da könnte nun sogar einer, der keine Begriffe hätte vom Lesen, ein ausgepichter Analphabet, sich furchtbar skandalisieren und sagen: Da kommt jetzt einer, der will aus diesem «Faust» da vieles herauslesen, der fängt an: «Habe nun, ach...» Das ist ja ein ganz großer Narr! – Und doch, der ganze «Faust» besteht nur aus diesen Buchstaben. Ja, sehen Sie, so wie man gewöhnlich ein Menschenkarma, ein einzelnes menschliches Karma betrachtet, so sieht man nur Buchstaben. In dem Augenblicke, wo man anfängt zu lesen, sieht man darin Angeloi, Archangeloi, Archai und deren gegenseitige Taten. Und so ein einzelnes Menschenleben in seinem Schicksal wird um so viel reicher, als es dieses Büchelchen wird von dem Momente an, wo man hinauskommt über die vierunddreißig Buchstaben und den «Faust» darinnen hat. So ungeheuer viel reicher wird dasjenige, was vom rein irdischen Gesichtspunkte, vom kosmisch-analphabetischen Unwissen, zu dem Wissen übergeht, wenn man da durchschaut in demjenigen, was ein Schicksal darstellt, daß da die Buchstaben Zeichen sind für die Taten der Wesenheiten der höheren Hierarchien.

Karma als die Schicksalsgestaltung des menschlichen Lebens ist so ungeheuer, so erhaben, so majestätisch für den, der es durchschaut, daß er einfach dadurch, daß er versteht, wie sich Karma verhält zum Weltenall, zum geistigen Kosmos, hereinwächst in eine ganz andere Empfindungs- und Gefühlsweise, nicht bloß in ein theoretisches Wissen. Und alles, was man sich aneignet durch Anthroposophie, sollte eben nicht Aneignung von theoretischen Erkenntnissen bloß sein, sollte immer stufenweise wirken auf die Gestaltung unserer Denk- und Empfindungsweise, indem es uns immer tiefer mit unserem Herzen hineinführt von dem Regenwurmfühlen auf der Erde zum Fühlen innerhalb des Geisterlandes. Denn wir Menschen gehören nicht bloß der Erde an, wir gehören dem Geisterlande an. In demjenigen, was innerhalb unserer Haut auf der Erde abgeschlossen ist, da ist ja die Zusammenwirkung der ganzen Zeit zu schauen, die wir zubringen zwischen dem Tode und einer neuen Geburt. Innerhalb dessen, was menschliche Haut ist, sind alle Weltengeheimnisse in einer bestimmten Form immer enthalten. Menschliche Selbsterkenntnis ist keineswegs dieses triviale Wort, von dem man so oft redet, auch nicht etwas Sentimentales. Menschliche Selbsterkenntnis ist Welterkenntnis. Deshalb habe ich oftmals den Freunden, bei denen dazu Gelegenheit war, in ein Buch geschrieben das Wort, das da lautet:

Willst Du Dein Selbst erkennen,
schaue hinaus in die Weltenweiten.
Willst Du die Weltenweiten durchschauen,
Blicke hinein in das eigene Selbst.

ZEHNTER VORTRAG

Breslau, 9. Juni 1924

Die Anschauungen, die wir gestern gewonnen haben über die Hintergründe des Karma, sie können noch wesentlich vertieft werden. Wir haben gesehen, wie hinter dem, was wir ein Menschenschicksal nennen, Welten stehen, gegenüber denen sich dasjenige, was man gewöhnlich von dem Menschenschicksal wahrnimmt, ausnimmt wie die Kenntnis der Buchstaben, die einer Sprache eigen sind, gegenüber dem, was, sagen wir, in einem Werke, wie der Goethesche «Faust» es ist, aus der verschiedenen Kombination dieser Buchstaben hervorgeht. Wir können wirklich das Leben und Weben höherer Welten und ihrer Wesenheiten schauen hinter einem Menschenschicksal. Aber diese Anschauung kann, wie gesagt, noch vertieft werden. Wir haben es schon erwähnt: Wenn der Mensch durchgeht durch das, was wir die Mondensphäre genannt haben, dann lebt er in Gemeinschaft mit den nun in dieser Sphäre befindlichen Urlehrern der Menschheit. Er lebt in dem ganzen Leben zwischen dem Tod und einer neuen Geburt zusammen mit jenen Menschenseelen, die auch durch die Pforte des Todes gegangen sind und ihr weiteres geistiges Leben in dem Dasein zwischen Tod und neuer Geburt finden; namentlich mit jenen Menschenseelen, mit denen er in irgendeiner Weise karmisch zusammenhängt. Aber der Mensch lebt schon in der Mondensphäre mit den Wesenheiten, die wir dann nennen Angeloi, Archangeloi, Archai, und er lebt weiter, indem er durch die folgenden Sphären durchgeht, mit immer höheren und immer höheren Wesenheiten zusammen. Es ist nicht ganz richtig, so abzugrenzen, daß man einer jeden Sternensphäre ganz genau irgendeine Hierarchie zuerteilt. So ist es nicht in Wirklichkeit. Aber im ganzen können wir doch sagen, daß Archai, Archangeloi, Angeloi mit uns zusammenkommen, bevor wir in die Sonnensphäre eintreten, daß wir uns dann hineinleben in alles das, was wir zu schaffen haben zwischen Tod und neuer Geburt mit den Wesenheiten der Hierarchie Exusiai, Dynamis, Kyriotetes, allmählich aber uns jetzt in unbestimmter Weise weiter hineinleben in die Sphäre der Throne, Cherubim, Seraphim, indem wir Mars und Jupiter entgegenleben. Genau stimmt nicht irgendeine Hierarchie mit einem Planetengebilde, einer Planetensphäre zusammen. Aber ein anderes gilt, das uns auch wichtig sein wird, wenn wir auf die Einzelheiten der karmischen Zusammenhänge eingehen werden.

Wir müssen uns nur eine ganz bestimmte Vorstellung aneignen, die vielleicht zunächst etwas sonderbar erscheint, wenn man herkommt aus den Gewohnheiten, die man im Denken und Empfinden auf der Erde hat. Wenn wir als Menschen auf der Erde stehen und uns hineinfühlen in das Dasein, dann denken wir, das Irdische sei unmittelbar um uns herum, auf der Erdoberfläche, unter der Erdoberfläche, ein wenig darüber, im Umkreis, und wir senden wohl aus einer bestimmten Empfindung heraus den Blick über uns hinaus, wenn wir zu dem sogenannten Überirdischen hinschauen wollen. Wir erblicken dann in unserem Gemüte das Überirdische als etwas, was oben über uns steht. Nun ist es sonderbar, aber doch eben wahr: Wenn wir selber in denjenigen Sphären sind, auf die wir da von der Erde aus als zu dem Überirdischen hinaufschauen, dann tritt für uns gerade das Umgekehrte ein. Dann schauen wir aus jenen überirdischen Welten auf das Irdische herunter, und in gewissem Sinne schauen wir während unseres ganzen Daseins zwischen dem Tode und einer neuen Geburt auf das Irdische herunter. Sie werden fragen: Erleben wir denn das Irdische nicht schon hier auf Erden genügend, um vom Überirdischen, gewissermaßen wie zu einem unterirdischen Himmel, herunterzuschauen auf dieses Irdische in dem Leben zwischen dem Tode und einer neuen Geburt? – Wenn man das aber einsehen will, so muß man eben durchaus ein anderes ins Auge fassen. Das, was wir hier erblicken auf der Erde, wenn wir innerhalb der Haut in unserem physischen Körper leben zwischen Geburt und Tod, was wir um uns und in den Weltenweiten erblicken, es ist ja gewiß großartig, majestätisch, es erhebt Sinn, Herz und Gemüt, bringt uns in tragisch leidvolle, schmerzensreiche Situationen, es ist ein reiches Leben. Und hier auf der Erde stehend wird sich der Mensch leicht sagen: Gegenüber der Majestät und Größe alles dessen, namentlich des Sternenhimmels, das er auf diese Weise überblicken kann als seine Außenwelt, ist nur ein Unbedeutendes, was innerhalb unserer Haut lebt, was wir als physische Menschen zwischen Geburt und Tod hier auf der Erde sind. – Allein so ist es eben nicht für die Anschauung, die wir haben zwischen dem Tode und einer neuen Geburt. Da ist alles das, was für uns auf Erden hier Außenwelt ist, unsere Innenwelt. Wir vergrößern uns allmählich in die Sphären der Welt hinein. Dasjenige, was wir als uns selber spüren, wird immer größer und größer. Und wenn wir auf irdische Weise aussprechen würden, was wir da erleben, so müssen wir uns folgendes sagen.

Hier auf der Erde sagen wir «mein Herz» und meinen damit etwas, was innerhalb unserer Haut ist. Wenn wir in dem Leben stehen zwischen Tod und neuer Geburt, sagen wir nicht «mein Herz», sondern wir sagen «meine Sonne». Denn die Sonne ist dann in einem gewissen Stadium zwischen dem Tode und einer neuen Geburt, nachdem wir ins Weltenall hinausgewachsen sind, so in uns, wie auf der Erde unser Herz in uns ist, und ebenso die übrigen Sternenwelten in ihrer geistigen Art, wie ich sie beschrieben habe. Dagegen wird Außenwelt für uns alles das, was innerhalb der menschlichen Haut liegt. Sie müssen sich nicht vorstellen, daß das dann so aussieht, wie es sich präsentiert, wenn der Schulanatom eine Leiche seziert. So sieht es nicht aus, sondern es sieht majestätischer und größer aus als das ganze Weltengebäude, das wir von der Erde aus hier als diese äußere Welt überblicken können. In demjenigen, was sich für die physischen Sinne nur präsentiert als Herz, Lunge, Leber und so weiter, in alledem zeigt sich von dem Gesichtspunkte, den wir einnehmen zwischen dem Tode und einer neuen Geburt, eine großartige, gewaltige Welt, größer als die Welt, die wir vom irdischen Gesichtspunkte aus hier überblicken.

Und ein anderes Eigentümliches tritt auf. Sie werden sagen: Nun ja, aber jeder Mensch hat dann doch diese Welt, und so viele Welten werden dann durch den Tod getragen, als eben Menschen sterben. Man müßte also eigentlich nach dem Tode so unendlich viele Welten sehen, als man Menschen erblickt nach dem Tode. – Aber das Geheimnis liegt darinnen, daß man erstens alle diejenigen Menschen, mit denen man in irgendeiner Weise karmisch verbunden ist, als eine Einheit sieht, als eine einheitliche Welt. Und an diese Menschen, mit denen man karmisch verbunden ist, schließen sich die anderen an, die auch mehr oder weniger, wenn auch nicht so streng, sich zu einer Einheit und, wiederum mit uns verbunden, mit uns sich zu einer Einheit verbinden. Denn es wird eben alles anders, wenn man von der physisch-sinnlichen Welt in die geistige Welt eintritt. Es ist gewiß manches für den, der nicht gewohnt ist, in solchen Vorstellungen zu empfinden, paradox. Aber hie und da soll man doch auf die Eigentümlichkeiten der geistigen Welt, wie sie sich der Initiationsweisheit zeigen, hinweisen. Sehen Sie, hier in der physisch-sinnlichen Welt kann man zählen: eins, zwei, drei; man kann sogar – wenn auch nicht gerade jetzt – Geld zählen in der physisch-sinnlichen Welt; aber das Zählen hat in der geistigen Welt nicht eigentlich einen Sinn. Da bedeutet die Zahl nichts Besonderes, da ist alles mehr oder weniger Einheit, und jene Unterscheidung, die man haben muß zwischen den Dingen, wenn man sie zählt, wo eins neben dem anderen sein muß, gibt es nicht in der geistigen Welt. Es muß schon manches ganz anders für die geistige Welt beschrieben werden als für die physisch-sinnliche Welt. Und so ist dasjenige, was hier eigentlich im Physischen menschliches Innere ist, eben vom Gesichtspunkte der geistigen Welt aus ganz anders, als es sich hier ausnimmt. Großartig und gewaltig ist der Menschenbau, großartiger und gewaltiger als der von der Erde aus überschaubare Himmelsbau. Und das, was wir uns erarbeiten in Gemeinschaft mit den höheren Hierarchien für das nächste Erdenleben, das da folgt auf das Leben zwischen dem Tod und einer neuen Geburt, das muß ja in den Menschenbau hineinpassen, das muß ein Seelisch-Geistiges sein, das den Menschenbau durchdringt und durchdringend belebt. Denn wie entwickelt sich dieses Menschenleben auf der Erde?

Wir bekommen durch unsere Eltern, wenn wir hineingeboren werden in das Erdenleben aus unserem vorirdischen Dasein, scheinbar ganz den physischen Leib. Und die Sache könnte sich so ausnehmen – aber sie ist nicht in Wirklichkeit so –, als ob wir mit einem Seelisch-Geistigen herunterkämen aus der übersinnlichen Welt, aus dem vorirdischen Dasein, und uns mit dem, was uns die Eltern zurechtlegen in der physischen Welt, was sich im Mutterleibe ausbildet, uns bloß äußerlich verbinden würden. Aber so ist es ja nicht, sondern in Wirklichkeit ist es so: Dasjenige, was wir in unserem physischen Leibe in physischer Substanz haben, das ändert sich ja fortwährend. Es geht fortwährend weg und wird neu ersetzt. Sie brauchen ja nur an Ihre Fingernägel und an Ihre Haare zu denken. Die Fingernägel schneiden Sie ab, sie wachsen immer nach. Aber das ist nur das Äußerliche; in Wirklichkeit schuppt der Mensch nach außen fortwährend ab und ersetzt das von innen neu, von dem inneren Mittelpunkt aus, was er abschuppt nach außen hin. Er schiebt fortwährend die Materie nach außen, stößt sie ab. Und nach sieben bis acht Jahren ist es so, daß wir alles, was wir als physische Substanz vor sieben Jahren in uns gehabt haben, abgestoßen und neu ersetzt haben. Sehen Sie, es ist schon so: Ich habe ja die Freude gehabt, vor sieben Jahren vor einigen hier in Breslau zu sprechen. Es sind auch die Freunde auf Stühlen vor mir gesessen. Aber von dieser physischen Materie, die dazumal auf den Stühlen war, ist keine mehr heute da: alles ist fort, alles ist ersetzt durch andere physische Materie, und dasjenige, was geblieben ist, ist die geistig-seelische Individualität. Die war allerdings schon da, bevor sie geboren wurde, im vorirdischen Dasein. Die war in früheren Erdenleben da, die ist sozusagen treu. Aber die Substanz des physischen Leibes, die dazumal auf den Stühlen saß, ist längst in alle Winde und in andere Weltengegenden hin verflogen.

Nun, dieser Austausch, der alle sieben bis acht Jahre erfolgt, der erfolgt von der Geburt an. Wir bekommen nämlich von unseren Eltern übermittelt das Substantielle und seine Gestaltung nur bis zum Zahnwechsel hin. Dasjenige, was wir dann substantiell formen, das machen wir aus unserer Individualität heraus. Dieser Zahnwechsel ist etwas ganz Wichtiges. Wir haben von den Eltern überkommen bis zum Zahnwechsel ein Modell; dieses Modell ist den Eltern ähnlich, da liegen die vererbten Eigenschaften. Unsere geistig-seelische Individualität formt nach diesem Modell langsam den zweiten Körper, der von dem Zahnwechsel bis zur Geschlechtsreife existiert und dann wieder abgestoßen wird; dann beginnt der dritte Körper. Aber das, was wir in Wirklichkeit erben, so daß die vererbten Eigenschaften bleiben, rührt davon her, daß wir diese in unserem zweiten Körper dem Modell nachbilden.

Das, was wir später dem Modell nachgebildet haben, das ordnen wir in Gemäßheit desjenigen, was wir uns als eine unbewußte Kunst, den menschlichen Organismus aus seinen Geheimnissen heraus zu formen, im vorirdischen Dasein erwerben. Zu nichts anderem dient uns der erste Körper bis zum Zahnwechsel, als daß wir uns gemäß unserem Karma den Eltern ähnlich machen. Die eigentlichen Geheimnisse, die tiefen, umfassenden Geheimnisse, nach denen der menschliche Organismus aufgebaut ist als das wunderbare Nachbild des äußeren Himmelsgebäudes, die müssen wir ihrem innersten Wesen nach lernen in dem Leben zwischen dem Tode und einer neuen Geburt. Und da hinein müssen wir zurückleben lernen, nachdem wir die Hälfte des Sonnendaseins durchgemacht haben. Lernen müssen wir, uns in die zweite Hälfte hineinzuleben, die uns veranlaßt, die Triebe unseres Karma auszubilden. Da schauen wir wieder hinein in ein wunderbares Geschehen, das abfließt zwischen uns und den Wesen der höheren Hierarchien in dem Leben zwischen dem Tode und einer neuen Geburt.

Wie wir hier auf der Erde mit Mineralien, Pflanzen, Tieren, mit anderen Menschen umgehen, so gehen wir zwischen Tod und neuer Geburt nicht mit Mineralien um, sondern mit anderen Menschenseelen in der beschriebenen Weise, aber nun, statt mit den Mineralien, Pflanzen, Tieren, mit Archai, Archangeloi, Angeloi, und bilden mit ihnen zusammen unser Karma. Und während dieser ganzen Zeit schauen wir auf das untere Irdische hier, in dem sich unser Karma ausleben muß, sehnsüchtig hin wie auf etwas, nach dem alle unsere Gemütskräfte, unsere Sehnsuchten gehen, so wie wir sehnsüchtig innerhalb unserer Gemütskräfte zwischen der Geburt und dem Tode hier auf Erden hinschauen nach oben zu dem Himmlischen. Und nun ist es so, daß wir, indem wir aufsteigen in die Mondensphäre, Merkursphäre, Venussphäre, hineinwachsen in die Wesenheiten der Hierarchie der Archai, Archangeloi, Angeloi. In diesen haben wir die Richter über unser Gutes und Böses, und in dem Sinne, wie ich das in den vorigen Vorträgen ausgeführt habe, auch über unsere Verstümmelung. Denn wir werden seelisch-geistig verstümmelt durch das Böse. Da haben wir die Beurteiler, da stehen wir zunächst im kosmischen Urteile darinnen. Kommen wir im Sonnendasein an, so kommen wir zu Exusiai, Dynamis, Kyriotetes. Wir stehen in der Reihe der Wesenheiten drinnen, die nicht bloß Urteiler, sondern Arbeiter an unserem Karma sind.

Diese Wesenheiten, Exusiai, Dynamis, Kyriotetes, sind nun vorzugsweise Sonnenbewohner, damit aber natürlich Bewohner des ganzen Weltenalls. Sie gehören ihrem Wesen nach geistigen Welten an. Aber es bedarf der Mittler zwischen den geistigen Welten und den physisch-sinnlichen Welten, und die Vermittler sind die Throne, Cherubim und Seraphim. Sie haben deshalb ihren höheren Rang im geistigen Kosmos, weil sie die Mächtigeren sind, nicht bloß geistig im geistigen Erleben, sondern weil sie dieses Geistige, das sie im Geistigen erleben, dann im Physischen verwirklichen. Wenn wir zwischen Tod und neuer Geburt sind und so, wie ich es beschrieben habe, sehnsüchtig auf die Erde herabblicken, dann schauen wir, indem wir uns bewußt sind, auf das Irdische herunterzuschauen, eigentlich, was Seraphim, Cherubim, Throne Merkwürdiges miteinander erleben. Wir schauen also herunter, sehen Erlebnisse gegenseitig sich vollziehender Taten zwischen Seraphim, Cherubim, Thronen, Taten, die uns tief erschüttern. Wir lernen allmählich diese Taten verstehen, diese Taten, die sich abspielen zwischen Seraphim und Seraphim, Cherubim und Cherubim, Thronen und Thronen, und wieder zwischen Thronen und Seraphim, Thronen und Cherubim und so weiter. Die tun da etwas, etwas gerecht Ausgleichendes, von dem wir das Gefühl haben, das gehe uns etwas an, wenn wir es allmählich verstehen lernen. Was ist das? Das ist das Bild, das sich im Weltgeschehen ergibt aus dem, was wir waren im vorigen Erdenleben im Guten und im Bösen. Das Gute muß gute, das Böse muß böse Folgen haben. Die Seraphim, Cherubim, Throne, die gestalten die Folgen desjenigen, was wir gesät haben auf Erden, unter sich aus. Was wir als böse Taten verübt haben, hat böse Folgen im Kosmischen. Seraphim, Cherubim, Throne sehen wir in einem Tun darinnen, das die Folge unserer bösen Taten ist. Und wir lernen allmählich erkennen, daß in der Weltenentwickelung dasjenige, was unter Seraphim, Cherubim, Thronen geschieht, das himmlische Ausleben unseres Karma ist, bevor wir es irdisch ausleben können. Die Erschütterung verstärkt sich dadurch, daß wir uns nun sagen mit all der Kraft, die wir haben können in dem geistigen Leben, das wir zwischen dem Tode und einer neuen Geburt verbringen: Das, was die Cherubim, Seraphim, Throne erleben in ihrem Götterdasein, das erfährt seinen richtigen Ausgleich, wenn wir es im nächsten Erdenleben von uns aus erfahren.

Unser Karma wird so durch Seraphim, Cherubim, Throne zuerst überirdisch vorgelebt. Ja, die Götter sind in ihrer Geistigkeit von allem Irdischen die Schöpfer. Da müssen sie zuerst alles selber durchleben. Sie erleben es in der Sphäre des Geistigen; dann wird es hier unten verwirklicht in der Sphäre des Sinnlich-Physischen. Auch dasjenige, was wir als unser Karma erleben, das erleben Seraphim, Cherubim, Throne in ihrem Götterdasein voraus, und damit ist die Summe der Kräfte geschaffen, die unser Karma formt. So erleben wir das Dasein der planetarischen Sphären, so erleben wir dasjenige, was auf Merkur geschieht, als Urteil zunächst der Archai, Archangeloi, Angeloi. Aber da mischen sich dazwischen wieder Seraphim, Cherubim, Throne, um uns unser Karma vorzuleben. Und so erleben wir in uns selbst, was wir durch unsere vorigen Taten der Welt schuldig geworden sind, so erleben wir im Göttervorbild dasjenige, was geschehen soll durch unser Leben. Das ist ein kompliziertes Erleben, aber ein solches, das eben dem irdischen Leben durchaus als das überirdische Leben zugrunde liegt. Und dann, wenn wir so Ahnungen davon bekommen, wie reichhaltig dieses Leben ist zwischen Tod und neuer Geburt, und wenn wir dessen Inhalt zusammenfügen mit dem Inhalt des irdischen Lebens, dann bekommen wir erst eine gültige, eine wirkliche Vorstellung von dem, was eigentlich durch den Menschen, am Menschen, im Menschen in der Welt geschieht. Da wird allerdings unsere menschliche Selbsterkenntnis erst in der richtigen Weise vertieft, durchseelt und durchgeistigt. Und erst, wenn man das, was nun auch im Verlaufe des irdischen Menschenlebens geschieht, so betrachtet, daß man es auf dem Hintergrunde dessen sieht, was in der geistigen Welt vor sich geht, dann betrachtet man dieses Leben in seiner Wahrheit.

Nun, wir sehen hier auf der Erde Menschen auftreten. Durch die Geburt werden sie Kinder, sie wachsen heran, sie treten mit diesem oder jenem Lebensschicksal genießend, schaffend, arbeitend auf, tragen diese oder jene Fähigkeit an sich. Aus den Fähigkeiten, aus den

Taten der Menschen, aus den Gedanken, Empfindungen der Menschen setzt sich ja auch das geschichtliche Leben der Menschen im Laufe der Zeit zusammen. Aber alle die Menschen, die so in ein Erdenleben hineintreten, das zwischen der Geburt und dem Tode verfließt, alle diese Menschen haben frühere Erdenleben durchgemacht, in denen sie das Irdische auf eine etwas andere Weise erlebt haben, das Irdische auf eine andere Weise gestaltet haben. In allen folgenden Erdenleben machen sich die Wirkungen der früheren Erdenleben geltend. Aber verstehen können wir diesen ganzen Zusammenhang doch nur, wenn wir auch hineinblicken in die Lebensepochen zwischen Tod und neuer Geburt.

Dann kommen wir auch zu einer richtigen Auffassung des geschichtlichen Lebens. Denn dann wird gleich alles für uns so, daß wir uns sagen: Das, was in einer Erdenepoche auftritt durch Menschen, das gliedert sich einer früheren Erdenepoche an. Aber wie kommt dasjenige, was in früheren Erdenepochen geschieht, in die späteren hinüber? – Die Geschichtsschreiber haben das lange so beschrieben, daß sie einfach die in der Geschichte aufeinander folgenden Tatsachen notierten. Da konnte man gar nicht einsehen, wie das Spätere auf das Frühere folgt. Dann sind einige gekommen, die haben gesagt: Da wirken Ideen in der Geschichte, und die Ideen verwirklichen sich ja. – Derjenige, der real denkt, kann sich nichts dabei vorstellen, daß Ideen sich verwirklichen sollen. Da sind dann die anderen gekommen, die materialistischen Geschichtsauffasser, und die haben gesagt: Ideen – das ist Wischi-Waschi! Es verwirklichen sich nur wirtschaftliche Zusammenhänge, und aus denen geht alles hervor. – Es kam die mechanistische, materialistische Geschichtsauffassung.

Das alles ist eigentlich ein Herumplätschern an der Oberfläche. In Wirklichkeit wird dasjenige, was in früheren Geschichtsepochen geschehen ist, durch die Menschen selber in die späteren hinübergetragen. Die Menschen, die hier sitzen, sie alle lebten ja in früheren Geschichtsepochen. Dasjenige, was Sie selber tun, ist die Folge dessen, was Sie in früheren Leben getan haben. So ist es mit allem Großen, mit allem Kleinen, das im Laufe der Geschichte geschieht. Durch die Menschenseelen selber wird das Frühere in das Spätere hinübergetragen. Dadurch wird erst die menschliche Lebensauffassung vertieft, daß man den Menschen als den Träger auch des geschichtlichen Werdens ansehen kann. Man kann ihn so ansehen, aber das kann man erst, wenn man im Menschenleben anlangt bei demjenigen, was zwischen dem Tode und einer neuen Geburt in den Sternensphären durch die Wesenheiten der höheren Hierarchien zusammen mit den Menschen geschieht.

Lassen Sie uns das an einem Beispiel veranschaulichen. Da war in einer verhältnismäßig frühen Zeit, so etwa gerade in der Zeit, die hart an die Begründung des Christentums herankommt, ein Initiierter verkörpert im Orient, im indischen Leben. Dadurch, daß diese Individualität in ihrer irdischen Verkörperung im indischen Leben schlechte Augen hatte – man muß so auf die Einzelheiten eingehen, wenn man karmische Zusammenhänge bespricht –, hatte sie über alles mehr oder weniger oberflächlich hinweggeschaut. Sie stand eben drinnen in der mystischen indischen Lebensauffassung, ging dann durch andere Verkörperungen hindurch, die weniger Bedeutung hatten. Dann aber ging sie durch ein Leben zwischen Tod und neuer Geburt durch, in dem alles das, was dieser Individualität sich auf der Seele abgelagert hatte im indischen oberflächlichen Erleben, nun ausgebildet wurde in der Merkursphäre, zum Teil in der Venussphäre, zum Teil in der Marssphäre. Da wirkte es mit Wesen der höheren Hierarchien zusammen, um das in einer gewissen Weise zu formen. Nun ist es bei den meisten Menschen so, daß vorzugsweise aus einer Sternensphäre heraus das Karma charakteristisch gebildet wird. Da aber ergab sich durch dieses Zusammenwirken eine Individualität, wo an der Formung der inneren Fähigkeiten, an der karmischen Umgestaltung der Fähigkeiten, die aus einem indischen Erleben einmal hervorgegangen waren, fast gleichmäßig arbeiteten die Merkur-, die Venus- und die Marssphäre. Diese Individualität trat im neunzehnten Jahrhundert als eine Persönlichkeit auf und wurde als solche *Heinrich Heine*.

Nun, schauen wir uns ein solches Beispiel an, das ja durch ganz besonders gewissenhafte geistige Forschung aus den Tiefen des geistigen Lebens auf die Oberfläche gebracht worden ist. Der steife oberflächliche Philister würde sagen: Da geht mir das ganze Aroma von der Persönlichkeit weg; die will ich in ihren elementaren Eigenschaften haben. – Mag der steife Philister das sagen, er hat auch seine Menschenrechte, und sogar nach seinem Karma hat er das Recht des steifen Philisters. Aber er gelangt eben nur bis zu einem gewissen Grad der Wahrheit. Schaut man tiefer in die Tatsachen hinein, dann kommen eben die Unter- und Hintergründe der Wahrheit, der Wirklichkeit zu Tage. Und da muß man schon sagen: Das Leben, auch das Leben des einzelnen Menschen wird nicht ärmer in seiner Bedeutung, sondern unendlich reicher, wenn man es auf solchen Untergründen betrachtet; wenn man wirklich herausglänzen sieht aus diesem problematischen, fragmentarischen Heine-Leben des neunzehnten Jahrhunderts dasjenige, was einmal eine indische Inkarnation war und was dann durch alle die Einflüsse als Folgen aus einem früheren Dasein in Merkur, Venus und Mars durchgemacht werden kann: im Marsdasein, wo ein gewisser aggressiver Sinn für das folgende Erdendasein ausgebildet wird, wo also das, was angeeignet worden war in einem früheren Erdenleben, als eine besondere Fähigkeit in einen gewissen aggressiven Sinn sich hineinentwickelte, im Merkurdasein, wo sich die Seele erwerben kann, da diese Fähigkeit karmisch ja besonders im Merkurdasein ausgebildet wird, ein Hinflattern über Empfindungen und Begriffe, und im Venusdasein, wo wiederum ein gewisses Geistig-Erotisches hereinkommen konnte in die menschlichen Vorstellungskräfte.

Wir schauen also, indem wir so ein Menschenleben überblicken, zu gleicher Zeit in das Weltendasein hinein, und dasjenige, was wir so im Menschen sehen, das ist wahrhaftig nicht ärmer als das, was wir in der sogenannten unmittelbar elementarischen Betrachtung, die nur eine Philisterbetrachtung ist, haben. Es ist schon so, daß man sieht, wie das frühere Geschichtliche in das spätere hinübergetragen wird, und wie die Vermittler die Sternenwelten sind mit ihren Wesenheiten. Dadurch wird Geschichte erst eine Wirklichkeit, sonst bleibt sie Buchstabe, zweiunddreißig Buchstaben. Dann aber beginnen wir zu lesen in der Geschichte, wenn wir sehen, wie hinter den einzelnen Menschenschicksalen ganze Götterwelten-Taten stehen, nur noch grandioser, gewaltiger ausgebreitet als das Geschichtswerden der Menschheit, in das wir immer hineinverwoben finden die menschlichen Einzelschicksale.

Und nehmen wir ein anderes Beispiel. Da gibt es eine Individualität, die eine für die damalige Zeit gründliche Ausbildung erworben hatte in der Zeit, als auf der Erde der Islam sich ausbreitete durch Nordafrika nach Spanien. Da gab es in Nordafrika noch Schulen, die so ähnlich waren wie die Schule, in welcher der heilige *Augustinus* ausgebildet worden ist; aber es war schon in einer späteren Zeit, die Schule war in Dekadenz. Diese Individualität lernte vieles, was eigentümlich diesen Schulen war, was noch vieles von den alten Mysterien, aber im Niedergange, in sich enthielt. Dann wurde diese Individualität verschlagen nach Spanien, kam dann in Zusammenhang nicht mit späterer, aber mit der früheren jüdischen kabbalistischen Schule, nahm wieder vieles auf aus der Früh-, nicht aus der Spätkabbalistik und wurde ein Geist, der so etwas Manichäisch-Kabbalistisches in einer großen inneren Geläufigkeit in der Seele hatte. Diese Individualität fand nun ihre Weiterentwickelung in einem Leben zwischen dem Tod und einer neuen Geburt, und da insbesondere in Gemeinschaft mit den Wesenheiten, die mit dem Marsdasein zu tun haben. Sie eignete sich im Marsdasein an einen gewissen aggressiven Sinn, aber auch wieder außer diesem aggressiven Sinn die Leichtigkeit der Sprache, geradezu etwas Verführerisches in der Sprachgabe, die Leichtigkeit in der sprachlichen Behandlung von allen möglichen Problemen, die sie so in ihrem Inneren aus ihrem früheren Erdenleben hatte. Damit verkörperte sie sich im achtzehnten Jahrhundert, wurde *Voltaire*.

Sehen Sie, zu wissen, daß das Voltaire-Dasein zurückführt auf Erlebnisse, die sogar ähnlich waren denen des Augustinus in seiner Jugend, die ähnlich waren den späteren kabbalistischen Erlebnissen, mit all diesem Ironischen, das in der Ur-Kabbalistik vorhanden war, zu wissen, daß das alles da ist, so zu überschauen den Zusammenhang, auch wiederum hineinzuschauen durch das Zusammenhalten der zwei irdischen Leben in dasjenige, was dazwischen liegt, zwischen Tod und neuer Geburt: das macht die Welt erst ganz, das führt erst hinein in die Wirklichkeit. Wir haben, wenn wir die Erdenleben überblicken, zunächst ganz Unzusammenhängendes in den aufeinanderfolgenden Erdenleben. Man sieht nicht, wie das eine in das andere hineinragt. Aber das sind ja außerdem nur Fragmente. Das, was dazwischen liegt, wird nicht gesehen; aber die Wirklichkeit umfaßt alles dies zusammen. Und es ist schon so, daß man eigentlich an die Wirklichkeit nur herandringt, wenn man nicht nur die Natur, sondern wenn man auch das Menschenwesen nach seinen geistigen Hintergründen betrachtet.

In dieser Beziehung muß es schon so sein, daß von jetzt ab ein neuer Zug in unsere Bewegung hineinkommt. Als die Deutsche Sektion der Theosophischen Gesellschaft in Berlin begründet worden ist, 1902, da kündigte ich an als meinen ersten Vortrag, den ich dazumal halten wollte, «Praktische Karmaübungen». Ja nun, angekündigt war der Vortrag, gehalten konnte er nicht werden aus dem einfachen Grunde, weil ja die gegebenen Verhältnisse da waren. Da waren die verschiedenen alten Mitglieder der theosophischen Bewegung, die hatten so ihre Vorstellungen von dem, was man sagen darf, was man nicht sagen darf; danach hatte sich aber das ganze Milieu, die ganze Atmosphäre gebildet. Die, welche die Leiter waren, wären ja Kopf gestanden, wenn man dazumal begonnen hätte, über praktische Karmaübungen zu sprechen. Es war einfach die theosophische Bewegung nicht reif dazu. Es mußte erst vieles vorbereitet werden. Und in der Tat, die Vorbereitung hat zwei Jahrzehnte gedauert, mehr noch. Aber bei der Weihnachtstagung ist der Impuls ausgegossen worden, nun rückhaltlos nicht bloß dasjenige, was über die natürlichen Gebiete des Geistigen erforscht werden kann, zu enthüllen, sondern rückhaltlos auch dasjenige zu enthüllen, was über die menschlichen Gebiete des Geistes so erforscht werden kann. Es wird daher in der Zukunft rückhaltlos gesprochen werden innerhalb der Anthroposophischen Gesellschaft über dasjenige, was doch schon von Anfang an in der Absicht lag, wozu aber diese Anthroposophische Gesellschaft erst allmählich heranreifen mußte. Das ist auch etwas, was als ein esoterischer Zug durch die Weihnachtstagung in die Anthroposophische Gesellschaft hineingekommen ist. Die Weihnachtstagung war wirklich keine Spielerei, sondern das Übernehmen neuer Verantwortlichkeiten gerade vom Geistgebiete aus für die anthroposophische Bewegung.

Sehen Sie, wenn man hinschauen kann auf dasjenige, was zwischen Tod und neuer Geburt liegt, so kann einem gerade dadurch klar werden, wie mannigfaltig, wie vielseitig die Welt ist. Denn wenn man auf der einen Seite sagt: In der Marssphäre wird angeregt für das spätere Erdenleben der aggressive Sinn, die Sprachgeschicklichkeit, die Sprachgewaltigkeit –, so ist das nur eine Seite; es werden auch andere Seiten innerhalb des Marslebens angeregt. Und so ist es zum Beispiel auch beim Jupiter. Die Jupitersphäre und ihre Wesenheiten erlebt man, wenn man mit der Initiationseinsicht zurückschaut auf dasjenige, was man zwischen dem neunundvierzigsten und sechsundfünfzigsten Jahre erschaut und auslöscht die Selbstbeobachtung. Da kann man schon von dem Anblicke dessen, was im Jupiter geschieht, etwas erschüttert werden. Denn diese Jupiterwesen sind doch ganz anders als die Menschen. Nehmen wir nur eine Eigenschaft der Menschen, die ja nun an sich mehr oder weniger häufig ist, nehmen wir die Weisheit. Die Menschen sagen: Wir sind weise. – Aber wie schwer erringt sich der Mensch diese Weisheit! Wenn das auch nur ein bißchen Weisheit ist, so ist das etwas schwer Errungenes. Da muß man vieles innerlich durchringen, um sich auf einem Gebiete nur ein bißchen Weisheit zu erwerben. Das alles haben die Jupiterwesen nicht nötig. Die werden mit der Weisheit – ich kann nicht sagen geboren, denn so wie auf der Erde das Entstehen der Menschen im Embryo geschieht, so geschieht nicht das Entstehen der Jupiterwesen. Da müssen Sie sich vorstellen, daß in der Umgebung des Jupiter so etwas ist wie um die Erde die Wolkengebilde. Wenn Sie sich nun vorstellen, aus den Wolken heraus formten sich die Menschenkörper und flögen dann auf die Erde herunter, so würde dies die Art sein, wie auf dem Jupiter aus einer Art von Wolken die neuen Wesen sich herausgestalten, aber so, daß diese Wesen, die etwa aus den Wolken herausflögen, eben die Weisheit zu ihrer Grundeigenschaft haben würden. Wie wir eine Blutzirkulation haben, so haben sie die Weisheit. Aber sie ist kein Verdienst, kein Errungenes, sie haben sie eben. Dadurch denken sie auch ganz anders als die Menschen. Das wirkt zwar erschütternd, aber man muß sich nach und nach an diesen Anblick gewöhnen. Und das ist alles auf dem Jupiter durchdrungen und durchzogen, wie wir auf der Erde von Luft durchdrungen sind, von Weisheit. Die Weisheit ist dort substantiell, sie strömt auf dem Jupiter in Wind und Wettern herum, ergießt sich auf den Jupiter, zieht als Nebel in die Höhe. Das sind aber immer wiederum Wesen, die in einem Weisheitsnebel aufsteigen. Darin nun leben vorzugsweise die Cherubim, die in diesem Zusammenhange an dem menschlichen Karma mit den Menschen zusammen formen. Aber es leben darin auch andere Impulse. Das gilt aber unbedingt: Was ein Mensch in einem früheren Erdenleben durchgemacht hat, wird karmisch zusammengeformt durch die Kräfte der Weisheit, der selbstverständlichen Weisheit. Er kommt dann auf die Erde herunter und trägt das Gepräge desjenigen, was sich dadurch ergibt, daß er früher auf der Erde Erlebtes in selbstverständliche Weisheit zusammengeformt hat, die dann nur auf die verschiedenste Weise zum Ausdruck kommt. Auch dafür ein Beispiel.

Da ist eine Individualität, die führt uns zurück ins alte Griechenland, so in eine Art platonischer, aber zugleich auch bildhauerischer Atmosphäre. Eine wichtigste Inkarnation hat diese Individualität in dieser plastischen Zeit Griechenlands erlebt als Bildhauer. Das, was sie da erlebt hat, trug sie in spätere Zwischenverkörperungen, die weniger wichtig waren, hinein. Das ist eine Individualität, die ihr Karma ausarbeitete für ihre vorläufig letzte Erdeninkarnation besonders in der Sphäre der Weisheit Jupiters.

Eine andere Individualität führt uns zurück in die Zeiten, bevor Amerika von Europa aus bevölkert worden ist, nach Mittelamerika, nach Mexiko. Da lebte sie in den verfallenden Mysterien der früheren mexikanischen Urbevölkerung. Sie lernte da kennen, als die Zusammenhänge der dortigen Menschen, der Mysterienschüler, mit den geistigen Wesen noch lebendig waren, dasjenige, was da lebte als mexikanische Götter. Heute reden Leute, die gelehrt sind, ja auch wieder – ein besonderes Karma, aber ein für die Menschen nicht besonders glückliches Karma – über diese Götter, Quetzalkoatl, Tetzkatlipoka und Taotl; doch man bekommt durch diese Beschreibungen kaum viel mehr als die Namen. Aber die Individualität, von der ich Ihnen spreche, die lebte lebendig darinnen, wenn auch in den verfallenden Mysterien. Für die war so ein Gott Taotl, Quetzalkoatl, etwas Lebendiges. Es waren das in der Tat zauberische, lebendige Wesenheiten. Und dort, in den verfallenden Mysterien des Quetzalkoatl, da lebte sie sich auch hinein in einen damals schon ganz abergläubischen, magischen

Inhalt, in solch eine Wesenheit wie Tetzkatlipoka – Tetzkatlipoka ist eine Art Schlangengott gewesen, mit dem man sich astral verbunden fühlte –, und das wurde für sie intensiv lebendig. Diese Individualität ging dann nicht durch andere Inkarnationen, nachdem sie ihr Leben zwischen Tod und einer neuen Geburt erlebt hatte, wie jene andere, die noch Zwischeninkarnationen durchmachte, als Mann in Griechenland gelebt hatte und dann durch weibliche Inkarnationen durchging. Diese Individualität lebte als Mann innerhalb der mexikanischen Mysterien, ging in dem Leben zwischen dem Tode und der neuen Geburt durch die Jupitersphäre der Weisheit und lebte dann gerade im achtzehnten, neunzehnten Jahrhundert. Die Individualität, die in Griechenland gelebt hatte, ging auch durch die Jupitersphäre, wie man eben durchgehen kann, wenn man Bildhauer war und zugleich auf griechische Art erlebt hatte diese plastische Vorstellungsweise, die dazumal auch wirklich lebendig war. Sie prägte dieses Plastische, das in Griechenland an der Gestaltung des Menschen erlebt werden konnte, um in gestaltendes Auffassen der ganzen Welt in der Weisheitssphäre des Jupiter, wo alle diese Weisheit substantiell vorhanden ist, kam dann in einen Menschenleib mit ihrer durch den Jupiter ausgeprägten Griechenheit und wurde als *Goethe* wiedergeboren.

Die andere Individualität ging auch durch die Jupitersphäre, prägte dasjenige, was man erfahren konnte in den mexikanischen Mysterien, dann auch um in der Jupitersphäre. Aber es konnte nicht dasselbe in der Jupitersphäre entstehen aus einem Erdenleben, das in Griechenland so erlebt worden ist, wie ich es geschildert habe, und aus einem Erdenleben, das in Mexiko so erlebt wurde, wie ich es geschildert habe. Beides ist durch die Weisheitssphäre des Jupiter gegangen, aber beides ist so geworden, wie es werden mußte gemäß den Gestaltungskräften aus dem früheren Leben. Die Individualität, die durch die mexikanischen Mysterien gegangen ist, ging durch die Jupitersphäre, wurde wiedergeboren als *Eliphas Levi*. Da haben Sie in einer merkwürdigen Weise in Weisheit umgewandelt magisch-rituelle Handlungen, magische Kulte. Es ist eben minderwertiges Jupiterkarma, trotzdem außerordentlich geistvolles, weisheitsvolles. Man sieht daran, wie zusammenwirken dasjenige, was der Mensch im Erdenleben erfahren hat, und dasjenige, was er zwischen dem Tod und einer neuen Geburt wird. Es wird durchaus das spätere Leben nach dem früheren Leben gebildet, aber in mannigfaltiger Weise kann durch die gleiche Sphäre umgeprägt werden im Karma dasjenige, was ein Mensch im Erdenleben durchgemacht hat. Wenn man so ansieht die Gestaltung des menschlichen Lebens im karmischen Sinne, vertieft man erst richtig dieses Menschenleben. Dann bereichert es sich, dann erscheint es erst in seiner ganzen Wirklichkeit, dann kennt man in Wirklichkeit erst den Menschen und das Menschenleben.

ELFTER VORTRAG

Breslau, 10. Juni 1924

Über den Zusammenhang des menschlichen Lebens hier auf Erden zwischen der Geburt und dem Tode und des anderen menschlichen Lebens in der übersinnlichen Welt zwischen dem Tode und einer neuen Geburt mit Bezug auf das Karma haben wir gestern begonnen zu sprechen. Wir haben gesehen, daß an dem Karma des Menschen zusammenwirkt, was von dem Menschen erlebt, getan, gedacht, empfunden worden ist in dem vorangehenden Erdenleben und in einer Reihe von aufeinanderfolgenden Erdenleben, und was dann gestaltet, geformt wird als die Grundlage des Erlebens in einem kommenden Erdenleben durch die Zusammenarbeit des Menschen mit anderen Menschenseelen, die mit ihm karmisch verbunden sind, und dann mit den geistigen Wesenheiten der höheren Hierarchien. Dadurch, so sahen wir, wird durchsichtig das geschichtliche Leben der Menschheit. Wir sehen gewissermaßen jeden einzelnen Menschen – ob er Hervorragendes, Weltgestaltendes vollbringt, ob er in kleinen Kreisen wirkt – auf dem Hintergrunde eines umfassenden geistigen Geschehens. Wir haben ja insbesondere gesehen, wie die Betrachtung des menschlichen Schicksals uns, wenn wir beginnen es zu verstehen, als der äußere, irdische Ausdruck eines dahinterstehenden gewaltigen, universellen Geschehens auch in der geistigen Welt erscheint. Wir haben damit gezeigt, wie der Mensch selbst es ist, der dasjenige, was in einer früheren Erdenepoche geschieht, hineinträgt und zur Wirkung bringt in einer späteren Erdenepoche. Durch den Menschen also kommen die Zusammenhänge des geschichtlichen Werdens zustande, und ich glaube, es ist ein erhebender Eindruck, den eine solche geschichtliche Betrachtung auf den Menschen machen kann. Ja, die Art und Weise, wie wir unser eigenes Karma empfinden, wie wir uns hineinleben können in dieses eigene Karma, wird richtig empfunden, wenn wir zunächst einmal – bevor wir auf das Erleben des einzelnen Karma eingehen in den folgenden Vorträgen – eben gerade an Persönlichkeiten, deren Leben mehr oder weniger allgemein bekannt ist, sehen, wie sich die Wirkung des einzelnen Erdenlebens in die folgenden Erdenleben hineingestaltet.

Wir haben an Beispielen kennengelernt, wie die ganze geistige Beschaffenheit und die geistigen Wesenheiten, die einer Planetensphäre angehören, hineinwirken in dasjenige, was der Mensch, indem er durch die Todespforte geht und weiterlebt in der geistigen Welt, von sich selbst in diese geistige Welt hinein mitbringt. Wir haben Bemerkungen darüber gemacht, wie die Jupitersphäre eigentümlich wirkt. Noch erschütternder in ihrer Eigentümlichkeit wirkt die Saturnsphäre, noch erschütternder ist die Art und Weise, wie Saturn wirkt. Sie wissen ja – ich habe es erwähnt –, daß man auch mit der Initiations-Einsicht, um alle Zusammenhänge selbständig zu überschauen, zurückblicken muß von einem über das dreiundsechzigste Jahr hinausgehenden Lebensalter auf die Lebensepoche vom sechsundfünfzigsten bis zum dreiundsechzigsten Lebensjahr, damit man dasjenige, was von der Saturnsphäre aus auf den Menschen wirken kann, im ganzen Zusammenhange des geistigen Lebens und Webens des Weltenalls beurteilen kann. Denn alles, was im Zusammenhange mit der Saturnsphäre wirkt, ist ja so, daß eigentlich innerhalb der Saturnsphäre ein starkes, ein durchdringendes Bewußtsein bei allen Wesenheiten ist über das Vergangene, und mehr oder weniger Unbewußtheit herrscht über das Gegenwärtige. Das macht einen erschütternden Eindruck. Die Saturnwesen wirken eigentlich in ihren gegenwärtigen Taten, einschließlich der Wirkung der Seraphim, wie aus einem Unbewußten heraus, sie wissen sozusagen nicht unmittelbar, was mit ihnen und durch sie im gegenwärtigen Augenblicke geschieht; aber sie wissen sofort, und zwar durchdringend und genau, was sie getan, gedacht haben, was mit ihnen geschehen ist, wenn es geschehen ist.

Ich möchte ein Bild gebrauchen, um Ihnen diese eigentümliche Daseinsart in der Saturnsphäre zu charakterisieren. Stellen Sie sich vor, Sie gingen als Menschen auf der Erde herum, wüßten niemals im gegenwärtigen Augenblicke, was Sie tun, was Sie denken, was überhaupt mit Ihnen oder durch Sie vorgeht, aber Sie gingen – nehmen wir ein einfaches Geschehen – irgendwohin. Da wo Sie eben gehen, sehen Sie sich nicht, aber Sie lassen Spuren zurück: es entsteht, nehmen wir an, aus Ihrer unmittelbaren Position von vorher ein Schneemännchen. Sie gehen wieder einen weiteren Schritt: wieder ein Schneemännchen, weiter einen Schritt: wieder ein Schneemännchen und so weiter. So werden Sie plastisch immer aufgenommen, und Sie sehen genau zurück auf dasjenige, was Sie waren. Schon im Momente, wo irgend etwas durch Sie geschieht, sehen Sie es, wie es da ist, wie es da bleibt, wie es sich hineinstellt in das Ewige. Und Sie sehen zurück in eine Perspektive hinein, aufgezeichnet wie in einer ewigen Chronik im Universum alles dasjenige, was durch Sie geschehen ist. Denn so ist das Selbstbewußtsein der Saturnwesen. Aber alles, was durch die Saturnwesen auf diese Weise als vergangenes Werden geschaut wird, das verbindet sich wiederum mit dem vergangenen Werden aller einzelnen Wesen des ganzen Planetensystems, so daß sozusagen das Bewußtsein der Saturnwesen darinnen besteht, daß sie in jedem Augenblicke zurückschauen auf das ganze Gedächtnis – wenn ich mich so ausdrücken darf – des ganzen lebenden Planetensystems in allen seinen Wesenheiten in der Erinnerungsfähigkeit. In dieser kosmisch-universellen Erinnerungsfähigkeit der Saturnwesen ist alles aufgezeichnet.

Wenn so bei der Entdeckung des Webens und Wesens in der Saturnsphäre der initiierte Betrachter schon außerordentlich erschüttert wird, so ist das noch mehr der Fall, wenn er nun sieht, wie jene Wesen die Wirkung ihrer vorigen Erdenleben heruntertragen in ein neues Erdenleben, nachdem sie durch ihre besonderen Erlebnisse gerade ausarbeiten lassen mußten ihr Karma innerhalb der Saturnsphäre. Und es gewinnt tatsächlich die Betrachtung des Weltenalls ungeheuer an majestätischem, gewaltigem Inhalt, wenn man dieses von einer weltgeschichtlichen Persönlichkeit weiß.

Betrachtet man das Leben solcher Persönlichkeiten hier auf der Erde, so führt es einen – wenn man es geistig betrachtet, nicht bloß buchstabiert, sondern liest – hinauf in das Leben und Wesen der Saturnsphäre. Die Anschauung des Geistigen gewinnt ungeheuer, wenn man wirken sieht die Saturnsphäre. Die sieht sie auf die Erde herunter wirken in dasjenige, was auf der Erde geschieht; sie sieht hier einen Abglanz desjenigen, was in der Saturnsphäre vor sich geht. Ich möchte das durch ein Beispiel erläutern.

Man kann hinschauen auf eine menschliche Individualität, die in dem ersten, zweiten christlichen Jahrhundert, als das Griechentum noch stark hereinwirkte in den Gang der christlichen Entwickelung, im Süden von Europa ihr Leben durchgemacht hat; die damals eine starke, feine, etwas intellektuell gefärbte Empfänglichkeit der Seele hatte für das griechisch gefärbte Christentum, und versetzt worden ist in das Römische Reich, da durchgemacht hat alles das, was man eben in den ersten Jahrhunderten der Ausbreitung des Christentums im Römischen Reich durchmachen konnte: die Christenverfolgungen mit ihrer Ungerechtigkeit, die Gewalttätigkeiten des römischen Cäsarentums, alles dasjenige, was da lag in der Art und Weise, wie sich das römische Cäsarentum überhaupt benahm gegenüber den feineren Menschen; auf eine Seele, die dasjenige, was da angeschaut werden kann, im allertiefsten Sinne mit Empörung durchgemacht hat und eigentlich damals mit einer resignierten Stimmung durch den Tod gegangen ist, die sich sagte: Kann denn eigentlich eine Welt einen Fortschritt entwickeln, in der solches möglich ist? – Zu einem gewissen Zweifel darüber, ob überhaupt in der Welt noch ein Ausgleich zwischen Gutem und Bösem ist, kam diese Seele aus der Betrachtung des römischen Cäsarentums heraus, und vor ihrem geistigen, vor ihrem seelischen Blicke stand auf der einen Seite das Böse der Cäsaren und auf der anderen Seite das in Märtyrertum gegossene Wesen einzelner christlicher Märtyrer. In hartem, schroffem Gegensatz sah diese Seele das Gute auf der einen Seite, das Böse auf der anderen Seite. Mit diesem Eindruck ging sie durch die Pforte des Todes, ging dann hindurch durch weniger bedeutsame Erdenleben. Denn dasjenige, was in jenem Erdenleben im griechisch-römischen Dasein auf diese Seele sich abgeladen hatte, das hatte tiefe Furchen im Seelenleben gezogen. Das war es, was dann, als das achtzehnte Jahrhundert sich nahte, innerhalb der Saturnsphäre weiter ausgearbeitet wurde zu weiterem Karma dieser Individualität.

Die Saturnsphäre arbeitet ernst und eindringlich an der Gestaltung des Karma. Und gerade dann, wenn es sich darum handelt, die vollste Tiefe der menschlichen Seele zu ergreifen und aus den vollsten Tiefen der menschlichen Seele stark radikale Kräfte zu entwickeln, gibt sie diese starken Kräfte, weil alles dasjenige, was innerhalb der Saturnsphäre geschieht, stark geistig ist, intensiv geistig, aber so geistig, daß es auch viel tiefer eingreift, wenn der Mensch heruntersteigt zu einer irdischen Gestaltung; tief, tief greift es ein in die physische Organisation. Es kommt eine physische Organisation zustande, die enthusiasmiert ist für einen Ausgleich desjenigen, was die Seele in einem früheren Erdenleben durchgemacht hat. Es ist ein starkes Zurückschauen da. Man schaut ja, wenn das Karma innerhalb der Saturnsphäre ausgearbeitet wird, auf Erinnerungen, auf Vergangenes, wie sich gestaltet das Wesen in der Saturnsphäre; man schaut da zurück. Dann, wenn der Mensch heruntersteigt in die irdische Sphäre, dann zeigt sich in gewisser Beziehung das negative Abbild desjenigen, was man da durchlebt hat. Das intensive Zurückschauen verwandelt sich in ein tatkräftiges Streben nach Idealen, die nach vorwärts, nach der Zukunft gehen, so daß gerade Menschen, die aus der Saturnsphäre herunter die Ausarbeitung ihres Karma bringen, zukunftbegeisterte Menschen sind, also wirken wollen in Idealen, die nach der Zukunft hinstreben, weil sie in der Saturnsphäre in einem rein geistigen Leben vorzugsweise ins Vergangene hineinschauten.

Diese Individualität, von der ich hier spreche, erschien in der zweiten Hälfte des achtzehnten Jahrhunderts als *Friedrich Schiller*. Und nehmen Sie nun das ganze Schiller-Leben, nehmen Sie es so, wie es auftrat mit dem ungeheuer wirksamen, künstlerisch vielleicht sehr schwachen Duktus der Schillerschen Jugenddramen, mit all diesem Feurigen, nehmen Sie aber dazu den ungeheuren Ernst, man möchte sagen die ungeheure Melancholie, die auf der Schillerschen Seele ruht, und sehen Sie namentlich das Ergreifende seines Jugendschicksals gerade hervorgehen aus seiner melancholisch-seelischen Grundstimmung; sehen Sie das Sich-Hinarbeiten wiederum zu einer Art begeisterten Auffassung des Griechentums, als er mit Goethe bekannt wurde, – sehen Sie das alles als Vordergrund, und sehen Sie dahinter den Menschen, der sich die Grundlage zu dieser Anschauung erworben hat in dem ersten, zweiten christlichen Jahrhundert im Erleben auf der einen Seite des griechischen Christentums, auf der anderen Seite aus der Empörung über das römische Cäsarentum, und wie dann alles vertieft wird zu neuem Karma in der so ernst wirkenden Saturnsphäre. Schiller ist wirklich ein Saturnmensch seinem Karma nach.

Diese Dinge werden nicht in der richtigen Weise von der Seele erlebt, wenn sie bloß theoretisch hinhören will. Sie werden nur richtig von der Seele begriffen, wenn sie mit dem ganzen Gemüte aufgefaßt werden, wenn man zuerst das Gemüt versenkt in dieses ganze geistige Wesen und Leben in der Sternenwelt – hier in der Saturnsphäre –, und wenn man dann, nachdem man das Gemüt vertieft hat zur Auffassung eines irdischen Schicksalswirkens, hinschaut auf ein solches irdisches Schicksalswirken.

Ich will ein anderes Beispiel bringen, das nun wiederum in ganz anderer Weise gewirkt hat. Da kann man hinschauen auf eine Individualität, welche in einem kurz vorher liegenden Erdenleben sogar bis zu einem gewissen Grade zu den Initiierten zählte. Bevor ich aber von diesem menschlichen Karma spreche, muß ich eine Frage zum Ausdruck bringen, die eigentlich jeder sich stellen muß, der über solche Dinge, wie wir sie jetzt besprechen, nachdenkt, und die gewiß viele von Ihnen bis jetzt schon gestellt haben. Es ist die Frage, die sich ergibt, wenn Sie hinhorchen auf dasjenige, was ja in anthroposophischen Betrachtungen gesagt wird: daß es in der Erdenentwickelung der Menschen Initiierte in die großen Geheimnisse des Daseins, Eingeweihte innerhalb der irdischen Weisheit gegeben hat. Wir blicken ja gerade mit einem ungeheuren Respekt, mit einer tiefen Achtung hin auf diese alten Initiierten in der Menschheitsentwickelung. Wenn nun von den Wiederverkörperungen, den wiederholten Erdenleben gesprochen wird, dann kann ja die Frage aufgeworfen werden: Wie ist es mit der Wiederverkörperung dieser Initiierten? – Und die Frage kann weitergehen und kann so gestellt werden: Ja, leben denn nicht etwa in der Gegenwart wiederverkörperte Initiierte? Sollten sich denn gerade für die Gegenwart die Initiierten absolut aus der Welt, in der jetzt gelebt wird zwischen Geburt und Tod, zurückgezogen haben?

Das ist durchaus nicht der Fall. Aber wir dürfen nicht vergessen, daß der Mensch, wenn er als Individualität hinabsteigt aus dem geistig-seelischen, vorirdischen Dasein in ein irdisches Erdenleben, gebunden ist an dasjenige, was ihm irgendein Zeitalter geben kann schon in unserem physischen Leibe, und dann an Erziehung und an ähnlichen Dingen. Diese Dinge, die müssen hingenommen werden von dem, der sich innerhalb des Irdischen wiederverkörpert. Wir können durchaus hinschauen auf irgendeine initiierte Individualität, meinetwillen in grauer Vorzeit, deren Karma es ist, irgendwie später, im achtzehnten, neunzehnten Jahrhundert wieder da zu sein. Aber im achtzehnten Jahrhundert gibt es ja nirgends innerhalb der Erdenzivilisation solche Leiber, wie es in diesen alten grauen Vorzeiten gegeben hat, Leiber, die so plastisch anschmiegsam sind der menschlich-geistigen Individualität. Es ist ja nur ein Vorurteil einer degenerierten Wissenschaft, daß der menschliche Leib seit undenklichen Zeiten immer derselbe geblieben ist. Er ist in der Tat im Zeitalter des Materialismus hart, unbiegsam, unplastisch geworden, man kann ihn nicht leicht handhaben. Die Vererbungsverhältnisse, die ja wieder zusammenhängen mit der Gesinnung, der ganzen inneren Seelenverfassung der Menschen, sind eben so – der einzelne kann da nichts dafür, die ganze Zivilisation ist schuld –, daß man mit einem Teile desjenigen, was man in der Seele trägt aus der Initiationszeit, eben nicht hineintauchen kann in den physischen Organismus, daher es auch nicht zum unmittelbaren eigenen Bewußtsein bringen kann, denn man kann nur das zum unmittelbaren äußeren Zeitbewußtsein bringen, mit dem man ganz untertauchen kann in den physischen Leib.

Ja, da muß ich allerdings etwas sehr Paradoxes sagen, aber Sie müssen schon dieses Paradoxe hinnehmen, weil es doch eine Wahrheit ist. Sehen Sie, die Initiierten in alten, grauen Zeiten, die waren vor etwas bewahrt, was heute als eine große Wohltat für das Menschengeschlecht angesehen wird, was aber von diesen Initiierten dazumal, wenn es ihnen passiert wäre, durchaus nicht für eine Wohltat, sondern für ein großes Hindernis der Initiation angesehen worden wäre. Heute wird man es nicht zulassen, daß ein Mensch gleich einem Initiierten der grauen Zeiten davor bewahrt bleibt, in solcher Weise schreiben und lesen zu lernen, wie man es eben heute lernen kann. Es geht einem vieles verloren mit der Art und Weise, wie man heute lesen und schreiben lernt: dieses Hineingezwängtwerden in Buchstabenformen, zu denen man ja gar kein menschliches Verhältnis hat. Wie die Europäer, diese «besseren Menschen» gegenüber den Wilden, den amerikanischen Indianern ihre Buchstabenformen gezeigt haben, als sie, diese besseren Menschen, herüberkamen zu den wilden Indianern, da haben diese Indianer eine leise Furcht und Angst davor gehabt, und sie haben die Buchstaben für kleine Kobolde und Dämonen gehalten. Also etwas, wo kleine Kobolde drinnen sind, was ganz unnatürlich ist, zu etwas so Fremdartigem wie alle diese Buchstabenformen unserer Schrift wird im sechsten, siebenten Jahre der Mensch hingeführt. Was in aller Welt hat denn ein A oder B in der Gestalt, wie wir es an uns herankommen lassen müssen als Kinder, zum menschlichen Leben für einen Bezug? Gar keinen, nicht den geringsten! Im alten Ägypterlande hat man wenigstens eine Bilderschrift gehabt, wo das Bild, das man hingemalt hat, eine Ähnlichkeit hatte mit der Wirklichkeit, und es wurde einem auch zum Bewußtsein gebracht, daß dasjenige, was man da hinmalte, einen Bezug hatte zur Wirklichkeit. Heute lernt man A, B, C als etwas ganz Lebensfremdes. Wir wollen in der Waldorfschule die größten Fehler wieder ausbessern, daher ist diese andere Art, lesen und schreiben zu lernen, unter anderem eingeführt in unserer Schule. Was aber alles aus dem Menschen ausgetrieben wird, was in einem ertötet wird, wenn man in dieser Weise lesen und schreiben lernt, das kann man nicht beurteilen, wenn man nur die Sehnsucht hat, alles materialistisch zu beurteilen, nur mit dem gewöhnlichen Bewußtsein in der Welt zu leben.

Sehen Sie, ich habe keinen Anstoß daran genommen, wohl aber viele andere Menschen: In meinem «Lebensgang» habe ich es genügend angedeutet, daß ich mit fünfzehn Jahren noch nicht orthographisch schreiben konnte. Ich verdanke dem außerordentlich viel. Ich war bewahrt vor mancherlei, vor dem man nicht bewahrt ist, wenn man mit fünfzehn Jahren schon orthographisch schreiben kann. Man wird eben durch mancherlei, das so aus der materialistischen Bildung der Zeit herausstammt, von dem geistigen Leben geradezu abgeschnitten. Es ist eine viel ernstere Frage, als man denkt. Ich deute dieses hier an, damit Sie sehen, daß ja der Initiierte von ehemals nur benutzen kann die Erziehung, die sich ihm bietet. Was kann er denn anderes tun, als sich hineinfinden in Körper und Seele seines Zeitalters? Da muß er vieles zurücklassen, was in seiner Seele veranlagt ist. Aber es wird dennoch an den Erscheinungen des Lebens, die eben in einem bestimmten Zeitalter hervortreten können, auch bei einem Menschen, der äußerlich wie ein gewöhnlicher Erdenbürger, gar nicht wie ein Initiierter wieder auftritt, der karmische Zusammenhang mit der ehemaligen Initiation durchaus durchschaubar sein. Im Karma wirkt ja wirklich nicht dasjenige, was man zunächst als das am meisten im Menschenleben Wirksame glaubt. Wenn man zum Beispiel einen Menschen mit einer bestimmten Geistesverfassung vor sich hat, da ist man, wenn man das Karma bloß verstandesmäßig beurteilt, sehr leicht geneigt, auf eine ähnliche Verstandeskonstitution des vorigen Erdenlebens zurückzugehen. Aber das ist nicht so. Die Dinge, die karmisch frei werden und von einem Erdenleben in das andere hineinwirken, liegen in viel tieferen Seelenregionen als die Verstandeskonfiguration. Ich brauche Ihnen nur ein Beispiel zu nennen, so werden Sie sehen, daß dasjenige, was das Karma beeinflußt, eben aus anderen Seelenregionen herkommt als das bloß Verstandesmäßige.

Eine interessante Persönlichkeit des neunzehnten Jahrhunderts war ja *Ernst Haeckel.* Dasjenige, was am meisten den Menschen auffiel an Ernst Haeckel, das war seine materialistisch nuancierte Weltanschauung, sein Kampf gegen Ultramontanismus, römisches Papsttum, römisch-katholische Kirche. Er hat einen solchen Enthusiasmus in diesem Kampf entwickelt, daß er in den Ausdrücken, die er gebraucht hat in diesem Kampf, manchmal zwar ganz entzückend ist, manchmal aber auch geschmacklos. Wenn man aber in sein Karma zurückgeht, dann findet man als seine wichtigste vorhergehende Erdeninkarnation den Papst *Gregor*, den großen, mächtigen Papst, der gerade die äußerliche weltliche Herrschaft des Papsttums begründen wollte gegenüber dem äußeren Kaisertum; den Papst Gregor, der als Hildebrand hervorgegangen ist aus der Cluniazenser Reform, die, allerdings in ihrer Art, vom zehnten bis elften Jahrhundert diesen Kampf führte gegen das Kaisertum, bis eben einer der ihrigen Papst wurde, der zunächst auch auf seine Art sich auflehnte gegen das weltliche Herrschertum, gegen das damalige Kaisertum. Der Enthusiasmus im Durchdrücken einer Weltanschauung, der Enthusiasmus im Verwirklichen von Impulsen, die aus einer Weltanschauung kommen, das war es, was aus der Hildebrand-Inkarnation hineinwirkt in die Haeckel-Inkarnation. Das ist nur ein Beispiel dafür, daß man durchaus nicht glauben darf, aus der äußeren Beurteilung irgendeiner Seelenkonfiguration ließe sich erraten ein früheres Erdenleben, das maßgebend ist. Darinnen muß man schon vorsichtig sein und auf diejenigen Dinge gehen, die nun eben in Wirklichkeit manchmal als winzige Kleinigkeiten, die an dem Menschen bemerkt werden können, in geistiger Anschauung aufgefaßt werden müssen, und die dann hinter dem Menschen allmählich erscheinen lassen dasjenige, was in seinem früheren Erdenleben war.

Nun, sehen Sie, tiefgründig wirkt ganz besonders Saturnkarma. Da möchte ich den Blick auf eine Individualität lenken, die nun wirklich in einer früheren Inkarnation ein Eingeweihter war. Ich spreche in diesem Falle wirklich objektiv, und es hat mir einige Mühe gekostet, die Wahrheit, die ich nun vorzutragen habe, herauszuarbeiten, weil mir die Individualität eigentlich in ihrer neuen Verkörperung gar nicht sympathisch war, bis heute nicht sympathisch ist. Es handelt sich ja eben um die Feststellung objektiver Tatsachen, und man kann eigentlich, trotzdem es Mühe kostet, mit einer größeren Aussicht auf Richtigkeit das Karma durchschauen der Persönlichkeiten, die einem nicht persönlich irgendwie durch Sympathie nahestanden. Da möchte ich Ihren Blick richten auf eine Individualität, die wirklich in einem vorigen Erdenleben ein Eingeweihter war, und zwar ein Eingeweihter in einer Mysterienart, die etwas Großes, Gewaltiges in der Entwickelungsgeschichte der Menschheit war, ein Eingeweihter in irischen Mysterien, in den Mysterien von Hybernia, auf die ich in meinem Mysteriendrama hingedeutet habe. In diesen Mysterien mußte vieles durchgemacht werden, ehe man hinauf-initiiert wurde zu derjenigen Gestalt der Weistümer, die man gerade in diesen irischen Mysterien empfangen sollte. Da mußte derjenige, der initiiert werden wollte, zunächst erleben einerseits alles dasjenige, was sich an Zweifeln gegenüber den großen Wahrheiten in der menschlichen Seele ablagern kann; der Schüler wurde geradezu erzogen dazu, an allem so stark zweifeln zu können, als man irgendwie zweifeln kann, zweifeln zu können gerade an den höchsten Wahrheiten. Und erst, wenn man in seiner Seele alles das durchgemacht hatte an Schmerzen, an innerer Tragik, an Niedergedrücktheit, ich möchte sagen an innerlichem Zerpreßtsein, alles was man erleben kann im Zweifeln an den höchsten Wahrheiten, dann wurde man, zuerst bildhaft imaginativ und dann in geistiger Realität, zu dem wirklichen Erfassen der Wahrheit hingeführt. So daß ein jeder, der in hybernische Mysterien eingeweiht war, nicht nur gelernt hatte, an die Wahrheit zu glauben, sondern auch, an die Wahrheit nicht zu glauben. Dadurch erst konnte sich das Unerschütterliche seines Festhaltens an der Wahrheit lebenskräftig erweisen.

Noch ein anderes Gefühl wurde wachgerufen bei denjenigen, die zu suchen hatten die Initiationsweisheit Hybernias. Sie wurden zu der Empfindung gebracht, daß eigentlich alles Dasein so sein könnte wie das Erdendasein: eine Illusion, kein wirkliches Dasein. Nicht nur zu zweifeln an der Wahrheit, sondern zu empfinden das Nichts im menschlichen Dasein, das Nichtsein im menschlichen Dasein, dazu wurde der Mensch gebracht. Und dann wurde er gegenüber den sich immer neu gestaltenden ätherischen Mächten und gegenüber den physischen Mächten, die in einer Zerstörung begriffen sind, aber vom Geistigen, von geistiger Seite her immer neu gestaltet werden, gegenüber all dem, was das Leben durchzieht an zerstörenden und wieder aufbauenden Kräften, nachdem sein Gemüt in die richtige Stimmung versetzt war, um ganz zur Imagination in dieser Sache zu kommen, vor zwei mächtige, gewaltige Bildsäulen geführt. Und er wurde dazu veranlaßt, die eine Bildsäule zu drücken: immer wieder stellte sich die Bildsäule her, da diese Bildsäule so gestaltet war, daß sie ganz elastisch war; immer stellte sich dasjenige, was er hineingedrückt hatte, wiederum her. Die Bildsäule behielt immer wieder ihre Form, aber die Bildsäule erschien ihm wie lebendig. Und er wurde, weil feierliche Stimmung es war, in die er zuerst getaucht war bei diesem unmittelbaren Eindruck, den er durch das Berühren erfahren hatte, auf die Eigenheit des Lebendigen hingewiesen. Die andere Bildsäule war so konstruiert, daß, wenn man auf sie drücken wollte, das wieder drinnen blieb, wodurch sie deformiert wurde. Erst wenn man am nächsten Tage wiederum vor sie hingeführt wurde, war sie ausgebessert. Die innere Konstitution des Physischen und des Ätherischen, also etwas von der Wahrheit der Selbstanschauung, zog vor die Schüler hin.

Das war die erste Stufe. Dann wurden sie vor andere Bilder geführt, immer mehr hineingeführt in das tatkräftige Begreifen der inneren Konstitution. Diese Schüler Hybernias umfaßten in der Tat in ihrer Seelenkonstitution stark dasjenige, was geistige Wirklichkeit heißt. Die äußere physische Wirklichkeit achteten sie, wenn sie gewisse Grade der Initiation erreicht hatten, nicht mehr sehr, aber in der geistigen Wirklichkeit wußten die hybernischen Eingeweihten zu leben. War es doch in einer Weihestätte Hybernias so, daß – während in der physischen Welt drüben in Asien das Mysterium von Golgatha in unserer physischen Wirklichkeit sich abspielte – die Hohepriesterschaft Hybernias die Kulthandlungen dahin zuspitzte, daß in derselben Zeit, in der in Palästina vor sich ging in äußerer physischer Realität das Mysterium von Golgatha, drüben in der Weihestätte Irlands das Mysterium von Golgatha als Kulthandlung gleichzeitig gefeiert wurde. Das heißt, es wurde in Hybernia über die Erde herüber eine physische Tatsache als geistige an einem anderen Erdenorte erlebt. Das soll Ihnen eben andeuten, zu welcher Tiefe gerade diese hybernischen Mysterien eigentlich führten.

Nun gibt es eine Individualität, die bis zu einem gewissen Grade in diese hybernischen Mysterien eingeweiht war in einer sehr frühen Zeit und dann später eine weibliche Inkarnation durchmachte; aber die eine Inkarnation Hybernias wirkte tief, tief auf die Seele. Dann machte diese Individualität in einem Leben zwischen Tod und neuer Geburt dasjenige durch, was man erlebt, wenn man durch eine Saturnverarbeitung des Karma geht. Da wurde die ganze Bedeutung der Seelenerrungenschaften, die erlangt werden konnten in einer hybernischen Initiation – nicht in der höchsten, aber in einer Initiation doch bis zu einem gewissen Grade –, rückwärts geschaut in einer nach dem universellen Geschehen gehenden Perspektive. Die ganze Bedeutung desjenigen, was man in Hybernia lernen konnte, wurde gesehen in seiner Stellung gegenüber dem ganzen vergangenen Wirken der Menschenwesenheit. Wie sich dieses Hybernia aus menschlichen Sehnsuchten von Jahrhunderten, von Jahrtausenden allmählich entwickelt hat, wurde da erarbeitet in einer großartigen kosmischen Rückschau. Aber es stand gerade dieser Individualität bevor, als die neuere Zeit heranrückte, eben einen solchen Menschenleib zu haben und eine solche Menschenerziehung, in der sich das Wichtigste davon verbirgt, und doch wiederum in Gemäßheit eben der Zivilisation des neunzehnten Jahrhunderts auslebte. Und wiederum war es so, daß sich dasjenige, was in der Rückschau sich nun die Seele hereingebracht hat beim Heruntersteigen in einen wahrhaftig nicht sehr geeigneten physischen Leib, zu einer für dasjenige, was in irischer Initiation durchgemacht und vom Saturn bearbeitet worden war, gar nicht geeigneten Erziehung, verwandelte in Ideale, die in die Zukunft hereinwirkten. Aber weil es untertauchen mußte in einen Körper, der nicht so war wie die ganz merkwürdigen Körper der alten irischen Eingeweihten, sondern eben wie der Körper eines Franzosen des neunzehnten Jahrhunderts, so trat da vieles zurück, verwandelte sich jedoch in schwungvolle, aber phantastische Bilder, die doch wieder etwas Eindringliches, Großartiges haben. Diese Individualität wurde dann die Persönlichkeit *Victor Hugos.*

Wiederum sehen Sie, daß selbst bis dahin, wo zwei aufeinanderfolgende Erdenleben so unähnlich sind wie das Leben des irischen Eingeweihten und dasjenige Victor Hugos, Karma hindurchwirkt. Denn man darf nicht in äußerlicher Ähnlichkeit Wirkungen des Karma suchen, sondern man muß sehen auf dasjenige, was in den Untergründen der Menschenwesenheit aus einem Erdenleben in das andere hinübergetragen wird durch das Karma. Um auch auf das Karma des einzelnen Menschen, ja das Karma seiner selbst hinzuschauen, dazu ist eigentlich auch heute die richtige Stimmung, die richtige Seelenverfassung notwendig. Eigentlich wird jede karmische Betrachtung profaniert, wenn man sie empfängt in der Stimmung, die aus der heutigen Zeitbildung, Zivilisation, Zeitschule und so weiter hervorgeht. Anschauungen über das Karma in die Seele hineinnehmen sollte eigentlich auf dem Grunde heiliger Stimmung, einer durch und durch andächtigen Stimmung geschehen. Man sollte eigentlich jedesmal, wenn man an eine karmische Wahrheit herantritt, so etwas in der Seele verspüren, als ob man einen Teil des Schleiers der Isis lüftete. Denn im

Grunde genommen enthüllt ja gerade Karma in einer dem Menschen am meisten naheliegenden Art dasjenige, was die Isis war, die ja zu ihrem äußerlich sie kennzeichnenden Wahrspruch hatte: «Ich bin, was da war, was da ist, was da sein wird.» Das aber tritt einem entgegen in einer Weise, wie sie nun der Menschenseele nahe gehen muß, bei der Betrachtung des menschlichen Karma. Und eigentlich erst, wenn man in jener Art, wie wir es jetzt getan haben, auf das Karma, wie es sich im weltgeschichtlichen Werden vollzieht, hinblickt und sich dadurch die nötige heilige Stimmung erworben hat für Karmabetrachtungen, erst dann kann man in der richtigen Art, in der richtigen Seelenstimmung auf dasjenige hinschauen, was vielleicht das eigene Schicksal ist, und wie dieses Schicksal als das eigene Karma sich gestaltet und gebildet hat aus früheren Erdenleben heraus in Zusammenwirkung mit dem, was der Mensch durchgemacht hat zwischen dem Tod und einer neuen Geburt in geistigen Sternensphären. Man ist mit seinem ganzen Menschenwesen hinblickend auf übersinnliche Welten, wenn man in der richtigen Stimmung Karma liest. Denn karmische Betrachtungen machen uns bekannt mit einer Gesetzmäßigkeit, die ganz entgegengesetzt ist der Gesetzmäßigkeit in der äußeren Natur. In der äußeren Natur wirkt der Naturzusammenhang, aber man muß über diesen Naturzusammenhang ganz hinauskommen und zu einem Geistzusammenhang aufblicken können, wenn man die Gesetzmäßigkeit des Karmawirkens ins Seelenauge fassen will. Dazu bereitet natürlich am besten vor, wenn man gerade weithin leuchtendes, weltgeschichtliches Karma betrachtet, um von dem aus das Licht zu empfangen für das, was uns bedeutsam sein muß in dem Erleben des eigenen Karma, für die Betrachtung des eigenen Karma. Und ich wollte eben dadurch, daß ich Ihnen die Wirkungen des Karma in der Weltgeschichte an charakteristischen Persönlichkeiten zeigte, Ihre Stimmung auch für andere Karmabetrachtungen der nächsten Tage vorbereiten.

ZWÖLFTER VORTRAG

Breslau, 11. Juni 1924

Wir werden im Verlaufe unserer Betrachtungen nach und nach übergehen zu demjenigen, was Karma im einzelnen Menschenleben bedeuten kann, obwohl ich auch da immer wieder den Blick hinwenden werde auf gewisse karmische Zusammenhänge, welche durch Persönlichkeiten aufgetreten sind, die in der Geschichte sichtbar geworden sind. Denn auch das Einzelnste, was uns in unserem eigenen Karma interessieren, was uns nahe gehen muß, wird beleuchtet in der Weise, wie wir es brauchen, wenn wir auf die umfassenden geschichtlichen Karma-Erscheinungen hinblicken. Zunächst sei darauf aufmerksam gemacht, daß es durchaus nicht notwendig ist, um sich der Empfindung, dem Gefühl von einem Vorhandensein des Karma zu nähern, irgendwelche hellseherischen Einsichten gerade zu haben. Gewiß, um zu überblicken alle Zusammenhänge der karmischen Gesetzmäßigkeiten, sind solche Einblicke notwendig, und manches von demjenigen, was ich in den verflossenen Tagen hier beigebracht habe, ist natürlich nur durch solche Einsichten zu gewinnen. Aber den Weg zu solchen Einsichten bahnt, ich möchte sagen, die Empfindung, die deutliche Empfindung von dem Karma, die eingreifen kann in jedes einzelne Menschenleben, wenn dieses Menschenleben nur nicht oberflächlich an den Dingen vorbeigeht und den Blick nur auf die äußerlich sensationsreichen Ereignisse richtet, sondern wenn dieses Menschenleben etwas sich abgewinnen kann nach der Richtung, die intimeren Erlebnisse des Daseins zu überblicken, gefühlsmäßig zu durchdringen und dadurch sich selber eine Art von Ahnung davon zu verschaffen, wie gewisse schicksalsmäßige Zusammenhänge eben im Leben dastehen, die schon durch ihr eigenes Wesen zeigen, daß sie nicht bloß begründet sein können im einmaligen Erdenleben zwischen Geburt und Tod.

Sehen wir doch einmal hin auf die Art, wie wir Menschen im Leben begegnen können. Von unserer Begegnung mit Menschen im Leben hängt ja der weitaus größte Teil unserer Schicksale im Leben ab. Wir begegnen dem einen, wir begegnen dem anderen Menschen. Dasjenige, was wir mit ihm zusammen erleben, das greift in unser Dasein ein. Und gerade in diesem gemeinsamen Erleben mit Menschen in diesen oder jenen Lebensverhältnissen wird sich der aufmerksamen Beobachtung so recht zeigen, daß das Karma durchaus nicht dem widerspricht, was wir als unsere freie Empfindung in uns tragen, als die Empfindung dessen, was in unserem Handeln freien Entschlüssen unterliegt. Wir werden ja zunächst als Kind hineingestellt in das Dasein in einer solchen Lebensepoche, in der von Freiheit eben noch nicht die Rede sein kann, so weit der irdische Impuls in Betracht kommt. Und wie vieles hängt doch von der Art und Weise ab, wie wir als Kind in das Dasein hineingestellt werden! Welche Fähigkeiten da aus unserem Inneren herausgeholt werden, welche Wege uns zugewiesen werden, das ist von einer unendlich großen, schicksalsmäßigen Bedeutung in unserem ganzen Erdenleben. Gewiß, wir können dann später mehr oder weniger als selbständige Menschen in unser eigenes Leben eingreifen, aber wir können das doch nur an dem Platze, den uns die Kindheit angewiesen hat. Und so werden wir schon sehen, wenn wir genau betrachten, was in unser freies Handeln schicksalsmäßig deutlich, klar hineinspielt.

Nun nehmen wir einmal den Fall: Wir begegnen im Leben Menschen. Da stellt sich ja ein deutlicher Unterschied heraus zwischen der einen Art von Begegnungen, die wir mit Menschen haben, und der anderen Art. Es kann sein, daß wir einem Menschen in diesem Erdenleben durchaus zum ersten Male gegenübertreten, und wir haben sogleich das Gefühl, daß eine Brücke hinübergeht von unserer Seele nach der Seele dieses Menschen. Und es kann durchaus sein, daß wir für diesen Menschen intensiv empfinden, aber uns vielleicht durchaus nicht ebenso stark gleich des näheren interessieren, wie er ausschaut, ob er schön oder häßlich ist, ob er freundlich oder unfreundlich schaut. Dasjenige, was uns zu diesem Menschen hinzieht, steigt aus unserem Inneren auf, wir entwickeln sympathische Gefühle. Ja, in dem einen oder anderen Falle kann es sein, daß wir antipathische Gefühle entwickeln, die eigentlich nur davon abhängen, daß wir in dieses Menschen Nähe gekommen sind und uns bewußt geworden sind, daß er da ist; aber was wir von ihm empfinden, das hängt nicht ab von dem Eindruck, den er durch sein Handeln oder durch die Worte macht, die er zunächst zu uns sagt. Solche Erlebnisse stellen sich ja hinein in das Erdendasein wie die großen Fragezeichen, wie die umfassenden Lebensprobleme, die uns die Wirklichkeit aufgibt. Und dann ist es wohl so, daß wir uns gar nicht gedrängt fühlen. nun nachzudenken, wenn wir eine solche Bekanntschaft gemacht haben: Wie ist der Mensch, was tut der Mensch? Alles, was uns zu ihm hinzieht, zieht sich gewissermaßen zusammen zu einer Summe von Gefühlen, in eine Summe von inneren Erlebnissen und Ausfüllungen unserer Seelenverfassung, denen gegenüber wir gar nicht das Bedürfnis haben, sie zu rechtfertigen an dem, was er tut.

Aber es gibt Begegnungen anderer Art mit Menschen, da steigt keine solche Empfindung auf. Aber diese Menschen beginnen uns zu interessieren, ohne daß wir eigentlich fühlen, dieser oder jener tief in die Seele gehende Zug von Sympathie und Antipathie ist da. Die Menschen interessieren uns. Wir fühlen uns gedrängt, nachzugehen, ob sie gut, böse, wohlwollend, mißwollend sind, ob sie Fähigkeiten haben oder keine Fähigkeiten haben. Und in der Zeit, die dann auf solche Bekanntschaft folgt, zeigt es sich – sagen wir, wenn wir jemand gerade treffen, der auch einen solchen Menschen kennt, den wir getroffen haben und mit dem wir nun über den gleichen Menschen sprechen –, daß wir uns angeregt fühlen, uns über den Menschen zu unterhalten. Wir erkundigen uns gerne über ihn, wer er ist, worinnen er steckt im Leben und so weiter, wir interessieren uns für dasjenige, was äußerlich an ihm ist. Bei den Menschen der ersten Art kann es sogar vorkommen, daß es uns höchst unangenehm ist, wenn wir einen anderen Menschen treffen, der ihn auch kennt und der gleich anfängt, über ihn zu plaudern. Wir wollen gar nicht über diesen Menschen reden. Wenn nun so etwas auftritt im Leben – und die geisteswissenschaftlichen Methoden versuchen, hinter derlei Geheimnisse zu kommen –, da stellt sich ja dieses heraus, wenn wir im gewissen Sinne uns liebwerdendes oder verhaßtwerdendes unerklärliches Empfinden bei der Begegnung mit einem Menschen aufsteigen haben, daß wir dann mit diesem Menschen durch die Vergangenheit hindurch irgendwie karmisch verbunden waren, und daß uns dasjenige, was wir mit ihm gemeinsam hatten, eigentlich schon das ganze Erdenleben die Wege geführt hat, um ihn in einem gewissen Moment im Leben zu treffen. Und dasjenige, was wir mit ihm gemeinsam gehabt haben in vergangenen Zeiten, das formt unsere Gefühle, das formt unsere Empfindungen ihm gegenüber. Und diese Empfindungen, diese Gefühle sind maßgebend, nicht, ob er schön oder häßlich ist, oder ob er ein wohlwollender oder übelwollender Mensch ist. Gerade wenn man ganz deutlich und klar so etwas empfindet, so wird man durch diese Empfindung dann, wenn es sein kann, daß geisteswissenschaftliche Forschung in eine solche Sache hineinleuchtet, die Empfindung gerechtfertigt finden durch dasjenige, was geisteswissenschaftliche Forschung über ein in der Vergangenheit geformtes Karma zu sagen hat. Und wir werden noch durch mancherlei andere Dinge das, was ich da sage, bestätigt finden.

Wenn wir schlafen, aus unserem physischen und Ätherleibe heraus sind, nur im Ich und im astralischen Leibe geistig in der Welt vorhanden sind, unser physischer und unser Ätherleib im Bette liegen geblieben ist, getrennt von der eigentlichen geistig-seelischen Wesenheit, da steigen ja für das gewöhnliche Bewußtsein die Träume auf. Aber ist es denn nicht so – fragen Sie sich einmal in einer intensiven Selbstbeobachtung –, daß wir bei gewissen Begegnungen, die gerade so geartet sind, daß im Inneren die Empfindungen und Gefühle aufsteigen, sogleich alle möglichen Träume von diesem Menschen haben? Wir können so leicht träumen von dem einen oder dem anderen Menschen. Das zeigt, daß dieser Mensch mit unserem Geistig-Seelischen, das mit ihm gemeinsam durch viele Erdenleben, oder durch mehrere Erdenleben, oder durch ein Erdenleben gegangen ist, zusammenhängt, daß dieses Geistig-Seelische, in dem allein wir jetzt sind, Ich und astralischer Leib, etwas zu tun hat mit diesem Menschen. Anderen Menschen begegnen wir, irgend etwas Berufsmäßiges oder dergleichen führt uns mit ihnen zusammen. Sie interessieren uns in der Art, wie ich es angeführt habe. Ja, es kommt sogar vor, daß wir mit ihnen vielleicht sehr viel zu tun haben; das Leben stellt uns zunächst neben sie hin, aber wir können nicht von ihnen träumen. Wir können es nicht, Träume kommen nicht. Wir sind dann nur in diesem Erdenleben mit ihnen verbunden, und die Verbindung wird zunächst hergestellt durch dasjenige, was das Seelisch-Geistige des Menschen an das Physische und das Ätherische bindet. Und weil der physische Leib und der Ätherleib an diesem Interesse, das wir haben, das an äußere Handlungen und an äußeres Aussehen sich knüpft, vorzugsweise beteiligt sind, und dieser physische und Ätherleib im Bette liegen bleiben und unser geistig-seelisches Wesen fort ist, so können wir von solchen Menschen nicht träumen. Da zeigt uns wiederum die Geisteswissenschaft, daß da allerdings das Karma wirkt, aber es wirkt so, daß sich das Karma jetzt erst anspinnt, daß man erst vom geistigen Erleben nach dem Tode zurückschauen wird auf dieses Erdenleben und wird sagen können: da haben sich karmische Zusammenhänge angeknüpft. Da tritt man ein in ein werdendes Karma.

Wir haben gesehen, wie dieses Karma gewoben wird, wie eine lange Zeit an dem Weben dieses Karma dasjenige arbeitet, was wir gemeinsam erleben mit höheren geistigen Wesenheiten zwischen dem Tod und einer neuen Geburt. Aber wenn Sie sich überlegen, was da in Anlehnung an die Gesetzmäßigkeit des Karma gesagt worden ist, dann werden Sie sich sagen müssen: Menschen werden ja durch das Erdenleben zusammengeführt; dasjenige, was sie im Erdenleben zusammenführt, bindet sie auch karmisch. Sie gehen dann miteinander durch das Leben zwischen Tod und einer neuen Geburt, sie gestalten gerade da mit den höheren Wesenheiten ihr Karma für das nächste Erdenleben aus. Was folgt denn daraus für das Erdenleben des Menschen im großen ganzen? Im großen ganzen folgt doch daraus, daß die Menschen, die für ein Erdenleben zusammen sind, weil sich ja gerade da das Karma anspinnt, auch wiederum für das nächste Erdenleben zueinander streben werden. Da werden sie wiederum karmische Zusammenhänge begründen, werden wiederum gehen durch das Leben zwischen Tod und neuer Geburt – aber dieses schmiedet sie ja nun stärker zusammen –, um ein gemeinsames Erdenleben wiederum aufzusuchen. Und da kommt ja das Merkwürdige heraus, daß die Menschen im Verlaufe der Erdenentwickelung eigentlich gruppenweise miteinander leben. So ist es auch. Wenn wir uns schematisch diese Sache vor Augen führen, so ist dies ja so: Die Zeit verläuft; eine gewisse Menschengruppe, die in irgendeinem Zeitpunkte miteinander lebt und karmisch miteinander verbunden wird, erscheint wiederum auf Erden, nachdem sie durchgegangen ist durch das Leben zwischen dem Tode und einer neuen Geburt. Eine andere Menschengruppe, die wiederum karmisch sich miteinander verbindet, erscheint wiederum gemeinsam auf der Erde; eine dritte ebenso. Und da die Zeiten zwischen dem Tod und einer neuen Geburt die weitaus längeren sind, so folgt ja daraus, daß sich die meisten Erdenmenschen eigentlich nur begegnen zwischen dem Tode und einer neuen Geburt, und daß die karmisch besonders miteinander verbundenen Menschen gruppenweise durch die Entwickelung der Menschheit gehen und immer wieder und wieder auf Erden zusammentreffen. Das ist auch die Regel. In der Regel ist es so, daß wir nicht mit Menschen zusammentreffen auf der Erde, die in einer anderen Zeit als der unsrigen in der Vorzeit inkarniert waren.

Sehen Sie, man erfährt dieses, wenn man in geistiger Betrachtung der Welt wirklich auf die Ereignisse der menschlichen Zusammenhänge eingeht. Wenn man nur unbefangen über das Leben nachdenkt, dann kommt man schon dazu, diese Dinge, die da gesagt werden aus einer geistigen Beobachtung heraus, bestätigt zu finden. Ich habe mich, wie Sie ja wissen, eine lange Zeit in meiner Jugend mit *Goethe* beschäftigt. Ich habe mich oftmals fragen müssen, da mir die geistige Beschäftigung mit Goethe ganz tief zu Herzen ging: Ja, was wäre denn, wenn ich ein Zeitgenosse Goethes geworden wäre? – Äußerlich betrachtet müßte einem so etwas entzückend vorkommen! Wenn man Goethe gerne hat, wenn man gerade ungeheuer gern eingeht auf dasjenige, was er geschaffen hat, wenn man einen Teil seines Lebens dazu verwendet, ihn zu erklären, zu interpretieren, sollte einem da nicht der Gedanke kommen, es müßte entzückend sein, in Weimar, als Goethe herumgewandelt ist, auch gelebt zu haben und ihn gesehen zu haben, vielleicht ihn haben sprechen zu können? Aber das ist doch nur eine oberflächliche Betrachtung, die sich sofort korrigiert, wenn man genauer auf die Sache eingeht. Wenigstens ich sagte mir: Der Gedanke, mit Goethe gleichzeitig gelebt zu haben, wäre doch eigentlich ganz unerträglich. Denn Goethe ist mir gerade dadurch besonders wert geworden, daß alles da war, was er hinterlassen hat, daß das eine Zeit hindurch gewirkt hat, daß man es wiederum heraussuchen konnte aus den geistigen Urtiefen des Weltenwerdens. Und es ist so: Es wäre gar nicht erträglich gewesen, mit Goethe gleichzeitig zu leben! Nur wenn man das konkrete Verhältnis zu ihm, das man dann hat als Nachgeborener, ins Auge faßt, und wenn man dann übergeht auf die feineren Zusammenhänge des Seelischen gerade in einem solchen Falle, wo man an eine Persönlichkeit herankommt, mit der man nicht gleichzeitig lebt, mit der einen also ein Lebenskarma nicht unmittelbar zusammenführen kann, sondern wo verwickeltere karmische Verhältnisse vorliegen, da zeigt dann die geistige Betrachtung: Hätte man mit einer solchen Persönlichkeit gleichzeitig gelebt, so würde sie auf die Seele wie Gift gewirkt haben. – Ich weiß, es ist damit viel gesagt, aber es ist so. Man würde gar nicht sich in seiner inneren Seelenverfassung zusammenhalten können, wenn man Zeitgenosse dieser Persönlichkeit gewesen wäre.

Auch im ganzen und großen wird ja gerade durch eine solche Betrachtung der Blick für das Menschenleben, für die innere Wahrheit und für die inneren Zusammenhänge des Menschenlebens geschärft. Man redet nicht mehr unbestimmt herum. Man wird gar nicht versucht sein, in die allgemeine phrasenhafte Redensart auszubrechen: «Ach, hätte ich doch damals gelebt!» Das Karma befestigt einen sozusagen, wenn man es richtig erklärt, in seinen Lebensverhältnissen, stellt einen auch an den Ort hin, wo man lebt mit seinem Erdendasein. Damit aber schon zeigt sich der echt schicksalsmäßige Charakter des Karma. Der tritt hervor, wenn wir anfangen nachzusinnen darüber, warum wir gerade in einer bestimmten Zeit ins Erdenleben hereingetreten sind. Es hat uns zu dieser Zeit hereingebracht eben der Umstand, daß wir mit anderen Seelen, mit denen wir karmisch zusammenhängen, unser Karma vorbereitet haben, so für die Zeit vorbereitet, wo wir hineinsteigen in dieses physische Erdendasein.

Nun ist das, was ich auseinandergesetzt habe, die Regel, aber im Geiste ist alles individuell. Regeln haben ihre Bedeutung, aber nicht so, daß wir sie als Prinzipien ansehen dürfen. Wer ein Prinzipienreiter ist, wer Regeln nimmt so, daß sie gar keine Ausnahme haben dürfen, der kann eigentlich niemals in die geistige Welt hereinkommen. Denn in der geistigen Welt ist einmal alles anders als in der physischen Welt. Selbst die einfachsten Sachen sind in der geistigen Welt anders als in der physischen Welt. Ich möchte Ihnen davon ein Beispiel geben. Was könnte klarer sein für einen Menschen, der in der physischen Welt lebt, als der allgemeine mathematische Grundsatz: Das Ganze ist größer als jeder seiner Teile, oder: Die Gerade ist der kürzeste Weg zwischen zwei Punkten. Nun, es muß doch einer wirklich verrückt sein, wenn er bestreiten wollte, das Ganze wäre nicht größer als jedes seiner Teile. Man nennt solche Dinge Axiome, weil sie durch sich selbst wahr sind und eines Beweises, wie man so schön sagt, weder fähig noch bedürftig sind. So heißt die Formel. So ist es auch mit dem Satze: Die Gerade ist der kürzeste Weg zwischen zwei Punkten. Aber beide Sätze gelten nicht mehr in der geistigen Welt. In der geistigen Welt gilt sogar der Satz: Das Ganze ist immer kleiner als jedes seiner Teile. Und schon im Menschenwesen finden wir das bekräftigt und bewahrheitet. Wenn Sie nämlich das Geistige von Ihrem physischen Menschen in der geistigen Welt betrachten, so ist es ungefähr so groß – etwas größer, aber ungefähr so groß, wie Sie selbst auch in der physischen Welt sind. Wenn Sie aber Ihre Lungen oder Leber in der geistigen Welt betrachten, so sind die riesengroß, und dennoch, sie sind die Teile eines Kleinen. Da müssen wir umdenken lernen. In der geistigen Welt ist die Gerade gar nicht der kürzeste Weg, sondern der allerlängste, weil es in der geistigen Welt, wenn wir von einem Punkte zum anderen kommen, ganz anders hergeht. In der physischen Welt, da geht es pedantisch zu: dieser Weg ist lang, dieser Weg ist länger, jener Weg ist der kürzeste: die Gerade. – In der geistigen Welt ist es nicht so, sondern da bietet, «gerade» herzukommen, so große Schwierigkeiten, daß jeder der krummen Wege kürzer ist als der gerade. Und es hat auch keinen Sinn zu sagen: Die Gerade ist der kürzeste Weg zwischen zwei Punkten –, weil sie in der Tat der längste ist.

Man muß sich durchaus bekanntmachen damit, daß in der geistigen Welt alles anders ist als in der physischen Welt. Deshalb kommen die Menschen so schwer mit ihren Übungen, die sie treulich machen, in die geistige Welt herein, weil sie mit ihrem Urteil haften an solchen Vorurteilen, daß das Ganze größer sei als seine Teile, oder die Gerade der kürzeste Weg sei zwischen zwei Punkten. So ist es mit den Axiomen. Aber alle anderen Wahrheiten für die physische Welt müssen auch abgewöhnt werden, sobald man in die geistige Welt eindringen will. Und so ist es nämlich, daß es in der geistigen Welt keine Prinzipien geben kann, sondern alles ist individuell. Man muß jedes Ding für sich einzeln kennenlernen. Dieses schreckliche logische Zusammenfassen, dieses Ausgeben allgemeiner Regeln gibt es gar nicht in der geistigen Welt. Und so ist natürlich auch diese Wahrheit, obzwar sie eine Wahrheit ist und im großen und ganzen gilt: daß die Menschen gruppenweise die Entwickelung des Erdenlebens absolvieren – sie ist durchbrochen. Und gerade dann, wenn sie durchbrochen ist, lernt man ihre Bedeutung so recht kennen. Auch davon ein Beispiel.

Sie müssen schon verzeihen, daß das Beispiele sind aus dem eigenen Leben. Denn wie sollte man Beispiele genauer kennenlernen, die sich auf solche Dinge beziehen, als wenn sie gerade die Beispiele des eigenen Lebens sind? Da steckt man mit der Individualität drinnen. Ich habe ja bei der Beschreibung meines Lebensganges hingewiesen auf einen Geometrielehrer, den ich hatte. Dieser Geometrielehrer war mir nicht nur außerordentlich nahegestanden, während ich sein Schüler war, sondern auch nachher noch. Und es war mir schon interessant, seinem Karma, seinen Lebenszusammenhängen nachzugehen. Ich hatte ja gerade für Geometrie eine außerordentliche, wie man sagt, Schwäche. Schon mit neun Jahren bildete ein Geometriebuch, das ich so gerade in die Hände bekam von meinem Lehrer, der mich noch lange nicht für reif hielt, so etwas kennenzulernen, sozusagen mein Glück. Wissen zu lernen, daß die drei Winkel eines Dreiecks 180 Grad sind, erschien mir als außerordentlich beglückend im neunten Jahre. Aber dann bekam ich diesen Geometrielehrer, der wirklich eine merkwürdige Persönlichkeit war. Ich war so etwa zwölf Jahre alt, als ich ihn bekam, hatte ihn dann sieben Jahre hindurch. Wirklich, er war eine interessante Persönlichkeit, denn er war eigentlich ganz Geometrie, aber auf eine ganz eigentümliche Art: deskriptive, konstruktive Geometrie. Als ich in die höheren Klassen hinaufkam, zu der sogenannten analytischen

Geometrie, da mußte man alles, was man über analytische Geometrie erfuhr, von anderen kennenlernen, denn davon verstand er gar nichts. Er war ein ausgezeichneter Konstrukteur, er konstruierte alles, und er machte einen großartigen Eindruck. Und ich machte eigentlich ganz bedeutsame Fortschritte gerade in der Geometrie, weil ich ihn so außerordentlich liebte. Es war mir immer eine liebe Stunde, wenn gerade dieser Lehrer in die Klasse kam und auf seine Art seine Geometrie entwickelte.

Später sah ich – weil er mich mit dem Interesse festhielt –, daß ich eigentlich gar nicht anders konnte, als über seine Lebenszusammenhänge nachzudenken. Nun ist es, wenn man Karma erforschen will, wirklich so, daß man es gar nicht erforschen kann, wenn man auf die zunächst auffälligen Lebensverhältnisse hinschaut. Hätte ich bloß hingeschaut auf das, daß er ein ausgezeichneter Geometrielehrer war, auf alles das, was er vorzubringen wußte, ich wäre sicher niemals auf die Zusammenhänge seines Karma gekommen. Aber es machte einen tiefen Eindruck auf mich im Zusammenhang mit seinem ganzen Leben, daß dieser Lehrer einen Klumpfuß hatte. Ein Bein war kürzer als das andere.

Sehen Sie, das sind solche Dinge, die eigentlich gewöhnlich als außerhalb des Lebens stehend betrachtet werden. Was einen tief interessiert, das sind solche Dinge, die, wenn man sich darauf einläßt, in die karmischen Zusammenhänge hineinführen. Es muß nicht immer etwas so Auffälliges sein; man kann es erleben, daß man in die karmischen Zusammenhänge hineingeführt wird dadurch, daß jemand eine Gewohnheit hat, die man immer wieder sieht an ihm und die sich zum Bilde formt. Eine kleine Gewohnheit kann sich da zum Bilde formen und einführen karmisch in frühere Leben des betreffenden Menschen. So wurde ich bei einem anderen Lehrer, den ich hatte, den ich ungeheuer gern hatte, tief eingeführt in gewisse karmische Zusammenhänge – über die ich jetzt nicht sprechen möchte – aus der Tatsache heraus, daß jedesmal, wenn dieser Lehrer vor uns hintrat, sein erstes dieses war, daß er sein Taschentuch herausnahm und sich die Nase putzte. Nie hat er eine Stunde anders begonnen. Gerade dieses, das sich immer wiederholte, das formte sich mir zum Bilde, indem es sozusagen karmisch zurückführte in die früheren Erdenleben dieses Menschen. Und so war es bei dem anderen, der den Klumpfuß hatte. Und siehe da, jetzt erst wurde mir aus diesem Klumpfuß heraus ein Licht aufgesteckt über die ganze geistige Kapazität dieses Menschen. Die Menschen glauben nämlich gewöhnlich, Linien zu geometrischen Figuren zu formen, das käme aus dem Kopf. Aber das kommt gar nicht aus dem Kopf, es ist gar nicht wahr, daß der Mensch die Geometrie mit dem Kopf erlebt. Sie würden nicht auf einen Winkel kommen, wenn Sie nicht gehen würden. Daß Sie den Winkel in Ihren Beinen erleben, das macht, daß Sie vom Winkel etwas wissen. Der Kopf schaut bloß zu, wie der Arm oder die Beine Winkel machen und so weiter. Wir erleben in der Geometrie tatsächlich unseren durch unsere Gliedmaßen webenden Willen. Unsere Gliedmaßen lehren uns die Geometrie. Nur weil wir solche Abstraktlinge schon geworden sind, wissen wir das nicht, glauben wir, daß wir die Geometrie aus dem Kopfe herausspinnen. Der Kopf schaut zu, wie wir in der Geometrie gehen, tanzen und so weiter, und dann bildet der Kopf die Formen, die er im Geometrischen hat. Er schaut zu. Und dieser ganze Zusammenhang, diese eigentümliche Art, die Geometrie zu betonen, die wurde mir klar, als ich in das Innere gerade dieses Menschen hineinschaute, der mit einem Klumpfuß gehen mußte, und dadurch, daß er diesen Klumpfuß besonders empfand, eben einseitig ein so ausgezeichneter Geometer wurde. Das sind so die intimeren Zusammenhänge des Lebens.

Aber wodurch kam ich weiter? Es stellte sich mir nun dieser Lehrer neben einen anderen Menschen mit einem ähnlichen Bein, nämlich neben den englischen Dichter *Lord Byron.* Diese zwei Menschen, die äußerlich der Persönlichkeit nach gleich geartet waren, stellten sich mir nebeneinander, und jetzt erschien mir manches, was im Leben Byrons auftrat, zusammenhängend mit alledem, was sich aus einem früheren Karma in seine moralisch-ethischen Lebensverhältnisse hineingeschlichen hat, was aber auch in seinem Klumpfuß zum Ausdruck gekommen ist. Und dann, wenn man einmal das Karma an einem solchen Zipfel hat, dann bildet es sich einem weiter aus. Und nun konnte ich finden, wie diese zwei Menschen in einer gewissen Zeit des Mittelalters im Osten von Europa miteinander gelebt haben, wie sie da gemeinsam miteinander ein gleiches Schicksal durchgemacht haben. Ich kam auf den Inhalt ihres damaligen Lebens.

Das frühere Leben des Byron war nicht ähnlich dem Leben des Byron des neunzehnten Jahrhunderts; das frühere Leben meines Lehrers ist nicht ähnlich seinem Leben im neunzehnten Jahrhundert, aber beide haben ein sehr intim geartetes gleichzeitiges Schicksal. Sie erfuhren, als sie Bewohner des europäischen Ostens waren, von jener bedeutungsvollen Legende, daß einstmals das Kleinod des Palladiums, das in Troja – als behaftet mit der Zauberkraft für die Macht Trojas – eingegraben war und verehrt wurde, dann herübergebracht wurde über Afrika nach Rom, lange in Rom war, daß dann, als der Kaiser Konstantin Konstantinopel begründete, er unter großen Opfern, mit einem Aufwand, der ungeheuer war, das Palladium, an dem hängen sollte die Macht zuerst Trojas, dann Roms, nach Konstantinopel bringen und es dann in Konstantinopel versenken ließ, um die Macht Konstantinopels an die Stelle der Macht Roms zu setzen. Es wird ja erzählt und ist sogar bis zu einem hohen Grade richtig, daß der Hochmut des Kaisers Konstantin das Palladium von Rom nach Konstantinopel hat bringen lassen, daß er eine mächtige, schwere Säule auf dem Platz aufgerichtet hat, auf dem er das Palladium versenken ließ, daß er dann eine Art Apollo-Statue aufgegriffen hat und diese auf die Säule hinaufstellen ließ. Nun, es war schon sehr schwer, die Säule nach Konstantinopel zu bringen an den Platz, an den sie gebracht wurde, denn man mußte dafür einen eisernen Schienenweg bauen. Die Säule, die einstmals von Ägypten nach Rom gebracht worden war, sie war so schwer, daß jeder Weg, auf dem sie gefahren wurde, sich senkte und es da gefährlich wurde. Dann wurde die Säule aufgerichtet, das Palladium war in der Basis gut verwahrt. Darüber, auf der Spitze der Säule, ließ er nun die Apollo-Statue aufrichten, aber verbreiten, daß die Statue ihn, den Kaiser Konstantin, darstelle. Dann ließ er von dem Kreuze Christi im Orient Holz bringen, das er in der ehernen Statue verbarg, und Nägel aus dem Kreuze Christi, die er zu Strahlen formen ließ; damit ließ er das Haupt des Apollo umgeben. So daß dort oben nach seiner Ansicht der Konstantin stand und in Strahlen erglänzte, die von den Nägeln des Kreuzes Christi selbst genommen waren. Aber es schloß sich eine Legende an dieses Palladium an in der späteren Zeit, und es spielte sogar diese Legende selbst noch in das Testament Peters des Großen hinein: daß dieses Palladium geholt werden würde von Menschen des Ostens nach der Hauptstadt des Ostens, und daß sich einstmals die Slawenmacht des Ostens ebenso begründen werde auf die Zaubermacht dieses Palladiums, wenn es versenkt werden würde mehr im Osten oder im Norden von Konstantinopel, und daß dadurch die Macht auf die Slawen übergehen würde, so wie einstmals an dieses Palladium geknüpft war die Macht Trojas, die Macht Roms, die Macht Konstantinopels. In solchen Dingen liegen ja auch tiefe Wahrheiten verborgen, wenn sie auch legendenhaft auftreten.

Aber schließlich, derjenige, der die Geschichte des Palladiums durchschauen kann, durchschaut ja recht viel von dem Werdegang der europäischen Geschichte. Und diese beiden Menschen, von denen ich gesprochen, Byron und derjenige, der damals sein Genosse war im frühen Mittelalter, die hörten von dieser Legende, und die nahmen sich das einmal vor, daß sie das Palladium holen und hinbringen wollten nach dem Norden, nach Rußland. Es gelang ihnen nicht; sie scheiterten, wie es ja selbstverständlich scheitern mußte. Aber es blieb ihnen etwas davon. In karmischen Zusammenhängen bleibt den Menschen etwas auf die merkwürdigste Weise. Byron suchte später das Palladium auf andere Art, er schloß sich der Freiheitsbewegung Griechenlands an, er wollte ein geistiges Palladium holen. Und das war der Drang, der ihm aus jener Zeit geblieben ist, von der ich erzählte. Und mein Lehrer zeigte für jeden, der ihn intim betrachten konnte, daß er an jedem Platze, an welchem er auch stand, wenn er auch ein verhältnismäßig unbedeutender Mensch war, einen unbändigen Freiheitssinn hatte, der im Inneren einen tiefen Zusammenhang hatte mit dem körperlichen Fehler, ebenso wie sein Genosse.

Nun, was war denn da eigentlich geschehen? Sehen Sie, diese beiden Menschen waren ja auseinandergekommen, die fanden sich nicht wieder: der eine ist der berühmte Dichter Byron, der andere der etwas später lebende, der unbedeutende Geometrielehrer. Da ist die Regel, von der ich gesprochen habe, durchbrochen gewesen. Aber das Leben bestätigte mir diese Durchbrechung in seltsamer Weise. Sehen Sie, jener Geometrielehrer, den ich so innig liebte, auf den ich wartete jedesmal, wenn er zur Stunde hereinkam, jener Geometrielehrer gab mir niemals, während er mein Lehrer war, die Gelegenheit, auch nur ein einziges privates Wort mit ihm zu sprechen. Er lebte sich so dar, wie wenn er eine Persönlichkeit wäre, von der ich bloß gelesen hätte in der Geschichte. Er paßte in die Zeit nicht hinein, er kam einem vor wie deplaciert in der Zeit. Und das ging so weiter: Als ich später zu einem anthroposophischen Vortrag in die Stadt kam, in der er in Pension lebte, suchte ich mir im Adreßbuch seinen Namen auf. Ich hatte doch eine Ahnung, daß er da sein müßte, und ich wollte jetzt sozusagen einfach mit dem alten Lehrer, weil ich ihn liebte, einmal wenigstens nach langen Jahren – es waren nun dreißig Jahre vergangen – privat reden. Er war mittlerweile alt geworden und lebte in der allgemeinen Universitätspensionsstadt Österreichs, in Graz. Ich kam nach Graz zu dem anthroposophischen Vortrag, nahm das Adreßbuch, nahm mir ganz bestimmt vor, ihn aufzusuchen: es kam nicht dazu, fortwährend kamen Besuche, ich war abgehalten und konnte ihn auch da nicht privat sprechen. Er blieb für mich eine Persönlichkeit, die schattenhaft in mein Leben hineingestellt ist, trotzdem ich sie so ungeheuer liebte. Als ich wieder nach Graz kam, wollte ich ihn wieder besuchen: da war er schon gestorben. Also es blieb dabei, daß ich hier einer Persönlichkeit gegenüberstand, die eigentlich, trotzdem sie mir so nahestand, sich für mich so ausnahm, als ob ich von ihr irgendwo lesen würde wie von einer ganz anderen Zeiten angehörenden Persönlichkeit. So etwas lag vor: Ich war sein Zeitgenosse, aber durchaus nicht karmisch mit ihm verbunden. Er war in keiner seiner früheren Inkarnationen mein Zeitgenosse gewesen. Er stand also im letzten Leben ganz offenbar außerhalb der fortlaufenden karmischen Gruppen, in denen er eigentlich stehen sollte. Aber auch der andere zeigte mir, daß er nicht anders stand zu diesen Gruppen, denn er war abgekommen von der Inkarnationenfolge, in der er drinnengestanden hatte, da er gerade mit dieser Individualität, an die er zuerst gebunden gewesen war, in diesem Erdenleben eben nicht verbunden war, so daß sie sich nicht trafen, Byron und er. Ich erzähle Ihnen solche Dinge, damit Sie sehen, wie eigentlich Karma wirkt, und wie man, wenn man tiefer auf das Leben eingeht, gerade an Erlebnissen, die aber erst zum Rätsel werden müssen – und das Leben wird überall zum Rätsel – schon wirklich auf das geheimnisvolle, wunderbare Weben des Karma hinschauen kann. Aber ebenso, wie man Zeitgenossen haben kann, die einem erscheinen wie Bilder, weil sie eben hinausgestellt sind aus ihrer karmischen Folge, so wird man auch auf der anderen Seite durchaus gewahr, wie doch weitaus die meisten Menschen mit einer gewissen starken inneren Notwendigkeit in ihre Zeit hineingestellt sind. Gerade das zeigt sich einem oftmals bei historischen Persönlichkeiten.

Ich möchte auch da auf ein Beispiel hinweisen. Genügend bekannt geworden ist ja der italienische Freiheitsheld *Garibaldi:* ein merkwürdiges Leben. Garibaldi war mir als Persönlichkeit gerade ebenso wenig sympathisch wie diejenige, die ich gestern erwähnt habe und der ich karmisch nachgegangen bin. Er ist mir eigentlich erst im Verlaufe der karmischen Forschung über ihn sympathischer geworden, denn mir erschien, bevor ich die karmischen Zusammenhänge über ihn erforschte, manches unnatürlich, phrasenhaft bei ihm, was er denn gar nicht war. Aber jedenfalls erscheint diese Persönlichkeit als eine solche, welche, trotzdem sie so praktisch, so radikalpolitisch-praktisch ins Leben hineingewirkt hat, sich wiederum, wenn man sie betrachtet, so merkwürdig aus dem Leben herausstellt – wie in einer bloß gedachten Welt lebend, wie ein Stück über dem Erdboden schwebend. So praktisch Garibaldi war, so idealistisch war er auch. Das zeigt schon sein äußeres Leben. Man braucht nur wenige charakteristische Züge aus dem Garibaldi-Leben anzuschauen, so zeigt sich das sogleich. Ich will, weil die Zeit schon drängt, nur ein weniges anführen. Es ist nicht gewöhnlich bei einem Menschen, daß er in einer so couragierten, waghalsigen Weise in der damaligen Zeit, der ersten Hälfte des neunzehnten Jahrhunderts, wo die Adria so unsicher war – Garibaldi ist 1807 geboren –, wiederholt als junger Mensch die Adria durchschifft, wiederholt in die Hände von Seeräubern fällt, die größten Abenteuer durchmacht, sich wieder befreit; aber das mag noch angehen, das passiert anderen auch. Aber das passiert doch nicht jedem: daß er in Lebensverhältnissen ist, wo er außerhalb der Welt steht, keine Zeitungen liest, und als er dazu kam, sozusagen zum ersten Mal ordentlich eine Zeitung zu lesen, da las er in der Zeitung sein eigenes Todesurteil! Das war so gekommen: Er war von irgendeinem Abenteuer auf dem Meere zurückgekehrt, und ohne es zu wissen, war er beschuldigt worden, teilgenommen zu haben an gewissen politischen Verschwörungen. Er war in absentia zum Tode verurteilt worden und las das in der Zeitung. Er schien schicksalsmäßig über dem Leben zu stehen.

Aber andere Züge in seinem Leben sind noch merkwürdiger. So zum Beispiel geschah es, daß, als er gerade, um teilzunehmen an Kämpfen freiheitlicher Bewegungen in fremdem Lande, auf dem Meere draußen sich der Küste näherte, durch das Fernrohr nach der Küste hinschaute. Dasjenige, was er sah, war eine sehr liebe, junge Dame, und siehe da, Garibaldi verliebte sich in diese Dame durchs Fernrohr! Das ist doch nicht die alltägliche Art, sich zu verlieben! Menschen, die ganz im Leben drinnen stehen, verlieben sich ja nicht durchs Fernrohr. Nun aber, er verliebte sich wirklich Hals über Kopf, er schiffte mit aller Gewalt jetzt in die Richtung hin, nach der er sich verliebt hatte. Als er ankam, war allerdings die Geliebte fort, aber ein Mann stand da; dem gefiel er so, daß er ihn zum Mittagessen einlud, und siehe da, das war der Vater der Dame, in die er sich durchs Fernrohr verliebt hatte! Und so konnte er gleich am Diner teilnehmen, an dem auch die Dame zugegen war. Er konnte nur Italienisch, sie nur Portugiesisch, aber durch die Sprache des Herzens verstanden sie sich: sie verlobten sich. Es war ein gemeinsames Leben, das Heldenhaftigkeit von der Frau forderte. Sie hat ihn in seinen Kriegszügen in wirklicher Heldenhaftigkeit begleitet. Auch das kommt nicht gerade oftmals vor, daß in Abwesenheit des Mannes, entfernt durch viele Meilen, das erste Kind geboren wird, die Frau durch furchtbare Abenteuer erst den Mann auf dem Schlachtfeld suchen muß, das Kind aber an einem Seile sich um den Hals bindet, damit es an der eigenen Brust erwärmt werde. Und so nun eilt sie durch alles Mögliche hindurch, um den Mann zu finden, von dem sie gehört hatte, daß er getötet worden wäre; sie fand ihn aber dann noch lebendig. – Es war dennoch eine großartige Ehe. Sie starb ja, wie denen, welche die Biographie Garibaldis kennen, bekannt sein wird, bevor er starb. Und siehe da, nach zehn Jahren, wie es das Leben eben so bringt, verlobte er sich und verheiratete sich auf ganz gewöhnliche, bürgerliche Art, wie man es sonst auch meistens macht unter den Philistern, mit einer anderen Dame. Diese Ehe, die nun richtig geschlossen war, die dauerte nur einen Tag, dann trennten sie sich. Er war schon, sehen Sie, anders gerade mit dem Erdenleben verbunden als andere Menschen. Es interessierte mich, einem solchen Leben nachzugehen.

Da wurde ich wiederum, als ich diesem Leben nachging, in die Gegend der irischen Mysterien geführt. Auch dieser Garibaldi ist eine Seele, in welcher eine Individualität steckt, die durch die Mysterien Hybernias gegangen war und die, während sie bis zu einem gewissen Grade eine Art irischer Eingeweihter war, nach Osten zog, sogar in der Gegend des Rheins mit anderen zusammengewirkt hat. Aber mich interessierte an dem Leben Garibaldis insbesondere das karmisch, daß in ihm eine Persönlichkeit da ist, bei der einem ihr Leben schwer erklärlich ist. Denn Garibaldi ist in einem gewissen Sinne die Wahrheit selbst. Nun war er seinem ganzen tiefsten Inneren, seiner seelischen Gesinnung nach Republikaner. Und doch war er es, der, trotz seiner republikanischen Gesinnung, den *Victor Emanuel* zum König von Italien beförderte. Er förderte das Königtum in der Person des Victor Emanuel. Es erscheint einem zunächst unglaublich. Wie kommt dieser Republikaner dazu, Victor Emanuel zum König von Italien zu machen? Und lesen Sie das in der Geschichte nach. Ohne Garibaldi hätte es nie das italienische Königreich gegeben. Man kann weiter gehen, man findet dann, daß Garibaldi mit anderen Persönlichkeiten verbunden ist, die ihm eigentlich seiner inneren Verfassung nach ferne stehen: *Cavour*, *Mazzini*. Ganz anders geartete Naturen: Mazzini, der Idealist, der nicht ins Praktische eingreift, Garibaldi, überall der praktisch-militärische Staatsmann, und doch auch wie schwebend über dem Irdischen, Cavour, der schlaue, gescheite Politiker. Wie passen diese Menschen zusammen? Das wurde die Frage. Gerade da zeigte sich etwas, was ich Ihnen hervorheben möchte als ein dem Karma Eigentümliches. Da zeigte sich, daß diese drei anderen Menschen der Individualität des Garibaldi, während er ein irischer Eingeweihter war, als

Schüler gefolgt waren, seine Schüler waren. Nun ist es gerade in irischen Mysterien etwas Eigentümliches, daß sich ein lebensnotwendiges Band ergibt zwischen dem Schüler und dem Lehrer. Diese können sich nicht wieder trennen, wenigstens nicht durch gewisse Inkarnationen. Da wird ein karmisches Band gebunden, man kann sich nicht wieder trennen. Nun tritt das Eigentümliche ein: Um das Jahr 1807 herum werden diese vier wiedergeboren, der eine in Genua, zwei in Turin, der dritte zu Nizza, also an ein und demselben Erdenflecke und auch ungefähr in derselben Zeit. Sie werden miteinander in derselben Zeit, in derselben Gegend Italiens geboren. Und da zeigt es sich, daß allerdings diejenigen, welche zusammengehören, wieder zusammengebracht werden, selbst gegen ihre Neigung zusammenkommen. So daß ein so starrer Republikaner wie Garibaldi den ganz anders gearteten Victor Emanuel an sich gekettet hat und die menschliche Zusammengehörigkeit mehr bedeutet als die sogenannte Überzeugung. Ich führe dieses Beispiel an, damit Sie sehen, was menschliche Zusammengehörigkeiten, die karmisch begründet sind, bedeuten. Da mag der eine das, der andere jenes für wahr halten: die karmische Zusammengehörigkeit ist stärker bindend. Menschliche Zusammengehörigkeiten sind es, die da wirksam sind im Leben, nicht so sehr das Abstrakte, was wir durch den Verstand haben. Aber wie Menschen zusammenhängen im Leben und wie Menschen schattenhaft durch das Leben gehen können, wenn sie herausgestellt werden aus ihrem Karma, das zeigt sich eben erst, wenn wir das Karma gerade in charakteristischen Fällen verfolgen.

Das wollte ich Ihnen heute noch sagen. Morgen werden wir diese Betrachtung fortsetzen.

DREIZEHNTER VORTRAG

Breslau, 12. Juni 1924

Wollen wir heute einmal auf Erscheinungen des Seelenlebens hinweisen, die uns in die Nähe einer solchen Selbstbeobachtung bringen können, daß sich darin das persönliche Karma, das persönliche Schicksal gewissermaßen wie eine Art Wetterleuchten des Lebens zeigt. Wir haben ja zunächst, wenn wir in einer mehr oder weniger oberflächlichen Selbsterkenntnis an unser Seelenleben herantreten, doch den Eindruck: es sind in diesem Seelenleben klar und deutlich, so daß wir dabei vollständig wach sind, nur die sinnlichen Eindrücke und noch die Gedanken, die wir uns über diese sinnlichen Eindrücke machen. In den sinnlichen Eindrücken und in den Gedanken, die wir uns darüber machen, erschöpft sich eigentlich dasjenige, worin wir mit dem gewöhnlichen Bewußtsein vollständig wach sind. Wir haben ja allerdings außer diesem Gedankenleben und Sinneseindrucks-, Sinneswahrnehmungsleben nun auch zunächst unser Gefühlsleben. Allein bedenken Sie, wie unbestimmt flutend dieses Gefühlsleben ist, wie wenig klar und ganz wachend wir uns eigentlich im Gefühlsleben haben. Und derjenige, der unbefangen die Dinge des Lebens miteinander vergleichen kann, der wird sich ja sagen müssen: wenn er an seine Gefühle herantritt, so ist gegenüber den Gedanken hier alles unbestimmt. Es liegt einem das Gefühlsleben allerdings näher, persönlich näher als das Gedankenleben, aber es ist sowohl in der Art, wie es abläuft, wie auch, ich möchte sagen, in den Ansprüchen, die man darauf macht, unbestimmt. Bei unseren Gedanken werden wir uns doch nicht so leicht gestatten, in beliebiger Weise von den Gedanken anderer Menschen abzuweichen, wenn es sich darum handeln soll, über irgend etwas sich Gedanken zu machen, die wahr sein sollen. Da werden wir die unbestimmte Empfindung in uns tragen: unsere Gedanken, unsere Sinneseindrücke müssen mit denjenigen anderer Menschen übereinstimmen. Bei unseren Gefühlen kommt es uns nicht so vor. Wir geben uns sogar durchaus das Recht, in einer gewissen intimeren, persönlichen Art zu fühlen. Und vergleichen wir unsere Gefühle mit unseren Träumen, dann können wir sagen: Die Träume kommen allerdings herauf aus dem nächtlichen Leben, während die Gefühle aus den Tiefen der Seele im Tagesleben kommen, aber wiederum so unbestimmt wie die Träume in ihren Bildern sind doch eigentlich auch unsere Gefühle. Und wer da wirklich gut ins Bewußtsein hereinkommende Träume damit vergleicht, der wird schon empfinden, wie diese Träume eigentlich gerade ebenso als etwas Unbestimmtes in uns auftauchen wie die Gefühle. So daß wir sagen können: Nur in unseren Sinneseindrücken, in unseren Gedanken wachen wir eigentlich, während wir in unseren Gefühlen auch dann, wenn wir wachen, Träumer sind. Gefühle machen uns auch im gewöhnlichen wachen Tagesleben zu Träumern.

Und unser Wille erst! Ja, was haben wir denn von irgend etwas, von dem wir sagen: Jetzt will ich das! – im Bewußtsein? Wenn ich irgend etwas angreifen will, dann habe ich ja zuerst die Vorstellung: ich will das angreifen; dann geht diese Vorstellung ganz ins Unbestimmte hin unter, und ich weiß im gewöhnlichen Bewußtsein nichts darüber, wie in meine Nerven, in meine Muskeln, in meine Knochen selbst das hineingeht, was in dem «ich will» liegt. Wenn ich mir vorstelle: Ich will die Uhr ergreifen! – was weiß ich im gewöhnlichen Bewußtsein, wie das herankommt an meinen Arm und mein Arm dann dies erfaßt? Ich sehe erst wieder durch einen Sinneseindruck, durch eine Vorstellung, was da geschieht. Was zwischen diesen beiden Eindrücken liegt, das verschlafe ich bei gewöhnlichem Bewußtsein geradeso, wie ich in der Nacht dasjenige verschlafe, was ich in der geistigen Welt erlebe. Es kommt mir nicht zum Bewußtsein, nicht das eine und nicht das andere. So daß wir sagen können: Im wachen Leben haben wir eigentlich drei voneinander ganz verschiedene Bewußtseinszustände. Im Denken sind wir wach, richtig wach, im Fühlen träumen wir und im Wollen schlafen wir. Das eigentliche Wesen des Wollens verschlafen wir immer, denn das ruht ganz tief im Unterbewußtsein unten.

Nun gibt es allerdings etwas, was auch beim Wachen aus den Tiefen unserer Seele immer und immer wieder heraufkommt: das ist die Erinnerung. Wir haben Gedanken an das Gegenwärtige. Dieses Gegenwärtige macht einen bestimmten Eindruck auf uns. Aber in dieses Gegenwärtige tönt fortwährend hinein das in diesem Erdenleben Vergangene in der Form von Gedanken und Erinnerungen, von erinnerten Gedanken. Diese erinnerten Gedanken, Sie wissen ja, sie sind viel blasser, viel unbestimmter als die Eindrücke der Gegenwart. Aber sie kommen eben herauf, sie mischen sich hinein in dasjenige, was unser gewöhnliches Tagesleben ist. Und wenn wir die Erinnerung so walten lassen an alles dasjenige, was wir durchgemacht haben im Leben, dann sehen wir ja an diesem Walten der Erinnerung: es kommt unser Seelenleben, wie es in uns enthalten ist, wiederum herauf. Wir fühlen, wir sind in diesem Erdenleben in Wahrheit eigentlich dasjenige, an das wir uns erinnern können. Sie müssen sich nur vorstellen, was aus einem Menschen wird, wenn er sich an irgendeine Zeitepoche seines Lebens nicht erinnern kann, wenn die Erinnerung für eine Zeitepoche ausfällt. Man kann solche Menschen kennenlernen. Ich will ein einziges Beispiel anführen. Ein Mensch in einer verhältnismäßig recht angesehenen Stellung hatte zunächst, solange er sein normales Leben führte, die Erinnerung an alles dasjenige, was da war, die Erinnerung an das, was er getrieben hat, während er als Kind erzogen worden ist, die Erinnerung an alles das, was er erlebt hat in seiner Studienzeit, was er dann alles erlebt hat in seinem Berufe. Aber siehe da, eines Tages erlöscht in ihm die Erinnerung. Er weiß nicht mehr, wer er war. Das Eigentümliche – ich erzähle Ihnen eine Wirklichkeit –, das Eigentümliche ist: es erlöscht in ihm nicht der Verstand, nicht das Vorstellen des Gegenwärtigen, aber die Erinnerung erlöscht. Er weiß nichts mehr von dem, was er als Knabe, als Jüngling, als Mann war, er kann sich nur dasjenige vorstellen, was gegenwärtig einen Eindruck auf ihn macht. Und weil er nicht weiß, was er als Knabe, als Jüngling, als Mann war, so kann er auch das gegenwärtige Leben nicht an sein vergangenes anknüpfen; das geht für ihn nicht in diesem Augenblicke, wo die Erinnerung verblaßt.

Gerade wenn man solch einen Fall ins Auge faßt, so ersieht man so leicht, warum man in irgendeinem Zeitpunkte etwas tut. Nicht etwa deshalb, weil einen die Gegenwart dazu drängt, sondern weil man dies und jenes in der zunächst irdischen Vergangenheit erlebt hat. Was glauben Sie, was Sie alles tun oder nicht tun würden, wenn Sie es nicht aus der Erinnerung heraus täten! Viel mehr als man glaubt ist der Mensch von dieser Erinnerung abhängig. Aber dieser Mann hatte eben eines Tages das Unglück, daß die Erinnerung erlosch, und jetzt richtete er sich nur nach dem, was ihm seine Impulse für die Gegenwart eingaben, nicht nach dem, was ihm die Erinnerung eingab. Er zog sich an, verließ seine Familie, denn mit seiner Familie war er auch nur durch die Erinnerung zusammen, die erlosch. Es kamen in ihm Impulse, die gar nichts zu tun hatten mit den Erinnerungen an seine Familie. Er hatte seinen gegenwärtigen Verstand; deshalb suchte er sich einen Augenblick heraus – weil es unverständig gewesen wäre, das alles zu machen, wenn die anderen da gewesen wären –, einen Augenblick, wo die gerade nicht da waren. Ganz schlau und verständig war er unter ihnen, nur hatte er keine Erinnerung. Er zog sich an, ging zur Eisenbahn, nahm sich ein Billett nach einer sehr fernen Eisenbahnstation. Das, was man ausdenken kann, das war ihm durchaus klar. Er stieg ein und fuhr fort. Aber immer erlosch die Erinnerung an dasjenige, was er erlebt hatte, erlosch ihm selbst die Erinnerung an das Eisenbahnbillett-Nehmen. Immer nur war die Gegenwart da, die Erinnerung war krankhafterweise ausgelöscht. Aber wiederum, er war so der Gegenwart hingegeben, daß er auch an der Endstation wußte: Jetzt ist er da; er konnte das vergleichen mit dem Kursbuch. Dasjenige, was schon in die Gewohnheit übergegangen war, was nicht mehr Erinnerung war, das Lesenkönnen, das war wieder geblieben; nur die Erinnerung war ausgelöscht. Er stieg aus. Für den nächsten Zug nahm er sich ein weiteres Billett nach einer weiteren Station. Und so fuhr er, ohne daß er es eigentlich selber gewesen ist, in der Welt herum. Und eines Tages kam ihm wiederum die ausgelöschte Erinnerung zurück; nur von dem, was er vom Lösen des ersten Bahnbilletts an gemacht hatte, davon wußte er nichts. Eines Tages kam die Erinnerung zurück. Da war er angelangt in einem Berliner Asyl für Obdachlose. Da fand er sich wieder. Da war nur ausgelöscht alles dasjenige, was in der Eisenbahn und an den Orten geschehen war, wo er gewesen war; das gehörte nicht der Gegenwart an. Nun denken Sie sich, wie ein Mensch da in Verwirrung kommt, wie ein Mensch da unsicher wird an sich selber! Schließen Sie daraus, wie eng verbunden dasjenige, was wir unser Ich nennen, mit dem Schatze unserer Erinnerung ist. Wir erkennen uns einfach selber nicht wieder, wenn wir den Schatz unserer Erinnerungen nicht haben.

Nun, wie sind die Erinnerungen in uns? Sie sind seelisch. Seelisch sind diese Erinnerungen in uns; aber sie sind allerdings im gesamten Menschen nicht bloß seelisch, sondern sie sind auch noch auf eine andere Art da. Sie sind eigentlich bloß seelisch nur bei dem Menschen, der so das einundzwanzigste, zweiundzwanzigste Jahr erreicht hat und dann weiterlebt. Vorher wirken die Erinnerungen nicht bloß seelisch. Wir müssen uns durchaus stark bewußt sein dessen, was ich in diesen Tagen gesagt habe: daß wir eigentlich in den ersten sieben Jahren unseres Erdendaseins unsere substantielle physische Körperlichkeit von den Eltern ererbt haben. Es werden im Zahnwechsel dann ja nicht nur die ersten, die Milchzähne abgestoßen, sondern das ist nur der letzte Akt des Abstoßens; abgestoßen wird der gesamte erste Körper. Den zweiten Körper, den wir bis zur Geschlechtsreife haben, den bauen wir uns schon aus unserem Geistig-Seelischen auf, wie wir es mitgebracht haben, wenn wir heruntergestiegen sind aus der geistigen Welt zum physisch-irdischen Dasein. Aber wir haben ja eine ganze Menge an Eindrücken der Umgebung aufgenommen von der Geburt bis zum Zahnwechsel. Wir waren hingegeben an all das, was eingeflossen ist in uns dadurch, daß wir die Sprache gelernt haben. Denken Sie, welch ungeheuer Großartiges das ist, was da in uns einfließt mit der Sprache! Wer das unbefangen beobachtet, wird dem *Jean Paul* sicher recht geben, der da gesagt hat, er sei sich dessen ganz klar bewußt, daß er in den ersten drei Lebensjahren mehr gelernt hat als in den drei akademischen. Was das eigentlich bedeutet, das kann man sich ganz klar machen. Denn wenn auch jetzt die akademischen Jahre auf fünf, sechs erhöht sind – vermutlich nicht, weil man zu viel darin lernt, sondern weil man zu wenig darinnen lernt –, man lernt doch noch immer nur eine ganz verschwindende Kleinigkeit gegenüber dem, was man für das Menschliche in den ersten drei Lebensjahren in sich aufgenommen hat und in den Lebensjahren, die auf die ersten drei folgen bis zum Zahnwechsel. Das bleibt von einem gewissen Zeitpunkte an in einer Art unbestimmter Erinnerung. Aber denken Sie sich nur, wie verblaßt und unbestimmt diese Erinnerungen an die ersten sieben Jahre unseres Lebens gegenüber dem, was später ist, sind! Versuchen Sie nur einmal zu vergleichen: Manchmal sind es wie erratische Blöcke der Erinnerung, was da heraufkommt, aber sehr zusammenhängend ist das nicht. Warum denn nicht? Ja, dasjenige, was Sie aufnehmen in den ersten sieben Jahren, das hat noch etwas ganz anderes zu tun als das später Aufgenommene. Was Sie in den ersten sieben Lebensjahren aufnehmen, das arbeitet intensiv an der plastischen Ausgestaltung Ihres Gehirnes; das geht in Ihren Organismus hinein. Und es ist ein großer Unterschied zwischen dem verhältnismäßig unausgebildeten Gehirn, das wir besitzen, wenn wir ins Erdendasein eintreten, und dem schön ausgearbeiteten, das wir haben, wenn wir durch den Zahnwechsel gehen. Und vom Gehirn geht das in den ganzen übrigen Körper hinein. Es ist in der Tat etwas Großartiges, wie dieser innere Künstler, den wir da herunterbringen aus dem vorirdischen Dasein zu unserem physischen Körper hinzu, arbeitet in den ersten sieben Lebensjahren. Sehen Sie, wenn wir jetzt anfangen lesen zu lernen – nicht bloß in bezug auf das, was in ein Kind einzieht, buchstabieren können –, so ist das ein wunderbares Phänomen, wie in ein Kind einzieht von dem ersten kindlichen Tage, wo alles so unbestimmt ist, der Gesichtsausdruck, der Blick, die Gesichtsgesten, die Bewegung der Arme und so weiter. Wenn wir sehen, wie da hineinkommt dasjenige, was das Kind an Eindrücken aufnimmt, wie das großartig sich durchgeistigt, was das Kind ist, so gehört es ja zum Größten, was man beobachten kann, dieses Sich-Durchgeistigen des Kindes in den ersten sieben Lebensjahren. Wenn wir dieses Werden der kindlichen Physiognomie oder der kindlichen Geste von der Geburt bis zum Zahnwechsel so lesend beobachten, daß wir es entziffern, wie wir irgend etwas in einem Buche aus den Buchstaben entziffern, wenn wir die aufeinanderfolgenden Formen der Geste, des Gesichtes so zu verbinden wissen, wie wir verbinden können die Buchstaben eines Wortes, daß wir das Wort lesen können, dann schauen wir auf das arbeitende Gehirn, das aber wiederum angeregt ist in seiner Arbeit durch die Eindrücke, die sich nur zu spärlichen Erinnerungen ausbilden, weil da plastisch an dem Gehirn und damit an der Physiognomie gearbeitet werden muß.

Und wenn nun das Leben weitergeht vom Zahnwechsel bis zur Geschlechtsreife, dann verbirgt sich mehr oder weniger dasjenige, was da arbeitet am Menschen. Es wird noch immer gearbeitet, es wird, wie gesagt, bis zum Anfang des einundzwanzigsten Jahres an der Ausprägung, an der Ausbildung, an der Plastizierung des Organismus gearbeitet; aber vom siebenten Jahre an wird eben weniger am Körperlichen des Menschen gearbeitet als vorher, und von der Geschlechtsreife bis zum Anfang des einundzwanzigsten Jahres wird noch weniger gearbeitet. Dafür aber kann etwas anderes kommen. Man kann, wenn man in seinem Gemüte überhaupt einen Sinn hat für solche Menschenbeobachtungen und diesen Sinn heranreifen läßt an dieser wunderbaren Erscheinung, wie die Physiognomie des Kindes sich enthüllt Monat für Monat, Jahr für Jahr, namentlich wenn man einen Blick hat für dasjenige, was in den Gesten des Kindes sich enthüllt, wie aus dem Zappeln das wunderbar durchgeistigte Bewegen der Glieder hervorgeht, – wenn man also ein feines Anschauen für alles das entwickelt, dann kann man diese Anschauung vertiefen, und man bekommt im Innern gewissermaßen einen feineren seelischen Sinnesorganismus. Man hat dann die Möglichkeit, bei einem Kinde, das zwischen dem siebenten und vierzehnten Jahre zwischen dem Zahnwechsel und der Geschlechtsreife sich entwickelt, das nicht mehr in so schroffer Weise seine Physiognomie und seine Gesten entwickelt, sondern in einer noch verhüllteren Form diese Entwickelung zeigt –, man hat dann die Möglichkeit, wenn man dem Kinde gegenübertritt, durch ein inneres Gefühl, das so sicher wirkt wie ein seelisches Auge, zu sehen, wie es nun weiter in einer geheimeren Weise seinen Körper ausbildet. Und an dieser Körperausbildung zwischen dem siebenten und vierzehnten Jahre, wenn man sich einen intimen Blick dafür aneignet, läßt sich entwickeln der Sinn für das Hineinschauen in das Leben vor dem Erdendasein, das man zugebracht hat zwischen dem Tode und einer neuen Geburt, bevor man heruntergestiegen ist zu diesem Erdendasein.

Sehen Sie, zu solchen Dingen müssen wir es wieder bringen. Wir müssen es dazu bringen, daß wir sagen können gegenüber dem Kinde in seinen ersten sieben Lebensjahren: Du Mensch, um dich herum ist nicht bloß die Natur, die sich in Sinnesoffenbarungen enthüllt. In alledem, was sich da den Sinneswahrnehmungen offenbart, in Farbe, in Formen, in alledem lebt der Geist. – Aber es ist wunderbar, in allem den Geist sprechend zu schauen, und dann ihn wie im Spiegelbild reflektiert wahrzunehmen in der Art und Weise, wie sich in einem Kinde immer geistiger und geistiger seine Physiognomie gestaltet. Wenn man das mit rechter innerlicher Vertiefung durchmacht und mit einer gewissen Andacht gegenüber dem Leben immer wieder in der Seele regsam machen kann, dann wird es einem, aus dieser Andacht gegenüber dem Leben, an dem Kinde zwischen dem siebenten und vierzehnten Jahre aufgehen, wie in den Menschen hineinwirkt, wenn er hier auf der Erde ist, sein vorirdisches Dasein zwischen dem Tode und einer neuen Geburt. Und man wird seelisch erfühlen diese äußere körperliche Entwickelung des Menschen, fühlen, daß darinnen jetzt nicht mehr waltet dasjenige, was in der irdischen Umgebung ist, sondern daß jetzt waltet in der Bildung des Menschen der zweite physische Organismus, den wir uns selber gestalten nur nach dem Modell des ersten. Das kann etwas sehr Großes sein im Leben. Und das wird die Menschheit lernen müssen: den Menschen selber anzuschauen. Dann wird das Leben jene Vertiefung erfahren, ohne welche der weitere Fortschritt der Zivilisation einfach nicht mehr möglich ist. Denn sehen Sie, unsere Zivilisation ist ja ganz abstrakt geworden, total abstrakt geworden! Wir können in unserem gewöhnlichen Bewußtsein überhaupt nur mehr denken, und nur eigentlich dasjenige denken, was uns eingepfropft wird. Auf solche Feinheiten der Anschauung kommen wir ja gar nicht mehr, wie ich sie jetzt beschrieben habe. Daher gehen ja die Menschen heute aneinander vorbei. Der Mensch lernt manches über Tiere, Pflanzen, Mineralien, aber über die Feinheiten der menschlichen Entwickelung lernt er gar nichts. Dieses ganze Seelenleben muß mehr intim werden, muß innerlich feiner, zarter werden, dann werden wir wieder etwas sehen von diesem Leben. Und dann, dann werden wir aus der menschlichen Entwickelung selber heraus hinschauen auf das vorirdische Leben.

Und dann kommt dasjenige, was an die Geschlechtsreife sich anschließt, es kommen die Jahre zwischen der Geschlechtsreife und dem einundzwanzigsten, zweiundzwanzigsten Jahre. Ja, was offenbart uns da der Mensch alles? Er offenbart uns für das gewöhnliche Bewußtsein eine ganze Umwandlung seines Lebens gegenüber früher, aber eigentlich auf eine grobe Art. Wir sprechen von Flegeljahren, Rüpeljahren, und deuten damit an, daß wir uns bewußt sind: eine Umänderung des Lebens geht vor sich. Der Mensch stellt mehr sein Inneres heraus. Aber wenn wir uns für die zwei ersten Lebensepochen ein feineres Empfinden aneignen, so wird dasjenige, was da der Mensch nach der Geschlechtsreife herausstellt, wie ein zweiter Mensch erscheinen, wirklich wie ein zweiter Mensch erscheinen. Es wird dann schon durch den physischen Menschen, wie er vor uns steht, sichtbar; und was in die Rüpeleien, aber auch in manches Schöne hineinschießt, das erscheint wie ein zweiter, ein wolkenartiger Mensch im Menschen. Wir brauchen dieses Anschauen jenes zweiten, wolkenartigen Menschen im Menschen. Es ist heute überall die Frage nach diesem zweiten Menschen. Aber unsere Zivilisation gibt darauf keine Antwort.

Es ist außerordentlich viel vorgegangen in der geistig-physischen Entwickelung der Erde mit der Wende des neunzehnten und zwanzigsten Jahrhunderts. Das haben schon die alten Orientalen geahnt, indem sie gesprochen haben davon, daß das Kali Yuga, das finstere Zeitalter, mit dem Ende des neunzehnten Jahrhunderts schließt und ein lichtes Zeitalter beginnt. Das hat auch begonnen, nur weiß man es nicht, weil die Menschen mit ihrem Gemüte noch im neunzehnten Jahrhundert drinnenstehen und die Vorstellungen in ihren Herzen und ihren Seelen so träge fortrollen. Aber um uns herum ist schon helle, lichte Klarheit. Und wir brauchen nur hinzuhorchen auf dasjenige, was sich aus der geistigen Welt offenbaren will; wir können es vernehmen. Und weil das jugendliche Gemüt besonders empfänglich ist, tritt auch in den jugendlichen Gemütern mit der Jahrhundertwende eine unbestimmte Sehnsucht auf, den Menschen genauer kennenzulernen, den Menschen intimer anzuschauen. Wer um dieses Zeitalter geboren wurde, so um die Wende des neunzehnten, zwanzigsten Jahrhunderts, fühlt ganz instinktiv: Man muß viel mehr wissen vom Menschen, als einem die

Menschen sagen können. – Man lebt und man wächst so heran, und man fühlt instinktiv: Viel mehr muß man vom Menschen wissen, aber kein Mensch sagt einem dasjenige, wonach man verlangt. – Man sucht nach dem Menschen, man tut alles mögliche, um den Menschen zu suchen. Es wurde einem ganz unbehaglich bei denjenigen, die alt waren, wenn man Kind war oder junger Mensch, denn man wollte von diesen etwas wissen, und die wußten nichts über den Menschen. Denn die moderne Zivilisation kann nichts aussprechen, weiß nichts zu sagen über den menschlichen Geist. Man vergleicht das nur nicht mit früheren Zeitaltern. Die wußten aus voller Herzhaftigkeit sehr vieles den Jungen zu sagen über den Menschen. Als die realen Vorstellungen noch lebendig waren, da wußten die Alten noch sehr viel zu sagen; jetzt wußte man nichts zu sagen. Und so wollte man laufen und laufen, irgendwohin, um etwas zu erfahren über den Menschen. Man wurde ein Wandervogel, man wurde ein Pfadfinder; man lief weg von den Menschen, die einem nichts zu sagen hatten, wollte irgendwo etwas suchen, was einem über den Menschen etwas sagen kann.

Die Jugendbewegung des zwanzigsten Jahrhunderts, sie hat da ihren Ursprung. Was will denn eigentlich diese Jugendbewegung letzten Endes? Ja, sie will diesen wolkenartigen Menschen, der da hervortritt nach der Geschlechtsreife, der im Menschen lebt, diesen Menschen möchte sie erfassen! Die Jugend möchte so erzogen werden, daß sie diesen Menschen erfaßt. Aber wer ist dieser Mensch? Was stellt er eigentlich vor? Was tritt gewissermaßen aus diesem menschlichen Leib hervor, den man gesehen hat in seiner Physiognomie, in seinen Gesten sich heranbilden, bei dem man auch fühlen kann, wie im zweiten Lebensalter vom Zahnwechsel bis zur Geschlechtsreife sich das ausgestaltet, was vorirdisches Dasein hatte? Was kommt jetzt als etwas ganz Fremdes zum Vorschein, was schießt da aus dem Menschen heraus, wenn er jetzt nach der Geschlechtsreife seiner Freiheit sich bewußt wird, hingeht zu anderen Menschen, Zusammenschlüsse sucht aus einem inneren Impuls heraus, der den ihm unerklärlichen, den anderen unerklärlichen Zug, diesen ganz bestimmten Zug im Inneren des Menschen begründet hat? Was ist dieser Mensch, dieser zweite Mensch, der da erscheint? Er ist derjenige, der im vorigen Erdenleben gelebt hat und der schattenhaft sich jetzt in das gegenwärtige Erdenleben hineinstellt. Die Menschheit wird nach und nach Karma berücksichtigen lernen in dem, was in eigentümlicher Weise hereinschießt in das menschliche Leben um die Zeit der Geschlechtsreife herum. In dem Augenblicke des Lebens, wo der Mensch fähig wird, ein Menschenwesen seinesgleichen hervorzubringen, da tritt in ihm auch dasjenige an Impulsen auf, was er in früheren Erdenleben dargestellt hat. Aber mancherlei muß eben im menschlichen Gemüte hervorkommen, damit ein deutliches Erlebnis von dem, was ich jetzt Ihnen beschrieben habe, auftreten kann.

Nehmen Sie den gewaltigen Unterschied, der für das gewöhnliche Bewußtsein besteht zwischen Selbstliebe und Liebe zu den anderen. Nun, schon ziemlich gut verstehen alle Menschen die Selbstliebe, denn sie haben sich ja alle so gern! Das ist ja gar nicht zu bezweifeln. Auch diejenigen, die meinen, sie hätten sich nicht gern, haben sich eben gern. Ganz wenige Menschen, und bei diesen muß man erst ihr Karma genau untersuchen, ganz wenige Menschen sind, die da sagen, sie haben sich nicht gern. Mit der Liebe zu anderen, da ist es schon etwas schwieriger. Die kann ganz gewiß sehr echt sein, aber dennoch ist das sehr häufig getrübt durch die Beimischung von Selbstliebe. Man hat den anderen gern, weil er einem dies oder jenes tut, weil er bei einem ist – aus vielen Gründen, die mit der Selbstliebe innig zusammenhängen. Aber man kann lernen im Leben selbstlose Liebe. Die gibt es schon auch. Man kann lernen, allmählich die Eigenliebe hinauszutreiben aus der Liebe. Dann lernt man eben das Aufgehen in dem anderen kennen, die wirkliche Hingabe an den anderen. Nun, sehen Sie, an dieser Hingabe an den anderen, an dieser selbstlosen Liebe kann man wieder heranziehen dasjenige Gefühl, das man für sich selber haben muß, wenn man die vorangehenden Erdenleben ahnen will. Denn nehmen Sie an, Sie sind ein Mensch, der geboren worden ist meinetwillen 1881; Sie leben bis jetzt, Sie waren früher einmal in einem Menschen, in einem Erdenleben, sagen wir 737 geboren, 799 gestorben dazumal. Jetzt geht der Mensch, die Persönlichkeit B herum im neunzehnten, zwanzigsten Jahrhundert; damals ging die Persönlichkeit, die

Sie aber selber waren, herum im achten Jahrhundert. Beides ist verbunden durch das Leben zwischen dem Tod und einer neuen Geburt. Aber wenn Sie eine Ahnung haben wollen von dem gerade damals im achten Jahrhundert Herumgegangenen, so dürfen Sie sich nur so lieben, wie Sie einen anderen lieben. Denn der, welcher im achten Jahrhundert herumgegangen ist, der ist in Ihnen, der ist Ihnen aber in gleichem Grade ein anderer, ist fremd geworden, wie Ihnen ein anderer, ein zweiter Mensch jetzt ist. Sie müssen sich stellen können zu Ihrer vorangehenden Inkarnation wie jetzt zu einem anderen Menschen, sonst kommen Sie zu keiner Ahnung von der vorhergehenden Inkarnation. Sie kommen auch nicht zu einer objektiven Auffassung desjenigen, was in einem Menschen auftritt als ein zweiter, wolkenartiger Mensch, wenn er geschlechtsreif wird. Aber wenn die selbstlose Liebe Erkenntniskraft wird, wenn wirklich die Selbstliebe so objektiv wird, daß man sich selber so beobachten kann wie den anderen, dann bietet sie den Weg, um in frühere Erdenleben wenigstens zunächst ahnungsvoll zurückzuschauen. Das muß sich wiederum verbinden mit einer solchen Menschenbeobachtung, wie ich sie charakterisiert habe, wodurch einem aufgeht die Eigentümlichkeit des Menschen. Es ist also im wesentlichen heute schon deutlich sichtbar der Drang der Menschheit seit dem Ablauf des Kali Yuga, Karma, die wiederholten Erdenleben zu begreifen. Man sagt das nur nicht so, weil man es nicht in dieser Deutlichkeit fühlt. Aber denken Sie, wenn zum Beispiel ein ganz ehrliches Mitglied der heutigen Jugendbewegung einmal so aufwachen würde am Morgen, daß ganz intensiv alles, was in der Nacht erlebt worden ist, eine Viertelstunde vor dem Bewußtsein stehen würde, und man würde während dieser Zeit dann ein solches Mitglied der Jugendbewegung fragen: Was ist eigentlich der Inhalt desjenigen, was du willst? –, dann würde dieses Mitglied sagen: Ich will nun endlich begreifen den ganzen Menschen, der durch wiederholte Erdenleben gegangen ist. Ich will wissen, was da innerlich lebt in mir selber aus früheren Daseinsstufen. Ihr wißt von alledem nichts. Ihr sagt mir nichts davon.

Es ist heute in den menschlichen Gemütern der Drang nach dem Durchschauen, nach der Erkenntnis des Karma. Daher ist heute auch die Zeit, in der angeregt werden muß eine Geschichtsbetrachtung, wie ich sie in einzelnen Beispielen vor Sie hingestellt habe, die wiederum, wenn man sie ganz ernst und intensiv verfolgt, dazu führt, dann auf das eigene Leben im Lichte der wiederholten Erdenleben und des Karma hinzuschauen. Deshalb verbinde ich in diesen Vorträgen solche geschichtlichen Betrachtungen mit der allmählichen Hinleitung zur Beobachtung des eigenen Karma eines jeden einzelnen Menschen. Das ist ja das Thema dieser Vorträge. Bis zum letzten Vortrage wollen wir dann so weit sein in unseren Betrachtungen, daß wir eine deutliche Vorstellung haben, wie man ahnen kann in sich selber sein Karma. Aber man kann das nicht anders, als wenn man zuerst an der großen Struktur der Weltgeschichte die Dinge sieht. Daher lassen Sie mich auch diese Betrachtung, die zuerst hineinleuchten wollte in das Innere des Menschen, hineinleuchtete in das Innere einer hoffnungsvollen Zeitbewegung, lassen Sie mich diese Betrachtung damit schließen, daß ich wieder ein weltgeschichtliches Bild vor Sie hinstelle.

Geschichtliche Betrachtungen müssen in der Zukunft an den ganzen Menschen anknüpfen, müssen ersichtlich machen, wie aus einer Erdenepoche in die nächste der Mensch selber hineinträgt dasjenige, was an Impulsen in der Geschichte, im geschichtlichen Werden lebt. Betrachten wir die Zeit, in der in Europa *Karl der Große* gelebt hat, der regiert hat von 768 bis 814, rufen Sie sich für einen Augenblick alles dasjenige in die Seele, was Sie wissen über die geschichtliche Wirksamkeit Karls des Großen. Da man über Karl den Großen so viel in der Schule gelernt hat, so muß jetzt eine ganze Fülle von Vorstellungen in den Seelen der verehrten Zuhörer heraufkommen! Nun, gleichzeitig mit diesem Karl dem Großen und mit all den Dingen, die also jetzt in den Seelen der verehrten Zuhörer heraufkommen, lebte drüben im Orient eine sehr bedeutende Persönlichkeit: *Harun al Raschid.* Ganz herausgewachsen aus der vom Mohammedanismus aufgesammelten damaligen Bildung, begeisterte ihn der Wille, diese orientalische Bildung in einem Mittelpunkt, in einem Bildungszentrum ganz besonders zu pflegen. Und an diesem Hofe ist außerordentlich viel getrieben worden, denn er war sozusagen ein Zusammenfluß von all dem, was an physikalischen, astronomischen, alchemistischen, chemischen, geographischen Bestrebungen in der damaligen Zeit als Höchstes zu erreichen war. Künstlerische, literarische, geschichtliche, pädagogische Bestrebungen, alles floß zusammen an dem Hofe des Harun al Raschid. Viel bewunderungswürdiger, wenn man eben solches sehen kann, ist dasjenige, was man finden kann an diesem orientalischen Hofe, als alles dasjenige, was an Karls des Großen Hofe, namentlich geistig, getrieben wurde. Und mancherlei in den Kriegszügen Karls des Großen ist ja auch nicht gerade etwas, was ein Herz der Gegenwart so ungeheuer entzücken kann. Gleichzeitig mit Harun al Raschid lebte am Hofe dieses Mannes eine andere Persönlichkeit, die damals nur ein umfassender Weiser war, aber in einer früheren Inkarnation, lange vorher, ein Eingeweihter gewesen war. Ich habe Ihnen ja gesagt, daß dasjenige, was eine Einweihung war in einer vorigen Inkarnation, zurücktreten kann in einem folgenden Leben. Es war wirklich eine grandiose Akademie, die da im Oriente drüben gestiftet worden ist. Aber diese andere Persönlichkeit war eine Art Organisator: Wissen, Kunst, Poesie, Architektur, Plastik in der damaligen Form, die Wissenschaften wurden organisiert von diesem Manne an dem Hofe Harun al Raschids.

Beide Seelen, Harun al Raschid, wie dieser sein Weiser, gingen nun durch die Pforte des Todes, entwickelten sich weiter. Wir wissen, daß das die Zeit war, in der sich der Arabismus nach Europa ausbreitete. Diese Ausbreitung des Arabismus nahm ihr Ende. Aber bei ihren Werken blieben sowohl Harun al Raschid selber wie auch sein Weiser. Während Harun al Raschid vom Oriente herüber gewissermaßen dem Zuge des Arabismus folgte durch Nordafrika, herüber nach Spanien und weiter hinauf in den Westen Europas, sich so entwickelte in dem Leben zwischen dem Tod und einer neuen Geburt, daß sein Blick hingerichtet war auf dieses Hinüberentwickeln des Arabismus, entwickelte sich der andere, sein weiser Ratgeber, so, daß er vom Orient herüber im Norden des Schwarzen Meeres bis nach Mitteleuropa herein sich die Dinge ansah. Es ist schon eine sehr eigentümliche Sache, daß man das Leben des Menschen zwischen dem Tode und einer neuen Geburt auch so verfolgen kann, daß man das verfolgt, was er besonders anschaut, wenn er herunterblickt. Allerdings sieht er da, wie ich Ihnen ausgeführt habe, die Wirkungen von Seraphim, Cherubim, Thronen, aber es ist dieses verbunden mit demjenigen, was noch auf der Erde vorgeht. Wie man hier zum Himmel hinaufschaut, schaut man da auf die Erde herunter, wenn man im Leben zwischen Tod und einer neuen Geburt ist. Und als äußerlich das physische Leben längst vorüber war, da setzten die beiden noch immer ihr Werk fort. Sie nahmen äußerlich ganz andere Inhalte an. Aus Harun al Raschid wurde der Begründer der neueren Weltanschauung, *Lord Baco von Verulam*. Da erscheint demjenigen, der die Dinge unbefangen betrachten kann, in all dem, was Baco der Welt aufgenötigt hat, wirklich die Neuauflage dessen, was einstmals im Oriente getrieben worden ist. Im Osten war man fremd dem Christentum. Baco war äußerlich Christ, aber innerlich wieder in dem, was er wollte, unchristlich. Der andere, der sein weiser Ratgeber war, verfolgte den Weg nördlich vom Schwarzen Meere nach Mitteleuropa hinein. Das war derjenige, der in einer ganz anderen, viel innerlicheren Art als Baco den Arabismus herübergebracht hat, aber eben auch in die neuere Zeit in voller Umgestaltung den Arabismus gebracht hat: *Amos Comenius*.

Sehen Sie, so wirkt so etwas in der Morgenröte des neuzeitlichen Geisteslebens zusammen. So begreift man erst dieses Geschichtswerden, wo auf der einen Seite bei dem einen das Christentum vergessen wird, wo die wissenschaftliche Bildung veräußerlicht wird, auf der anderen Seite aber bei dem anderen um so mehr verinnerlicht wird. Amos Comenius wirkt in seiner Inkarnation, in seiner Verkörperung, die vom Oriente herüberkommt und die gerade das vertiefte Leben Mitteleuropas annimmt, mit dem zusammen, was vom Westen herüberkommt. Da fließt in Mitteleuropa dasjenige zusammen, was von den beiden Seiten herkommt; aber es ist viel Morgenländisches darin. Nicht wenn man bloß das Geschichtswerden so ansieht, daß man ein Buch aufschlägt und just – ja, man nennt das in einem gewissen Dialekt «ochsen», ich weiß jetzt nicht ein anderes Wort –, und just ochst, was Lord Bacon ist, dann was Amos Comenius ist, nicht dadurch lernt man das innere Werden des Menschengeschlechts durchschauen, sondern dadurch, daß man hinschaut, wie die verschiedenen Epochen durch die Menschen selber entwickelt werden, wie die Impulse von früher in das Spätere hineingetragen werden. Versuchen Sie nur einmal sich klarzumachen, was da geschieht. Das Christentum hat sich ausgebreitet, das Christentum hat in einer gewissen Weise die Gegenden ergriffen von Mittel- und Nordeuropa. Aber da schiebt sich etwas hinein durch Menschen wie Baco von Verulam, den wiedergekommenen Harun al Raschid, wie Amos Comenius, den wiedergekommenen weisen Ratgeber, was nicht direkt Christentum ist, was sich aber mit alledem vermischt, was so wie die geistigen Ströme im Weltenwerden wirkt. Man begreift dadurch erst, was eigentlich geschieht, in welchem Weltzusammenhange der Mensch drinnensteht.

Wenn wir zurückgehen hinter Harun al Raschid zu einem unmittelbaren Nachfolger Mohammeds, da müssen wir uns klarmachen, was gerade durch den Mohammedanismus in das orientalische Geistesleben hineingekommen ist. Wenn wir das ursprüngliche Christentum verfolgen, so zeigt es, daß es einen tiefen Sinn verbindet mit der Trinität. Wenn wir das Geistige in allem Naturleben betrachten, jenes Geistige, das uns zunächst als physische Menschen eben in die Welt hineinstellt, jenes Geistige, das der Geist der Naturgesetze, das Vaterwesen ist, so können wir uns fragen: Was wären wir dann, wenn nur das Vaterwesen in uns wirkte? – Wir würden durch das ganze Leben gehen von der Geburt bis zum Tode mit derselben Notwendigkeit, wie sie in der Welt wirkt, die uns umgibt. Aber wir werden in einem bestimmten Lebensalter freie Menschen, verlieren dadurch nicht unsere Menschlichkeit, sondern erwachen zu einer höheren Formung des Menschen. Dasjenige, was in uns wirkt, indem wir freie Menschen werden, indem wir uns ganz und gar von der Natur losmachen: es ist das Sonnenwesen, der Christus, die zweite Form der Trinität. Dasjenige aber, was uns den Impuls gibt anzuerkennen, daß wir nicht nur im Leibe leben, sondern – wenn wir den Leib in seiner Entwickelung durchgegangen sind – wieder aufwachen, auferweckt werden als Geist, das lebt in uns als der Impuls des sogenannten Heiligen Geistes. Wir können das gesamte Menschenwesen nur im Zusammenwirken dieser Trinität erkennen; da betrachtet man es konkret. Gegen diese Konkretheit richtet der Mohammedanismus die Abstraktheit auf: Es gibt kein anderes göttliches Wesen als allein den Vatergott, den einen Gott.

Alles ist der Vater. Es ist keine Dreigestaltung der Gottheit anzuerkennen. – Dieser unmittelbare Vatergott-Protest ist *Mohammed* selber, waren seine Nachfolger.

In einem Zeitalter, wo sich als die höchste menschliche Fähigkeit nur das Abstrakte, rein Gedankenhafte ausbilden kann, das Trockene, Nüchterne, in einem solchen Zeitalter identifizierte man allmählich immer mehr und mehr, weil man nur den einen abstrakten Gott kannte, diesen mit dem Denken, vergötterte der Mensch sein Gedankenleben; vergötterte, als man vergessen hatte, daß das Denken einen altruistischen Anflug hat, noch immer dieses menschliche Denken, diesen menschlichen Intellekt. Das war in den Nachfolgern des Mohammed in originaler Weise großartig veranlagt, dieses Abstrakte im Weltdurchdenken. Einer dieser Nachfolger war *Muawija*. Ich wünschte, Sie könnten die Geschichte nachlesen. Sie würden eine eigentümliche Geisteskonfiguration in ihm finden, sozusagen richtig den Anfang einer Menschenart haben, die man als rechte Abstraktlinge bezeichnen kann, Menschen, die alles in der Welt von gewissen einfachen Sätzen aus gestalten wollen. Muawija, einer der Nachfolger Mohammeds, kam in unserem Zeitalter wieder, wurde *Woodrow Wilson*. Die Abstraktheit des Mohammedanismus lebte in ihm auf, die Meinung entstand, aus vierzehn kalten, abstrakten, inhaltlosen Sätzen könne man eine Welt gestalten. In Wahrheit war keine welthistorische Illusion größer als diese, und in Wahrheit ist man auf keine welthistorische Illusion so hineingefallen, fast die ganze Menschheit, wie auf diese. Und nicht verstehen wollte man, als ich schon vor dem Kriege in meinen Helsingforser Vorträgen auf die Unzulänglichkeit von Woodrow Wilson hinwies – denn dazumal war er im Aufgange seines Ruhmes –, nicht verstehen wollte man, wenn ich immer wieder und wieder überall, wo ich reden konnte, hinwies darauf, wie das Unglück, das heraufdämmert, zusammenhängt mit der Abgötterei, welche die Welt betreibt mit Woodrow Wilson.

Nun, jetzt nach unserem Weihnachtsimpuls ist die Zeit gekommen, wo über diese Dinge unbefangen gesprochen werden wird; wo auch über solche Dinge, welche unmittelbar wirksame Impulse sind, die Geschichtsbetrachtungen so angestellt werden sollen. Denn Esoterik soll durchziehen unsere ganze anthroposophische Bewegung, so daß sich enthüllt dasjenige, was unter dem Schleier des äußeren physischen Werdens verborgen ist. Gewachsen den Welterscheinungen, gewachsen dem, was zu tun ist, wird die Menschheit erst wieder werden, wenn sie in die Betrachtung des Karma eintritt und der einzelne Mensch sich selber wie auch die Weltgeschichte im Lichte des Karma schaut.

VIERZEHNTER VORTRAG

Breslau, 13. Juni 1924

Wir nähern uns immer mehr und mehr dem Begreifen derjenigen Lebenselemente der einzelnen Persönlichkeiten, die eine Ahnung hervorrufen können von dem Wert des Karma im persönlichen Dasein. Heute wird es meine Aufgabe sein, um allmählich im Verlaufe dieser Vorträge dieses Ziel zu erreichen, auf der einen Seite darauf hinzuweisen, wie die Initiationswissenschaft selbst das Karma prüfen kann, zunächst ausgehend von dem Erleben des Karma, und wie der Mensch dann zunächst ohne Initiationswissenschaft, aber mit einem gewissen intimen Sinn, das Leben zu beobachten, eine Ahnung von dem Walten des Karma erhalten kann. Da erinnern wir uns an dasjenige, was ich gesagt habe über die Erinnerung und jene Gedankenmassen, die aus den Tiefen des Seelenwesens herauffluten, entweder gerufen von unserer Seele, oder auch nicht gerufen frei aufsteigend, und die uns ein zwar schattenhaftes, mehr oder weniger abstraktes, aber doch ein Bild geben von unserem bisherigen Erdendasein, das wir seit der letzten Geburt durchgemacht haben. Wir haben die Aufmerksamkeit in diesen Tagen darauf hinlenken können, was der Mensch verliert, wenn er diese Erinnerung verliert. Er kann dann noch immer ganz gescheit, ganz verständig handeln, aber er handelt nicht aus dem Zusammenhang seines ganzen Lebens heraus; er handelt so, wie wenn er gewissermaßen in dem Zeitpunkte, in dem er also zu handeln beginnt, ohne die Erinnerung an das bisherige Leben wäre; wie wenn er zwar wie ein fertiger, verständiger, vernünftiger Mensch zur Welt gekommen wäre, aber sein vorangehendes Leben gar nicht auf dieser Erde für ihn verflossen wäre, so handelt er. Daraus sehen wir, wie für das Erleben im gegenwärtigen gewöhnlichen Bewußtsein das Ich verankert, begründet ist in der Erinnerung. Auf diesem Erinnerungswege findet sich dann das Ich mit sich selber im Verlaufe dieses Erdenlebens nicht mehr zurecht.

Aber wie haben wir denn diese Erinnerung? Vergleichen wir einmal diese Erinnerung mit der voll erlebten Wirklichkeit, aus der uns diese Erinnerung fließt. Wir stehen darin im Leben, machen es freudvoll und leidvoll durch, finden uns in unseren Erlebnissen mit unserem ganzen Sein verwoben. Aber man vergleiche nur einmal diese ganze intensive Art des Verwobenseins mit dem eigenen Sein, mit der schattenhaften Erinnerung, die wir bewahren in der Seele. Sie müssen nur einmal ein recht bedeutendes Lebensereignis nehmen, den Tod irgendeines Freundes, der Ihnen besonders wert war, oder den Tod vom Vater, von der Mutter, in einer Zeit, in der so etwas wegen unserer Seelenverfassung besonders tief erlebt wird. Vergleichen wir die ganze Intensität des Erlebens und den Moment, wo es erlebt wird, mit dem, was wir an den schattenhaften Erinnerungen, die uns zehn Jahre später kommen, erleben! Und dennoch, diese schattenhaften Erinnerungen müssen wir haben, um die Kontinuität, um die innere Gediegenheit, die Realität unseres Ich im Erdenleben zu erfühlen. Aber sehen Sie nicht daraus, wie das Ich, das gar nicht ohne die Erinnerung im Erdenleben drinnenstehen kann für das gewöhnliche Bewußtsein, wie das Ich eigentlich sich schattenhaft erlebt, wie dieses Ich verankert ist in dem, was im Grunde genommen jede Nacht in das Unbewußte hinuntersinkt? Wir erleben im Grunde genommen nicht sehr intensiv unser Ich im gewöhnlichen Erdenbewußtsein. Es wird immer gedanken- und gedankenhafter, dieses eigentliche Ich des nicht gegenwärtigen Lebens, von welchem wir allerdings wissen, daß es mit dem heutigen Ich zusammenhängt. Dieses gegenwärtige Erleben, das ist intensiv, aber nicht dasjenige, das bereits in die Form der Erinnerung übergegangen ist. So daß wir sagen können (siehe Zeichnung): Wenn dieses unsere auffassende Seele, unser Geist ist, die im lebendigen

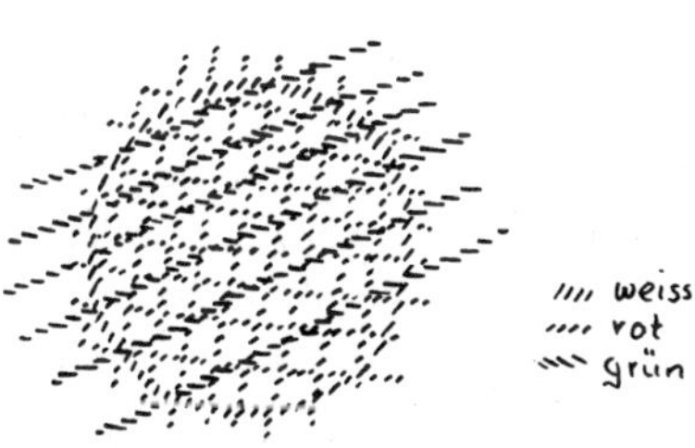

Verkehr stehen mit alledem, was außen, von der Außenwelt her auf uns einströmt, so erleben wir hinter diesem Ich schattenhaft in der Erinnerung dasjenige, was uns davon bleibt. Und gerade das ist das Charakteristische an dieser Erinnerung, daß immer mehr und mehr die Gefühle, daß auch die Willensimpulse von dieser Erinnerung ausgesiebt werden. Wir mögen mit einem noch so intensiven Gefühl bei dem, was ich charakterisiert habe, bei dem Tode einer uns außerordentlich wertvollen Person gestanden haben: das Erinnerungsbild, welches bleibt, diese Erinnerung wird abgedämpft, immer mehr und mehr abgedämpft im Gefühl. Und erst, wie wenig lebt das, was wir dazumal aus unserem Willensimpulse heraus unter dem äußeren Eindruck unternommen haben, in uns weiter! Gefühl und Wille dämmern ab; das ruhige Erinnerungsbild, ein Schatten des Erlebten, bleibt in der Regel. Und wir können ja nicht anders im Erdenlande sein, als daß dieser Schatten eines Erlebnisses uns bleibt. Anders stehen wir eben der Erinnerung, anders stehen wir dem gegenwärtigen Erlebnis gegenüber.

Aber wir können diesem gegenwärtigen Erlebnis auch in anderer Art gegenübertreten, als wir das im gewöhnlichen Leben gewöhnt sind. Wir können neue Fragen aufwerfen gegenüber unseren Erlebnissen. Da allerdings gewinnt das Leben – dann, wenn wir auf es zurückschauen – eine ganz merkwürdige Gestalt. Fragen wir uns einmal: Was sind wir denn eigentlich im gegenwärtigen Augenblicke, was sind wir mit unserem Wissen, mit der Qualität unseres Fühlens, mit der Energie unseres Wollens? – Und gehen wir mit diesen Fragen, mit diesen neu aufgeworfenen Fragen einmal an unsere Erlebnisse zurück, dann werden wir finden, wie wenig wir wären, wenn wir ein gewisses Lebensalter erreicht haben, wenn nicht die vorangehenden Erlebnisse dagewesen wären! Blicken wir zurück gerade auf manche Jugenderlebnisse, indem wir sie in der Weise dieser Erinnerung auf die Gegenwart beziehen: wie freudig waren diese! Da können wir uns, wenn wir im Leben öfter zurückschauen, etwas höchst Bedeutungsvolles für die Gegenwart sagen. Die Leichtigkeit, mit der wir unsere Seele, ja vielleicht unsere physische Leiblichkeit, mehr oder weniger geschickt dem Leben angepaßt, durch das Dasein führen, wir verdanken sie eigentlich dem Umstande, daß wir in der Jugend nicht in Depressionen, sondern freudig haben leben dürfen, daß wir an manches mit Freude herangeführt worden sind. Diese seelischen Eindrücke der Freude sind es, die uns mit einer gewissen Freudigkeit, die aber in tiefere Regionen gezogen ist, im späteren Leben ausstatten. Fragen wir uns nun, wieviel von dem, was uns das Leben als Vertiefung bringt, was uns die Seele vertieft, unseren Leiden, unseren Schmerzen zuzuschreiben ist, und fragen wir uns: Was kann denn da eigentlich in der Seele eintreten, wenn wir mit diesen Fragen unser Leben ins Auge fassen? – Die Antwort auf diese Frage müssen wir uns nicht mit dem Verstande geben, die Antwort müssen wir uns mit dem Gefühle geben. Und das Gefühl antwortet: Ich muß alledem, was eingetreten ist im Leben, dankbar sein, weil ich eigentlich derjenige, der ich bin und mit dem ich mich doch mehr oder weniger identifiziere, nur dadurch geworden bin. Ich kann nicht wissen, ob ich sonst nicht noch weniger wäre; ich kann, weil ich durch die großen und kleinen Leiden und Freuden meines Lebens so geworden bin, diesem Leben nur dankbar sein.

Mit einem Gefühl der Dankbarkeit an das Leben muß geantwortet werden auf die charakterisierte Frage. Und es ist viel für das Leben, wenn diese Dankbarkeit für das Erdendasein in die menschliche Seele einzieht. Diese Dankbarkeit tritt bei gewissen Seelenvertiefungen immer ein, wenn man nicht aus Emotion heraus, sondern aus der reinen Seele heraus das Leben beurteilt. Mag manches, was einem das Leben gebracht hat, bedauert werden, in vieler Beziehung ist dasjenige, was ein solches Bedauern ausdrückt, ein rechter Irrtum. Denn stünde dasjenige, was man bedauert, nicht im Leben darinnen, man wäre eben doch nicht das, was man ist. Zuletzt reduziert sich das Gefühl, das man gegenüber dem Leben haben kann, dennoch auf diese Dankbarkeit dem Leben gegenüber. Diese Dankbarkeit kann da sein auch dann, wenn man nicht ganz einverstanden ist mit dem Leben, wenn man gerne mehr vom Leben geschenkt gehabt hätte. Und man kann auch dankbar sein, wenn uns einer einen kleinen Kuchen gibt, von dem man eigentlich das Geschenk eines großen Kuchens erwartet hätte. Das darf durchaus nicht die Dankbarkeit beeinträchtigen, daß man den großen Kuchen erwartet hat. Und so kann schon gesagt werden: Was uns das Leben auch versagt hat nach unserer Meinung, nach unserer

Ansicht, die ja nebenbei doch auch irren kann, das Leben hat uns unter allen Umständen etwas gebracht. Für dasjenige, was es uns gebracht hat, sollen wir das Gefühl der Dankbarkeit entwickeln. Aber wenn man in allem Ernst das Gefühl der Dankbarkeit entwickelt, so muß – man braucht sich nur zu besinnen, man wird es gleich durchschauen – die Dankbarkeit da sein gegenüber irgend etwas anderem. Wer jemals Dankbarkeit für das Leben entwickelt hat, der wird gerade durch die Dankbarkeit für das Leben zur Anerkennung und zur Umwandlung der Erinnerung in liebende Hingabe an die unsichtbaren geistigen Lebensgeber hingeführt.

Und es ist die schönste Art, von seiner Persönlichkeit aus zum Übersinnlichen hingeführt zu werden, wenn diese Führung durch die Dankbarkeit geht, durch die Dankbarkeit gegenüber dem Leben. Diese Dankbarkeit, sie ist auch ein Weg ins Übersinnliche, und sie landet zuletzt bei der Verehrung und bei der Liebe zu dem lebenspendenden Geist des Menschen. Die Dankbarkeit gebiert die Liebe. Die Liebe gebiert dann, wenn sie aus der Dankbarkeit für das Leben geboren ist, das Aufschließen des Herzens für die das Leben durchdringenden Geistesmächte. Und da das Leben mit unserer Geburt begonnen hat und wir unmöglich mit diesem Danke bloß beginnen können bei der Geburt, da wir mit gewissen Eigenschaften augenscheinlich schon in das Leben hineingestellt sind, so ist es ja soweit ganz zweifellos, daß der Dank gegenüber dem Leben auch aus diesem Leben ins vorgeburtliche Dasein hinausführt. Um das, was ich jetzt sage, voll einzusehen, dazu gehört allerdings das Ausprüfen im Leben. Aber man prüfe einmal, wenn man die doch aus der unbefangenen Lebensbetrachtung hervorgehende Dankbarkeit entwickelt, man prüfe, ob nicht wirklich die geist-einsichtige Liebe aus dieser Dankbarkeit geboren wird, und man wird finden, daß es so ist. Die Frage, die hier aufgeworfen wird, kann eben nur durch das wirkliche Leben selbst beantwortet werden. Aber dieses wirkliche Leben antwortet so, wie ich jetzt auseinandergesetzt habe. Wenn wir aber in der Art herangehen an unsere Erlebnisse, so die Dankbarkeit entwickeln, die Liebe zu den lebenspendenden Geistmächten entwickeln, dann bekommen wir bei diesem Hinschauen gegenüber den Erlebnissen ein ganz anderes Gefühl als bei dem Hinschauen gegenüber der Erinnerung. Bei der Erinnerung müssen wir sagen: Lebendig, intensiv, real erleben wir; in der Erinnerung steht ein bloßer Schatten desjenigen da, was wir erleben, da wird das, was wir erleben, zu blassen Schatten. Die Erinnerung verdankt unseren Erlebnissen ihr Dasein; aber jetzt treten wir an etwas heran, was mächtiger ist als unser gewöhnliches Ich.

Denn nicht bloß unsere schattenhaften Erinnerungen haben wir im Auge, wenn wir hinschauen auf die Erlebnisse, die uns umgeben haben. Wir haben etwas Mächtiges im Auge: Wir haben dasjenige im Auge, das nicht ein Schatten unseres durch die Zeit hinflutenden Ich ist, sondern der Schöpfer dieses durch die Zeit hinflutenden Erden-Ich. Da draußen sind überall die Ereignisse, denen wir unser Dasein verdanken, und wir müssen, wenn wir auf diese Ereignisse schauen, sie als mächtige Schöpfer unseres Erden-Ich hinstellen. So stehen wir mit unserem augenblicklichen, gegenwärtigen Ich mitten drinnen: da, rückwärts, wenn wir in unsere Seele schauen, schattenhafte Nachbilder des Erlebens; vor uns das webende Schicksal, die aufeinanderfolgenden Schicksalserlebnisse, die unser Ich erst mächtig geformt, gestaltet haben. Zu diesem mächtigen Fühlen der Schicksalsgestaltung gehört eben der Übergang vom Denken zum Fühlen, denn Dankbarkeit und Liebe kann man nur im Fühlen erleben. In diesem Liebegefühl offenbart sich zunächst die Ahnung gegenüber dem waltenden Schicksal. Und damit beginnt es, daß man das waltende Schicksal erahnt, daß man nach dem Durchgang durch Dankbarkeit und Liebe mächtig fühlt die dahinflutenden Ereignisse, die uns gemacht haben. Es kann irgend jemand mit dem vierzigsten Jahre im Leben drinnenstehen. Er ist etwas. Sagen wir, um ein ganz extremes Beispiel zu nehmen: Er ist ein berühmter Dichter geworden – es hat ja auch solche gegeben; ich könnte auch sagen, ein berühmter Physiologe, Physiker, da würde ich ein naheliegendes Beispiel haben, aber ich will ein ausgedachtes Beispiel anführen –, der blickte zurück bis in sein achtzehntes Lebensjahr. Er nimmt die Ereignisse von seinem vierzigsten bis zum achtzehnten Lebensjahr und stößt im achtzehnten Lebensjahr darauf, daß er im Abiturium durchgefallen ist. Es hat ihm dazumal großen Schmerz bereitet. Aber er hat sich das Leben anders einrichten müssen, da er nicht genug Geld hatte, das Jahr zu repetieren oder als durchgefallener Abiturient durch die weite Welt zu ziehen. Alles war schon vorbereitet: Wäre er beim Abiturium gut durchgekommen, er wäre ein gediegener Finanzinspektor geworden, hätte da außerordentlich viel geleistet, hätte keine Zeit gehabt, die im Untergrunde seiner Seele liegenden Fähigkeiten und Kräfte zu entwickeln. Gewiß, man kann sagen: Wenn diese Phantasiekräfte vorhanden sind, so sind sie so stark, daß sie sich unter allen Umständen durch die finanzwirtschaftliche Tätigkeit durchdrücken. – Das kann man im Abstrakten sagen, sagt es auch immer; wahr ist es aber nicht. In Wirklichkeit verdankt mancher Dichter geradezu sein besonderes Temperament, dasjenige, was er geworden ist, dem Umstand, daß ihm so etwas, wie ich es angeführt habe, passiert ist. Er wird dankbar sein – wenn er irgendeinen Wert darauf legt, daß er der berühmte Dichter geworden ist – denjenigen, die ihn haben durchfallen lassen und die nicht verhindert haben seine Laufbahn dadurch, daß sie ihm «ausgezeichnet» in jedem einzelnen Fache gegeben haben. So können wir durchaus, wie auch das Leben war – wenn wir es real, nicht sentimental nehmen –, diese Dankbarkeit entwickeln und können sagen: Geschmiedet sind wir aus dem Schicksal heraus, das mit uns und gegen uns geht. – Aber wir müssen doch diese Gefühle durchgehen, um das Schicksal gewissermaßen vor uns weben und leben zu sehen.

Da möchte ich einschalten, wie nun dieselben Erlebnisse derjenige vor sich hat, der im Besitz der Initiationswissenschaft ist, der also in die geistige Welt hineinschauen kann. Dem steht die Möglichkeit offen, in der folgenden Weise die Sache durchzuleben.

Er richtet den Blick, der nun schon geschärft ist dadurch, daß er eine imaginative, inspirierte Erkenntnis hat – was diese bedeuten, Sie können es nachlesen in meinem Buche «Wie erlangt man Erkenntnisse der höheren Welten?» –, auf irgendein Erlebnis. Wer seine Erkenntnis verdichtet und erkraftet hat, der kann diese seine Erkenntnis mit einer besonderen Intensität auf irgendein Erleben, das er in der Gegenwart hat, hinrichten. Man wird ja, wenn man Initiationserkenntnisse hat, nicht etwa schwächer, sondern stärker von dem Erlebnis getroffen, als wenn man nicht diese Erkenntnis hat. Man darf nicht etwa aus dem

Umstande, daß derjenige, der Initiationserkenntnis hat, scheinbar mit viel größerer Gelassenheit an den Erlebnissen vorbeigeht als jener, der sie nicht hat, man darf daraus nicht schließen, daß er weniger stark davon berührt wird. Er wird viel stärker berührt als der andere. Er hat sich nur auch gerade gegenüber den harten Ereignissen des Lebens die Kräfte errungen, sie nach außen hin in Gelassenheit zu betrachten; in der Tiefe fühlt er sie bedeutungsvoller als der andere sie fühlt. Daher schattieren sich die Erlebnisse, wenn der mit Imagination, Inspiration Begabte sie vor sich hat, intensiv und stark; und er kann, weil er sie ja erübt hat – er hat ja Übungen dafür in diesem und im vorigen Leben durchgemacht –, diese Ereignisse in voll-inhaltliche Bilder sich gestalten, selber in Imaginationen umwandeln.

Worinnen besteht dieses Umwandeln? Es besteht eben darin, daß von den Ereignissen, den Erlebnissen nicht nur dasjenige, was man mit den Augen sieht, dasteht, sondern daß das tiefere Geistige, die geistigen Zusammenhänge dastehen, daß ein Bild da ist, welches man auch dann mit sich herumträgt, wenn das Erlebnis nicht mehr dasteht; aber das Bild steht alsdann gleich da. Das Erleben ist eben intensiv, und durch die Imagination spielen die geistigen Zusammenhänge hinein; die Seele wird intensiv berührt, und es ist dann möglich, in das Geistige hineinzuschauen und das Erlebnis zu behalten. Vergeht eine Nacht, so wird dann durch den Schlaf das Erlebnis, das dadurch intensiver erlebt worden ist, daß der astralische Leib und das Ich aus dem physischen Leibe herausgehen, in die geistige Welt hinausgetragen. Dasjenige, was man in der physischen Welt, mit physischem und Ätherleib zusammen erlebt hat, das kann allein erlebt werden mit dem Ich und dem astralischen Leib in der geistigen Welt; dann aber treibt man es beim Aufwachen wiederum zurück in den physischen Leib. Aber man trägt es jetzt nicht so zurück, wie das gewöhnliche Bewußtsein es zurückträgt, das dann auf die Erinnerung angewiesen ist, die sich allmählich abschattet; man trägt es so zurück, daß man wie mit einem Phantom sein ganzes Wesen nun durchdringt, daß man es mit sich trägt in voller Gegenständlichkeit, in aller Intensität, daß es einen aus einem Schein umtönt wie die wirkliche Realität eines anderen Menschen, der leibhaft vor einem steht. Und dann vergehen wiederum zwei oder drei Tage oder Nächte. Und was dann eintritt nach diesen zwei oder drei Tagen und Nächten, ist das Folgende: Was man zuerst hinaufgetragen hat mit dem Ich und dem astralischen Leib in die geistige Welt, was man wieder zurückgebracht hat, so daß es also im physischen Leibe kraftet und lebt und vibriert, das spricht – das stellt sich jetzt heraus – und steht hinter den Erlebnissen als das waltende Schicksal. Die Erlebnisse sind nicht allein da, sondern diese Erlebnisse sind jetzt durchströmt von dem, was sie hervorgebracht hat in früheren Erdenleben, von dem, wie sie weiter wirken werden in den folgenden Erdenleben. Wie wir die Erinnerung als ein schattenhaftes Nachbild hinter uns hinstellen, so stellt derjenige, der Initiationswissenschaft hat, die Erlebnisse vor sich hin, so daß die Erlebnisse unmittelbar vor ihm sind. Aber die werden durchsichtig wie Glas, und dahinter steht wie eine mächtige Welterinnerung das werdende Karma, die objektive Erinnerung. Und man wird gewahr, daß der Mensch nicht nur in sich drinnen hat die schattenhaften Erinnerungen an das Erdenleben, sondern daß eingegraben ist um ihn herum in den Weltenäther, in die Akasha-Chronik sein Karma. Da drinnen ist die schattenhafte Erinnerung; da draußen ist die kosmische Erinnerung unseres Schicksals durch die Erdenleben hindurch, wenn es auch für das gewöhnliche Bewußtsein unbewußt bleibt.

Wir gehen so durch die Welt, daß wir schematisch unseren Gang durch die Welt so zeichnen können (siehe Zeichnung S. 229). Wir gehen hin über den Erdboden, wir haben in uns die schattenhaften Erinnerungen. Würden wir uns einen Menschen vorstellen und diese schattenhaften Erinnerungen in ihm, wir müßten sie wie eine kleine Wolke in dem Gebiete seines Kopfes vorstellen – da, wo der Kopf allmählich übergeht in den Leib –, welche allmählich immer schattenhafter wird gegen den Leib hin. Indem der Mensch so durch die Welt schreitet, ist er umgeben wie von einem ätherischen Nebel, in dem eingeschrieben sind alle Erlebnisse, aber auch alles das, was vom vorigen Erdenleben in ihm eingeschrieben ist. Wir haben eine innere Erinnerung, und wir haben die Erinnerung der Welt außer uns. Jeder Mensch ist mit dieser Aura umgeben. Nicht nur in uns hinein ist erinnerungsgemäß eingegraben das gegenwärtige Erdenleben, sondern um uns

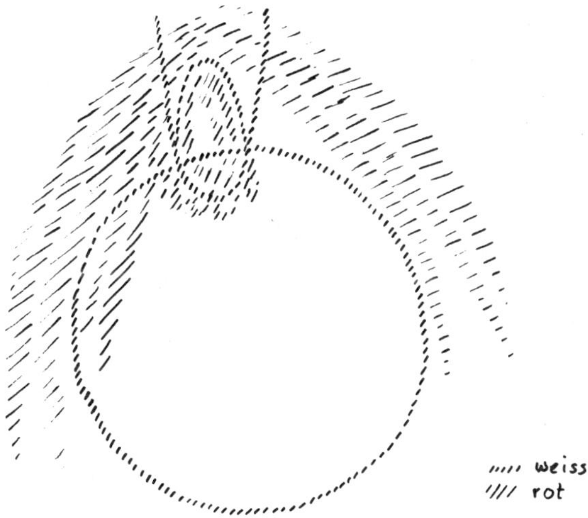

herum sind die Erdenleben des Menschen eingegraben. Nicht immer ist es leicht, diese Erinnerung zu entziffern, aber sie ist da. Die Entzifferung ist schwierig, und diejenigen Fälle, in denen ich Ihnen von solcher Entzifferung gesprochen habe in den vergangenen Tagen, sie waren nicht leicht in die Erkenntnis hinaufzubringen. Aber da ist alles. Der Mensch hat nicht nur ein Gedächtnis in sich, der Mensch hat ein aurisches Gedächtnis um sich herum. Es ist nicht möglich, in einem einzigen Augenblick – da, wo man sich dem nähert, was man im Erdenleben durchgemacht hat – dieses Gedächtnis heranzuholen. Dieses Gedächtnis braucht immer Tage. Da muß mitarbeiten das Aufwachen und Einschlafen, wie ich es beschrieben habe. Es kann niemals gesagt werden, irgendein Erleben ist da, man soll sich erinnern, wie es gestaltet ist aus früheren Erdenleben heraus. Man muß dieses Erleben klar und imaginativ und mit seiner es durchdringenden Inspiration ins Auge fassen; dann muß man warten, bis es sich enthüllt. Der geistigen Welt gegenüber darf man mit den Forschungen niemals spekulieren, niemals etwas ausdenken, sondern nur die Vorbereitungen treffen, daß etwas aus der geistigen Welt heraus sich offenbaren kann. Wer da glaubt, die geistige Welt zwingen zu können, daß sie ihm dieses oder jenes offenbart, der wird sich gar sehr irren, der wird nur Irrtümer aus ihr herausbekommen. Man muß vorbereiten dasjenige, was man erhoffen kann, mehr oder weniger gnadevoll geoffenbart zu bekommen aus der geistigen Welt heraus.

Sehen Sie, das ist der Erkenntnisweg, der mit der Initiationswissenschaft das Karma enthüllen kann. Durch ihn wird enthüllt, daß jeder Mensch das Karma wie eine Art Aura um sich trägt. Aber von dem, was der Mensch so an sich trägt, kann man auf diesem Wege der Dankbarkeit im Leben, wie ich sie geschildert habe, eine Ahnung bekommen. Man kann diese Ahnung von dem Eingeschlossensein in einen solchen karmisch-aurischen Mantel bekommen. Nur wird es nicht im Laufe von einigen Tagen gehen, wie bei der Initiations-Erkenntnis, sondern es wird sich bei einer intimeren Selbstbeobachtung des Menschen einstellen nach und nach oftmals für weit zurückliegende Ereignisse, auf die wir gerade den Blick wenden. Aber wenn ein gewisses Ereignis aus der Vergangenheit unseres Erdenlebens reif ist dazu, von uns so beurteilt zu werden, daß wir in es hereinspielen sehen die vorbereitenden Kräfte früherer Erdenleben, so bekommen wir schon eine Ahnung. Nur ist leider heute dasjenige im Seelenleben des Menschen ziemlich selten, was so tief in die eigene Seele hineinschürft, daß es bis zu dieser Auffassung des eigenen Erlebnisses kommt, an das man auch nur in diesem Dankbarkeitsgefühl herandringt. Das Leben wird heute von den Menschen viel zu äußerlich genommen. Man stürmt durch das Leben, hält nicht still an dem Erfühlen der einzelnen Erlebnisse. Es ist schon so: Wenn man mit einer gewissen Empfindung von der kosmischen Bedeutung des Menschenlebens aufgewachsen ist, dann könnte es einem in unserer Zeit manchmal ganz merkwürdig erscheinen, wie wenig die Menschen in Wirklichkeit eigentlich das sind, was sie vorstellen, wie stark die Menschen oftmals einfach mitgenommen werden vom Leben, ohne in diesem Leben individuell stark etwas zu sein.

Ich möchte auch da an konkrete einzelne Fälle anknüpfen. Sehen Sie, da fiel mir einmal im Leben ein Geschichtslehrer auf, ein Geschichtslehrer, der ein sehr gescheiter Mann war, auch auf seine Schüler den Eindruck eines sehr gescheiten Mannes machte, der, man konnte sagen, wenn er wollte, mit einer gewissen inneren Begeisterung, die er in die Betonung seiner Rede hineinlegte, die Geschichte seinen Schülern vortrug, so daß sich schon, wenn gerade der richtige Augenblick da war, Enthusiasmus für diesen Geschichtslehrer entwickeln konnte. Es war etwas Merkwürdiges mit diesem Geschichtslehrer. Ich sah ihn auftreten, wie er in der Tat unter seinen Schülern zunächst Enthusiasmus entwickeln konnte. Dann nahm ihn das Leben an dem Orte, wo er war, gefangen; er wurde nachlässig, er brachte nicht mehr die eigene Begeisterung auf, die er früher in seine Vorträge hineingelegt hatte. Er las vor aus Büchern, von denen er glaubte, daß die Schüler sie nicht kennen und auch nicht an sie herankommen würden. Nun ist einer der Schüler einmal dem nachgestiegen und hat nachgeschaut, aus welchem Buche das war, was er vorgelesen hatte. Da haben es sich alle Schüler gekauft und haben alles auswendig gelernt, und waren «ausgezeichnete Schüler». Er wurde endlich so oberflächlich, daß er gar nicht mehr dabei war bei dem, was er in seiner Klasse vor seinen Schülern vorbrachte. Nach einer verhältnismäßig kurzen Zeit hatte sich diese Umwandlung vollzogen, und man mußte sich schon wundern, wie wenig er dabei war, nachdem er vor ganz kurzer Zeit noch Begeisterung hervorgerufen hatte. Wieder vergingen ein paar Jahre, und derselbe Geschichtslehrer, von dem ich eine ganze Anzahl von Schülern hatte sagen hören in ordentlicher Begeisterung der Jugend: Das ist einmal ein Mann, der für Geschichte schwärmt, bei dem kann man etwas lernen! –, endete ganz merkwürdig in der trivialsten Lebensversumpfung. In wenigen Jahren war er so stark im trivialen Leben versumpft, daß er außerhalb der Stadt wohnen mußte, in welcher er Lehrer war, weil er so wenig Ansehen hatte, daß er gar nicht in der Stadt wohnen konnte.

Eine solche Schicksalswendung, die erscheint einem doch als eine große Rätselfrage, und gerade an solchen Schicksalswendungen beginnt man, wenn man das Leben tief genug auffaßt, die karmischen Fragen zu stellen. Denn zahlreiche andere Menschen – wie soll ich sagen – wursteln halt so fort, indem sie so bleiben, wie sie sind, indem sie nicht solche radikalen Wendungen durchmachen. Lebt man dann in der wirklichen Geist-Erkenntnis drinnen, so werden solche Schicksale wie das, was ich Ihnen erzähle, eben zu großen Problemen. Wir werden auf der einen Seite durch Geist-Erkenntnis herangeführt zu den großen Problemen, die uns gestern am Ende einer Inkarnationenreihe Woodrow Wilson gezeigt haben, aber auf der anderen Seite werden wir in dem Leben, das uns unmittelbar umgibt, an die großen Schicksalsfragen des Menschen im Denken herangeführt. Man findet dann schon heraus, wenn man so etwas ganz unbefangen betrachtet: das kann doch nicht aus diesem Leben, in dem man gerade ist, herrühren! Und zahlreich werden in einem Erdenleben noch ganz andere Fälle sein, die nicht eine solche Schicksalswendung finden; da muß man dann mit seinem ganzen Menschenforschen eingreifen in die Sehnsucht nach dem Verständnis solcher Schicksalsfragen. Und dann stellen sich neben solche Fälle andere hin. Ich will noch ein Beispiel anführen. Gerade diese Beispiele schienen mir immer so – um meiner Anschauung über das Karma die nötige Farbe zu geben – durch mein eigenes Karma mir auf den Weg hingestellt.

Ich habe eine andere Persönlichkeit, auch einen Lehrer, persönlich kennengelernt. Der war eigentlich noch mehr verehrt als dieser andere, von dem ich gesprochen habe, war ganz außerordentlich verehrt von den Schülern. Die Schüler hatten so die Vorstellung: Das ist der größte Weise, der überhaupt gegenwärtig in der Welt existiert. – Solchen Eindruck hat der Betreffende auf seine Schüler gemacht – nicht auf alle, zum Beispiel nicht auf mich selbst, aber das ist eine Privatsache, das ist nicht charakteristisch – aber auf zahlreiche Schüler. Nun trug sich etwas höchst Merkwürdiges zu. Während man hätte glauben können aus der Art und Weise, wie sich das Verhältnis dieses Herrn zu seinen Schülern begründete – er hatte ja mit allem Enthusiasmus, mit jeder Fiber seiner Seele drinnengesteckt, so daß der Unterricht ihn scheinbar befriedigte –, entdeckte man plötzlich an ihm, daß er außerordentlich froh war, nicht mehr unterrichten zu brauchen, weil er zum Direktor ernannt worden war einer viel minderwertigeren Schule, als die war, an der er früher unterrichtet hatte. Er war froh, die Direktorengeschäfte machen zu können, die ja viel trivialer waren als das eigentliche Unterrichten. Und das Allerauffälligste, das Allerfrappierendste war, daß dieser selbe Mann, der begeistert reden konnte von Homer und Äschylos, der in wunderbarer Weise die Geographie seinen Schülern auseinandersetzte, daß dieser selbe Mann im trivial-politischen Parteiwesen endete. Geradezu unbegreiflich!

Ich führe dieses Beispiel eben nur als Beispiel an, denn ich könnte zu den beiden, die ich angeführt habe, noch eine ganze Anzahl hinzufügen. Es würden das solche Persönlichkeiten der weiter ausgebreiteten Gegenwart sein, bei denen man eigentlich das Gefühl hat: die sind wenig in ihrem Ich vom Leben ergriffen worden. Sie stehen als Persönlichkeiten da, die wenig vom Leben individuell ergriffen worden sind, sondern das Leben faßte sie von außen an. Faßt es sie einmal an, wenn sie noch nahestehen ihrer Seminarprüfung, ihrer Universitätsbildung, wo sie begeistert gehört haben, dann sind sie mit Begeisterung drinnen. Faßt das Leben sie mehr mit Trivialem an, dann finden sie sich ins Triviale hinein, dann sind sie auch zufrieden; nichts faßt ganz tief die Seele in ihnen. Wenn es nach der Gescheitheit ginge, nach der Verständigkeit – ja, wie viele Menschen wären heute Anthroposophen! Denn gescheit genug zur Anthroposophie sind heute Millionen und aber Millionen von Menschen. Dasjenige, was in unserer Zeit hindert, gerade an Anthroposophie heranzukommen, das ist dieses: das Leben oberflächlich nehmen mit seiner Seele, mit seiner Seele gar nicht hinkommen zu dem Leben, das Leben so vorüberfluten lassen in seinen Tiefen und in seinen Oberflächen und Banalitäten. Man geht in das eine Leben hinein wie in das andere, kann eine Zeitlang ein kleiner Schulreformer sein, nachher den ganzen Tag im Kaffeehaus sitzen und Billard spielen, den lieben langen Tag gar nicht eine Pause darin machen. Solche Dinge ereignen sich ja in unserem Leben.

Sehen Sie, da entsteht die große Frage: Wie kommt das zustande? – Für zahlreiche Seelen zeigt es sich, auf welch merkwürdige Weise das zustande gekommen ist. Eine ganze Anzahl solcher Persönlichkeiten wie ich sie durch die beiden Exempel geschildert habe, führen einen zurück in die ersten christlichen Jahrhunderte, wo diese Persönlichkeiten ihre maßgebenden früheren Erdenleben hatten, in diejenigen christlichen Jahrhunderte, wo das Christentum im Süden und auch schon etwas in der Mitte von Europa die Gestalt angenommen hatte, die es später vielfach für den Menschen beibehalten hat; wo jene Mysterienweisheit verglommen war, von der ich gezeigt habe in meinem

Buch «Das Christentum als mystische Tatsache», daß aus ihr das Christentum herausgewachsen ist, das kosmische Christus-Erlebnis, das Wissen davon, daß aus der Sonne, die ein Geistiges ist im Kosmos, der Christus ausgegangen ist und auf die Erde gekommen ist, um der Erde das zu sein, was es ihr geworden ist. Dieses Wissen, das von der Erde heraus sich weitet in kosmische Geistigkeit hinein, dieses Wissen war bei den maßgebenden christlichen Menschen im ersten Jahrhundert vorhanden und verglomm im vierten, fünften, sechsten, siebenten nachchristlichen Jahrhundert. Dann verglomm es so sehr, daß es ja heute so weit gekommen ist – aber dazumal hat es schon begonnen –, daß der größte Vorwurf für die Auffassung des Christus durch die Anthroposophie darin besteht: die Anthroposophie fasse den Christus als ein kosmisches Wesen, als ein Sonnenwesen auf. Sie sehen es überall bei den Gegnern: das wird der Anthroposophie zur größten Sünde gerechnet, daß sie den Christus kosmologisch auffaßt. Da wird gesagt: Das ist ein Aufwärmen dessen, was einmal als gnostisches Christentum da war. – Nun wissen die Leute ja nicht, was gnostisches Christentum überhaupt ist. Denn außer einigem Wenigen, aus dem wenig zu entnehmen ist, wie die Pistis Sophia, ist ja die Gnosis der Nachwelt nur durch die Gegnerschriften bekanntgeworden. Gnosis kennt man eigentlich nicht. Man weiß nur durch die Gegnerschriften davon. Denken Sie einmal über die Frage nach: Wenn von der Anthroposophie nichts bekannt bleiben würde als die Schriften meiner heutigen Gegner, wenn alles vernichtet würde außer den Schriften meiner Gegner, wie man da Anthroposophie in der Nachwelt schildern würde! – Das ist, was von manchen Leuten angestrebt wird und von manchen Kritikern: die anthroposophischen Bücher, die ja zahlreich vorhanden sind, so zu behandeln wie die gnostischen Schriften. Dann wären nur die Schriften der Gegner da; sie wären das erste, worauf man hinsehen würde: lauter Gegnerbücher! Das wäre höchst interessant. In bezug auf die Gnosis konnten die Menschen für die äußere Forschung nichts anderes bekommen als die Gegnerbücher. So daß der Satz ein einfacher Unsinn ist: «Die alte Gnosis wird aufgewärmt»; denn niemand kann es tun, der nicht die Gnosis selber kennt aus ihren Schriften, diese aber sind verlorengegangen! Aus Schriften, die zumeist von Gegnern geschrieben sind, kann man sie nicht kennenlernen; etwas anderes ist aber nicht auf die Nachwelt gekommen. Aber immerhin, auch das zeigt, daß es einem als die größte Sünde angerechnet wird, wenn man den Christus zusammenbringt mit dem Geiste des Kosmos. In einer wirklichen Auffassung der Evangelien muß jede Seite, jeder Satz der Evangelien auf das Kosmische im Christus hinweisen. Aber das ist allmählich vertilgt worden. Und in der Zeit, in der es am meisten vertilgt worden ist, sind zumeist diejenigen Menschen inkarniert gewesen, die, wenn sie heute wiederkommen, nicht den Anschluß an das Leben finden, weil sie in ihrer vorigen Inkarnation, wo sie auch schon klug und gescheit waren, unmöglich durch ihre Zeitbildung etwas wissen konnten über den Zusammenhang der Erde mit dem geistigen Leben im Kosmos. Weil sie gewissermaßen so hintaumelten durch das Leben, wie wenn die Erde nur ganz in sich selber abgeschlossen wäre und da draußen nichts zu sehen wäre als physische Sterne, wenden sie sich bei ihrer Wiederverkörperung gleichsam hintaumelnd an das auf sie wirkende reale Leben.

So schaut man in das Schicksal der Menschen hinein. Man kommt darauf, wie die Zeitbildung auf eine ganz große Menge von Menschen diesen Einfluß genommen hat, daß sie sie veroberflächlicht hat und sie schon mit der Anlage zur Veroberflächlichung in diesem Leben erscheinen, wie ich es Ihnen geschildert habe. Denn so erleben Sie diese Menschen, die einmal in einer früheren Inkarnation den Zusammenhang mit den Geistesmächten im Kosmos verloren haben: sie können in der nächsten Inkarnation, für welche die betreffende maßgebend war, den Zusammenhang mit dem irdischen Leben nicht finden. Alle kosmischen Gedanken sollen aber nicht bloß Betrachtungen in unser Leben hineinbringen, sondern Wille, Tat. Und da müssen wir denn doch bedenken: Wie wird es in der Zukunft gehen, wenn nun zu dem Nicht-Erfassen des Geistes im Kosmos auch noch das Nicht-Erfassen des irdischen Lebens kommt, das Hingehen durch die Trivialitäten in derselben Art wie durch die Tiefen des Lebens? – Da wird die Karmabetrachtung wirklich ernst. Sie kann nur in ernstester Weise unter uns leben.

Ich wollte heute mehr von der Gefühlsseite aus eine Karmabetrachtung geben.

FÜNFZEHNTER VORTRAG

Breslau, 14. Juni 1924

Sie haben schon aus mancherlei Betrachtungen, die im Zusammenhange mit der Schicksalsbildung des Menschen, der Karmabildung stehen, ersehen können, daß eigentlich dieses Menschenleben unvollständig betrachtet wird, wenn man nicht das Schlafleben einbezieht in die Selbstbeobachtung. Aber das Schlafleben bleibt ja eigentlich aus dem Bewußtsein draußen. Wenn sich der Mensch gewöhnlich in seinem nun einmal ihm im heutigen Zeitenleben eigenen Bewußtsein auf sich selbst besinnt, so sieht er zurück und sieht eigentlich nur die Tage; er läßt, da sie unbewußt verlaufen, die Nächte weg. Es bleibt also bei normalen Schläfern, da wir heute keine Siebenschläfer sind, ein Drittel des Lebens weg. Für die Betrachtung aber des Übersinnlichen, des Anteils des Menschen an der geistigen Welt, ist gerade dieses Drittel von einer ungeheuren Bedeutung. Wir wollen einmal durch die paar Striche, die man da machen kann, schematisch hinstellen, was eigentlich gemeint ist (es wird gezeichnet). Wenn jemand ein bestimmtes Alter erreicht hat, so schaut er zurück zunächst auf den ersten Tag, an den er sich erinnert, stückelt dann an das, was dazwischen liegt, den zweitletzten Tag an, den drittletzten Tag und so weiter, so weit, als er sich eben erinnert. Da bleiben die Nächte dazwischen, die läßt der Mensch unberücksichtigt. Er erinnert sich nicht so, daß er sich sagt: Da sind ja immer Zwischenzeiten. – Das müßte er eigentlich tun. Im heutigen Leben kommt auch der Mensch nicht zu einer so genauen Rückschau. Er beachtet das Leben viel zu wenig, um zu einer so genauen Rückschau zu kommen. Aber wenn er dazu kommen würde, so würde er gerade durch das, was er da in der Rückschau nicht sieht, was ihm fehlt für sein Leben, eine Anleitung, eine Hinweisung haben auf das Karma. Und gerade die Schlafbeobachtung, die gibt bedeutsame Hinweise auf das einzelne, individuelle Karma. Man muß nur einmal wirklich sich darauf einlassen, zu beachten, wie verschieden die zwei Momente sind im menschlichen Leben: der des Aufwachens, der des Einschlafens.

Diese Verschiedenheit kann man mit dem gewöhnlichen Bewußtsein gefühlsmäßig bemerken, aber die Initiationswissenschaft kann erst ein Licht verbreiten über dasjenige, was da gefühlsmäßig verschieden auftritt. Besonders verschieden erweist sich ja der Moment des Aufwachens und der Moment des Einschlafens bei etwas kranken oder kränklichen Menschen. Die haben bemerkt, leichter als die Gesunden, daß der Moment des Einschlafens etwas hat von einem leisen Lustgefühl, oftmals wenigstens. Der Moment des Aufwachens, wenn der Mensch sich in sich selbst zurück fühlt, hat etwas von einem leisen Unbehagensgefühl. Der Moment des Aufwachens ist eigentlich nur dann von Freude begleitet, wenn der Mensch gleich auf die äußere Welt aufmerksam wird und wenn die Außenwelt in seinem Bewußtsein übertönt dasjenige, was in ihm aufsteigt. Der Moment des Aufwachens hat ja etwas Dämmerhaftes für viele Menschen; auch der Moment des Einschlafens. Aber im Moment des Einschlafens hat der Mensch das Gefühl, daß er die Tagesereignisse, die er erlebt hat, so ein wenig mitschleppt, daß sie sich dann nebulos und nebuloser gestalten und er sie sozusagen verläßt; sie werden ihm immer leichter. Der Moment des Aufwachens hat etwas von einem Schweregefühl, von einem Gefühl, daß man sich erhebt wie aus gewissen Tiefen, aus denen man heraufsteigt und aus denen man etwas mitnimmt, was man in den Tag hineinträgt, was man im Tage erst abschleift, wodurch gerade das Rückerfühlen in sich beim Aufwachen etwas Unbehagliches haben kann. Wir haben eine unbehagliche Geschmacksempfindung, was bis in ein unbehagliches Empfinden eines dumpfen Kopfes hineingehen kann. Gewiß, der Mensch unterscheidet gewöhnlich nicht diese feineren Erfahrungen, die er an sich machen kann, aber gerade diese feineren Erfahrungen, die er an sich machen kann, deuten auf vieles im gesamten menschlichen Leben in einer sehr deutlichen Weise hin. Was geht denn mit dem Menschen eigentlich vor? Wir beschreiben ja ganz richtig, von einem gewissen Gesichtspunkte aus sehr genau dasjenige, was mit dem Menschen vorgeht: Im Bette bleibt liegen der physische und der ätherische Leib, heraus gehen in die geistige Welt beim Einschlafen das Ich und der astralische Leib; wiederum hinein gehen in den physischen und ätherischen Leib am Morgen beim Auf wachen das Ich und der astralische Leib. Aber wie vollzieht sich denn das? Gerade um in der Karmabetrachtung weiterzukommen, wollen wir uns heute einmal deutlich vor die Seele stellen, wie sich diese Sache eigentlich vollzieht, die wir mit einem gewissen Rechte zunächst etwas abstrakt beschreiben.

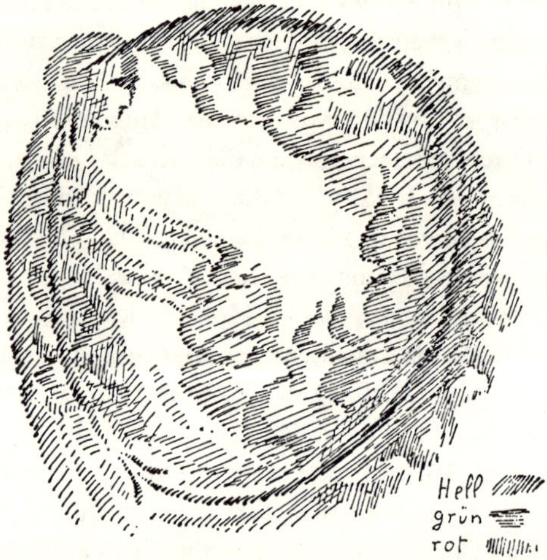

Sehen Sie, dieses Herausgehen des Ich und des astralischen Leibes aus dem physischen und dem Ätherleibe kann man schematisch in der folgenden Weise hinzeichnen (es wird gezeichnet). Wir nehmen an, das sei der Mensch. Wenn das der physische Leib und der Ätherleib ist, so gehen am Abend beim Einschlafen das Ich und der astralische Leib so heraus, daß sie sich gegen das Haupt zu herausbewegen. Und wir zeichnen ganz schematisch, wie die zwei immer größer und größer werden, aber eine Art Umkreis beschreiben. Und am Morgen, beim Aufwachen, gehen das Ich und der astralische Leib wirklich durch die Gliedmaßen, durch die Finger, durch die Zehen wieder in den physischen Leib hinein. Es ist also die Sache so, daß eigentlich ein Kreis beschrieben wird, und dieses, daß ein Kreis beschrieben wird, das ist wörtlicher zu nehmen, als man denkt. Denn in Wirklichkeit haben wir, wenn wir als normaler Mensch am Morgen aufwachen, nicht gleich vor dem hellsehenden Bewußtsein das Bild, daß nun der ganze astralische Leib und das ganze Ich in dem physischen Leib und in dem Ätherleibe drinnen sind, sondern sie rücken langsam dazu vor vom Morgen bis gegen Mittag und Nachmittag. Langsam rücken in den physischen Leib das Ich und der Astralleib hinein. Sie werden sagen: Ja, dann müßte ja die Sache höchst eigentümlich sein; dann müßten wir nach und nach fühlen, wie unser Ich und astralischer Leib von den Fingerspitzen und Zehenspitzen sich nach und nach dem Kopf zu bewegen. – Für einen außerordentlich genauen hellseherischen Anblick ist es auch so, nur fühlt das innerlich der Mensch so nicht. Denn die Wirkungsweise dieser höheren Wesensglieder ist eben anders als die Wirkungsweise irgendwelcher physischen Dinge. Sehen Sie, wenn eine Lokomotive einen Wagen schiebt, so wirkt sie immer so vor sich hin an dem Orte, wo sie gerade ist. Und wenn ein Geleise dreißig Meter lang ist und die Lokomotive schiebt an, so schiebt sie in der ersten Zeit den ersten Meter, dann den zweiten und so weiter, und am fünfzehnten Meter gibt es noch keine Wirkung von der Lokomotive, wenn die Lokomotive noch nicht dort ist. So aber ist es nicht bei geistigen Dingen, sondern die geistigen Dinge wirken auch am anderen Orte, als wo sie sind. So daß in der Tat der wache Tag, der durchwachte Tag dazu benutzt wird, daß wir langsam von den Fingerspitzen und den Zehenspitzen aus unser Ich und unseren astralischen Leib hineinbringen in unseren physischen Leib und in unseren Ätherleib, aber wirken tun sie darinnen schon von Anfang an, vom Aufwachen an, so daß man innerlich das Gefühl hat, man sei von ihnen ganz ausgefüllt. Dem hellseherischen Blicke zeigt sich aber, wie auch da ein richtiger Kreislauf ist durch den Tag hindurch; der andere, der ergänzende Kreislauf findet dann die Nacht hindurch statt. Ein solcher Kreislauf findet aber auch statt – es hängt das nicht sehr stark von der Zeit ab –, wenn Sie ein Nachmittagsschläfchen machen: dann geht das auch im Kreise herum. Dann müßten Sie eigentlich richtig sich vorstellen, daß wiederum das Ich und der astralische Leib herausgehen, und daß sich das so einrichtet nach Ihrem Schlafbedürfnis. Der Schlaf weiß nämlich schon in sich, wann der Schläfer aufwachen wird. Der Schlaf ist ein

Prophet, und alles geht ganz richtig in derselben Schnelligkeit, in der er sich abspielt. Sie wissen nichts davon, aber der Schlaf weiß das; der astralische Leib weiß das unter allen Umständen. Selbst dann weiß er es, wenn Sie durch irgendeine Störung kürzer schlafen als Sie wollen; selbst dann, wenn Sie also vor dem Schlafe sagen, nur eine halbe Stunde schlafen zu wollen und Sie liegen dann drei statt einer halben: da weiß der schlafende astralische Leib ganz genau, wie lange Sie schlafen werden. Er ist ein ganz genauer Prophet, weil die inneren geistigen Verhältnisse eben andere sind als die äußeren Verhältnisse, die man erlebt.

Daraus schon werden Sie merken, daß es etwas anderes ist, wenn man einschläft, und etwas anderes, wenn man aufwacht. Denn man war eben, wenn man aufwacht, in der geistigen Welt drinnen, und wenn man eben einschläft, kommt man aus der physischen Welt und geht in die geistige Welt hinein. Man erkennt da den Strom, den man gewissermaßen in der geistigen Welt durchschwimmt zwischen dem Einschlafen und dem Aufwachen, aber man erlebt darinnen auch. Nur ist eben das gewöhnliche Bewußtsein nicht geeignet, das zu wissen, was man da erlebt; es wird im Unbewußten erlebt. Man erlebt aber auch da, und man erlebt sogar da auf eine ähnliche Weise, wie man bei Tag erlebt, nur auf eine viel markantere Weise, auf eine viel intensivere Weise. Es ist da nämlich folgendes.

Wenn Sie bei Tag dieses wache Seelenleben beobachten, dann werden Sie darinnen zunächst haben diejenigen Erlebnisse, welche die Gedankenerlebnisse sind, die durch die verschiedenen Eindrücke des Lebens hervorgerufen werden. Die sind da. Aber da mischt sich immer hinein dasjenige, was an Erinnerungen aus dem schon vergangenen Erdenleben da ist. Versuchen Sie nur einmal zu prüfen, was sich da in allen Lebenslagen zusammenmischt aus den augenblicklichen Erinnerungen und aus dem, was da aufsteigt. Man kann ja insbesondere dadurch ein schönes Bild davon bekommen, wie sich das da durcheinandermischt, wenn man so recht darauf aufmerksam wird, wie doch das Leben in verschiedenen Augenblicken so ein recht gehöriger Brei ist, der sich zusammenmischt aus Erinnerungen und Augenblickseindrücken. Nun, das sind zwei ganz verschiedene Elemente des inneren Lebens: die Gedanken, die aufsteigen, und die Gedanken, die gewissermaßen einsteigen in die Sinne. Zwei solche verschiedenen Ströme des inneren Lebens sind nun auch während des Schlafes vorhanden. Es setzt sich nämlich während des Schlafes dasjenige fort, was hauptsächlich beim Einschlafen da ist, und dem strömt gewissermaßen fortwährend entgegen, so daß es des Morgens beim Aufwachen uns ganz entwischt, weil es gegen den Kopf hinströmt, was wir erleben beim Aufwachen (siehe die Zeichnung auf Seite 238).

Diese zwei Ströme gehen einander entgegen. Die eine Strömung, deren Qualität man besonders beim Einschlafen erlebt, ist die schon erwähnte, die man bewußt und stark und kräftig durchmacht in den ersten Jahrzehnten nach dem Tode, wo man das Leben noch einmal durchlebt, aber so, daß man alles in der entgegengesetzten Art erfährt.

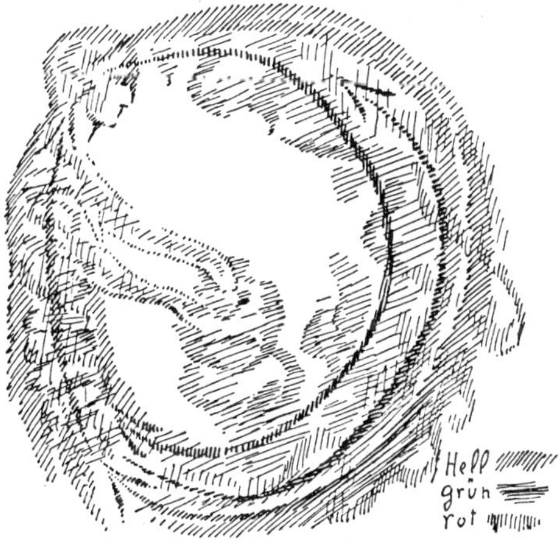

Wie ich es Ihnen drastisch gesagt habe: daß, wenn Sie einem eine Ohrfeige versetzten, Sie nun beim Durchleben nach dem Tode nicht das erfahren, was Sie während des bewußten Erdenlebens gehabt haben an Wut, als Sie die Ohrfeige gegeben haben, an Befriedigung vielleicht dadurch, daß Sie die Wut ausleben konnten, sondern Sie machen dasjenige durch, was der andere erlebt hat bei dieser Ohrfeige, seine physischen Schmerzen und auch seine moralischen Leiden. Das würden Sie so im Bilde, nun nicht in Wirklichkeit erleben, wenn Sie bewußt fortsetzten das Leben, das Sie gerade im Anfluge haben beim Einschlafen, wo es schon dämmrig wird. Wenn man sich voll, hell bewußt da hineinlebte, dann würde man dasjenige durchleben, was das Entgegengesetzte ist des Tageslebens, aber im Bilde. In den ersten Jahrzehnten nach dem Tode erlebt man es in Realität.

Die Art, wie ich das beschrieben habe, entspricht ungefähr dem Leben, das man bei Tag hat im wachen Zustande, wenn man bloß mit seinen Gedanken dem äußeren Leben hingegeben ist. Man hat aber auch die andere Strömung. Und diese andere, die hat etwas ganz Gigantisches. Man erlebt sie beim Aufwachen, wie ich es auseinandergesetzt habe. Nur hat sie etwas Beschwerliches, das man in den Tag hineinträgt und erst nach und nach überwindet; dann wird man davon frei. Wenn das mit Initiations-Anschauung ganz durchschaut wird, dann steckt in dieser zweiten Strömung das ganze menschliche Karma. Die ganze karmische Vergangenheit, sie zieht mit jedem Schlafe an dem Menschen vorüber. Während der Mensch vorzugsweise in dem, was er erleben kann beim Einschlafen, einen kleinen Vorgeschmack hat von dem werdenden Karma, das sich da ausbildet für die Zukunft, hat er, wenn er aufwacht in diesem Gefühl, das ich beschrieben habe, eine leise, allerdings eine sehr leise Empfindung von dem Karma, das er trägt. Der Moment des Aufwachens ist ein solcher, von dem man sagen muß: er bedeutet eine leise Andeutung alles dessen, was der Mensch in sich trägt von seinen vergangenen Erdenleben. Das wird allerdings aufgefangen durch alles das, durch das der astralische Leib und das Ich hindurchstrahlen, wenn sie sich von den Fingerspitzen und den Zehenspitzen aus in den Menschen hinein verbreiten. Aber es ist doch so, daß ein sehr beschwerliches Karma, ein Karma, an dem man stark trägt, die Eigentümlichkeit hat, daß es einem gewissermaßen in den Kopf hinaufstrahlt alles dasjenige, was ungesunde abgelagerte Stoffe sind, während ein gutes Karma eigentlich die guten abgelagerten Stoffe hinaufstrahlt. Und da ist es, wo Geistiges und Natürliches sich berühren. Das Gute im Karma des Menschen strahlt die gesunden

Zustände des Organismus am Morgen in den Kopf hinauf, macht den Kopf frei; es dünstet nicht so viel Krankhaftes in den Kopf hinauf vom guten Karma. Vom bösen Karma, von dem Nachgebliebenen alles dessen, was wir im bösen Sinne vollbracht haben, werden alle möglichen ungesunden Ablagerungen im menschlichen Organismus zu einer Art Hinaufdünsten in den Kopf gebracht. Man spürt dann den Kopf brummig und dumpf von dem, was das böse Karma ist. Man kann schon gerade an den Zuständen, die man da am Morgen hat, bis ins Physische hinein das Walten und Weben des Karma empfinden. Und das Karma bildet sich ja aus in der Wechselwirkung von Schlafen und Wachen. Geradeso wie das werdende Karma, das sich so zusammensetzt aus dem, was wir jeden Tag bis ans Lebensende vollbracht haben, wie dieses ganze bis zum Lebensende ausgearbeitete Karma uns für die Nacht dasselbe bedeutet, wie die augenblicklich gestalteten Gedanken für den Tag, so bedeutet jenes ganz Gigantische, was uns da entgegenströmt, was wir antreffen, wenn wir sozusagen vom Abend bis zum Morgen eingeschlafen sind, die Welterinnerungen an unser vergangenes Karma. Wie wir die persönlichen Erinnerungen beim Wachen haben, so haben wir, wenn sich das Bewußtsein darüber ausdehnt, unsere karmischen Erinnerungen vom Einschlafen bis zum Aufwachen. Da kommen uns entgegen die Erinnerungen an die verschiedenen Erdenleben, die wir durchgemacht haben. Bald nach dem Einschlafen kann entgegenkommen dem, der solches durch die Initiations-Weisheit, Initiations-Einsichten aufzufassen weiß, das letzte, das vorletzte Erdenleben, und so hinauf bis zu jenen Erdenleben, die unbestimmt werden, weil der Mensch selber noch mit einem unbestimmten, traumhaften, pflanzenhaften Bewußtsein damals im All lebte. So daß der Schlaf wirklich das Fenster ist, durch das der Mensch hineinschaut in sein Karma. Er lebt sich hinein in sein Karma, und er webt weiter durch seine Taten und Gedanken, die den Inhalt seines Lebens im Wachen bilden, er webt weiter gerade während des Schlafes an der Ausgestaltung seines Karma. Das ist das erste Weben am Karma: während des Schlafes. Ein zweites Weben haben wir schon betrachtet; das geschieht in den ersten Jahrzehnten nach dem Tode.

Wir werden wiederum an ernster Lebensauffassung gewinnen, wenn wir in dieser Weise die Bedeutung des Schlafes vor unserer Seele stehen haben, wenn wir uns sagen, daß wir jede Nacht in den Schlaf versinken aus dem Grunde, weil wir da weben vom Einschlafen bis zum Aufwachen an der Gestaltung unseres Karma, und weil da es ist, wo unser Karma aus den vergangenen Erdenleben den Ansatz findet, um in unser Tagesleben einzugreifen. Von der Nacht aus greift allmählich das Karma in das Tagesleben des Menschen ein, und wir nehmen aus der Nacht herauf etwas ganz Bestimmtes mit in den Tag hinein. Wer sich richtig besinnen kann darauf, wie er ein besonders bedeutungsvolles Ereignis in seinem Leben durchmacht an irgendeinem Tage, und wer eine intimere, feinere Selbstbeobachtung hat, wird dann schon leicht empfinden, wenn er, sagen wir, dieses bedeutsame Ereignis seines Lebens am Nachmittage erlebt, wie er fühlen kann, daß schon vom Morgen an die Unruhe in ihm war, zu diesem Ereignisse hingestoßen zu werden. Die meisten Menschen, die so etwas empfinden können, werden eigentlich das Gefühl haben, daß sie schon vom Morgen an losgelaufen sind auf ein solches Ereignis, das eine Bedeutung hat im Leben. Die ganzen vorhergehenden Tagesstunden färbte gewissermaßen ein solches Ereignis, auch wenn es ein ganz unerwartetes, wenn es ein wirklich schicksalhaftes, unerwartetes Ereignis ist. An Tagen, an denen wir Bedeutungsvolles im Leben durchmachen, wachen wir anders auf als an Tagen, die im gewöhnlichen Trott fortlaufen. Nur beobachtet man das nicht. Die einfachen Menschen, die in bäuerlichen Verhältnissen auf dem Lande früher gelebt haben – jetzt wird das immer seltener –, die wußten von solchen Dingen, und deshalb wollten sie nicht gleich aus dem Schlafe herausgerissen werden, weil, wenn man gleich aus dem Schlafe herausgerissen wird und in das wache Tagesleben ohne einen Übergang hineinkommt, man aus solchen intimen Erlebnissen herausgerissen wird. Deshalb sagt der Bauer, man solle niemals, wenn man aufwacht, gleich ins Fenster schauen, sondern lieber vom Fenster wegschauen, damit man noch das Finstere hat, damit man noch beobachten kann, was da aus dem Schlafe heraufkommt. Der Bauer will nicht gleich ins Fenster schauen, und der Bauer liebt es auch nicht, durch irgend etwas im Moment Schockierendes zu erwachen; er liebt es, so etwa mit dem Gang der Natur zu erwachen, mit der Kirchenglocke, die jeden Tag um dieselbe Zeit ihn aufweckt, so daß er sich schon während des ganzen Schlafes vorbereiten kann darauf. Dann dämmert ihm, die Kirchenglocke tönt langsam ins Leben hinein, und dann hat er am Morgen seine Ahnungen vom Schicksal; von den Schicksalsereignissen, nicht von den freien Willensereignissen. Das hat er gern, und er wird es hassen, auch wenn der Kulturmensch es so liebt, sich vom Wecker aufwecken zu lassen, denn der treibt einen gründlich, mit Todsicherheit aus allem Geistigen heraus, viel stärker natürlich als das Fenster, das man gerade beim Aufwachen beguckt. Aber unsere moderne Kulturentwickelung hat es ja eben durchaus in den Lebensverhältnissen mit dem Materialismus gehalten und hält es weiter. Es gibt vieles im modernen Leben, was durchaus den Menschen es unmöglich macht, das Geistige, das in der Welt webt und lebt, eigentlich zu beobachten. Je mehr der Mensch jenes Unbestimmte, man möchte sagen halb Mystische, das vom Schlaf aus in sein Leben hineinstrahlen kann, beobachtet, desto mehr kommt er zum Aufmerken auf sein Karma.

Und jetzt werden Sie verstehen, warum ich sagen konnte: Von Menschen, denen man im Leben entgegentritt, und wo gleich Sympathie und Antipathie aufsteigt aus dem Innern, ganz unabhängig, was sie für äußere Eindrücke im einzelnen machen, träumt man leicht. Was tut man denn da? Das sind solche Menschen, mit denen man schon in früheren Erdenleben zusammen war. Man hat also, sagen wir, am 14. Juni 1924 nachmittags dieses Erlebnis gehabt: man hat einen Menschen, der einem antipathisch sein kann, getroffen. Jetzt trägt man dieses Erlebnis, das in uns Gefühle hat aufsteigen lassen, in den Schlaf hinein. Aber da drinnen ist das Karma; da drinnen steht er, wie er im zweitletzten und im letzten Erdenleben war, da begegnet man ihm in der Gestalt des früheren Erdenlebens. Man trifft auf alles das, was man da durchgemacht hat mit dem Menschen, der da aufgetaucht ist, und der einen am Tage nur an etwas erinnert hat. Geistig leibhaftig begegnet man ihm. Kein Wunder, daß man zunächst von ihm träumt; mit dem gewöhnlichen Bewußtsein kann man nichts anderes tun. Trifft man aber einen Menschen zum ersten Mal im Leben, da mögen einem die Nase, die Augen schön oder häßlich sein, einen noch so stark interessieren: schläft man jetzt ein, man trifft ihn nirgends, denn man war in früheren Erdenleben nicht mit ihm zusammen. Kein Wunder, daß man nicht von ihm träumen kann! Sie sehen, wie dergleichen durchsichtig wird, wenn man geistig sachgemäß beobachtet.

Nun, das, was sich da abspielt zwischen Schlafen und Wachen in der Karmabildung, das kann normal verlaufen, richtig normal verlaufen; dann wird der Mensch erleben, wie sich sein Schicksal gestaltet als Erfüllung desjenigen, was er in früheren Erdenleben sich angehängt hat. Oder aber er wird erleben, welchen späteren karmischen Wert jene Dinge haben, die er denkt oder tut in diesem Erdenleben. Es wird sich in der Regel in dem, was der Mensch denkt oder handelt, ausleben. Aber es kann noch etwas anderes auftreten.

Sehen Sie, man kann irgend etwas in einem Erdenleben vollbracht haben, das ein schwerwiegendes Tun oder Denken ist. Also nehmen wir an, irgendein Mensch, der heute auf der Erde lebt, hätte in einem früheren Erdenleben irgend etwas Schwerwiegendes vollbracht. Dasjenige, was sich als karmisches Ergebnis herausstellt, lebt nicht im physischen Leibe, den man von den Eltern bekommen, auch nicht im Ätherleibe, den man von den Eltern bekommen, sondern es lebt im astralischen Leibe und im Ich; es lebt in dem, was in der Nacht draußen ist außer dem physischen und ätherischen Leib. Aber nehmen wir an, es habe dasjenige, was da karmisch auf dem Menschen lastet, etwas so Starkes, daß es nicht warten kann bis zu jenem Lebensalter, wo der astralische Leib schwach sein darf, weil im hohen Alter Muskeln und Knochen schon brüchig geworden sind. Nehmen wir an, nicht wahr, die normale Lebenszeit eines Menschen ist siebzig Jahre, – das Patriarchenalter. In diesen siebzig Jahren, die der Mensch auf der Erde leben kann normalerweise, macht ja auch der Astralleib und macht das Ich eine Entwickelung durch. Beim Kinde ist der astralische Leib so, daß er stark wirken, kräftig wirken kann auf den ganzen physischen und ätherischen Organismus; er kann beim Kinde gewissermaßen einhämmern auf Muskeln und Knochen. Das kann er im Alter nicht mehr; da wird der Astralleib auch verhältnismäßig schwach. Das Ich wird stärker, aber es zieht sich in den schwächeren Astralleib zurück und wirkt so auch schwächer; doch liegt dies namentlich am Astralleib, der im Alter nicht mehr richtig geeignet ist, einzuhämmern auf Muskeln und Knochen. Nun denken Sie, es lebte also jemand gegenwärtig, sagen wir, im zwanzigsten Jahrhundert, und er habe früher gelebt im vierzehnten, im elften Jahrhundert. Da aber, als er im elften Jahrhundert gelebt hat, da habe er eine recht schwerwiegende Tat vollbracht, eine Tat, die stark, stark Eindrücke machte auf den astralischen Leib; jetzt steckt das als Ergebnis im astralischen Leib drinnen. Wenn der Mensch im zwanzigsten Jahrhundert wiederkommt, will es sich ausleben, will von diesem astralischen Leib aus die Anregung geben, sich auszuleben. Ja, wenn dasjenige, was von dem Erleben im elften Jahrhundert kommt, so schwerwiegend ist, daß es sich nicht begnügen kann mit einem schwachen, alt gewordenen astralischen Leibe, der kaum noch die Beine vorwärts bewegen kann zu großen Taten, dann muß es einen astralischen Leib benutzen im früheren Lebensalter. Und wenn das Ereignis so wichtig war, daß es alle anderen Lebensereignisse überstrahlt, so muß es viel zusammendrängen in dem jugendlichen Alter des astralischen Leibes. Was heißt das? Das heißt nichts anderes, als: der Mensch wird eine kurze Lebensdauer haben in der Inkarnation, die im zwanzigsten Jahrhundert eintritt. Hier sehen Sie, wie die Lebensdauer bestimmt wird durch die Art und Weise, wie im astralischen Leibe verankert sind die Ergebnisse früherer Erdengedanken, Erdentaten. Die sind im astralischen Leibe verankert.

Nun gehen wir weiter. Sehen Sie sich einmal einen solchen Astralleib an, der geradezu aufgebauscht wird durch wichtige Lebenstaten in irgendeinem früheren Erdenleben, namentlich durch böse Lebenstaten; die bauschen den Astralleib auf, so daß dieser astralische Leib stark auf den physischen Leib und auf den Ätherleib einschlägt. Dieses Einschlagen ist nicht gesund. Nur ein gewisses normales Verhalten des astralischen Leibes zu dem physischen und dem Ätherleibe ist gesund. Das starke Einschlagen, das zum Beispiel durch ein böses Karma bewirkt werden kann, das zerhämmert die Organe, das zermürbt die Organe, das bewirkt Krankheiten in den Organen. Jetzt haben wir das zweite. Solch ein entsprechendes Tun oder Denken im elften Jahrhundert kann den Astralleib aufbauschen, dadurch über den Menschen den Tod im frühen Lebensalter verhängen. Aber durch dieses Zusammenbauschen wird der Mensch außerdem noch krank; der Mensch ist krank vielleicht an schwerer Krankheit, er stirbt infolge dieser Krankheit. Das ist physisch gesprochen. Denn wenn wir sehen, was da vorgeht im physischen Leibe des Menschen, dann sagen wir: Der Mensch ist krank, und die Krankheit läuft in den Tod aus, der Mensch stirbt; er wird mit fünfundzwanzig Jahren krank und stirbt mit dreißig Jahren infolge der Krankheit.

Ist das auch geistig gesprochen? Ist das auch im Sinne der Initiations-Wissenschaft gesprochen? Nein. Da muß ja das Gegenteil gesagt werden. Da wird gerade das schwerwiegende Erlebnis, das der Mensch tut oder denkt, der Tod für das nächste Erdenleben; die Tat im elften Jahrhundert wird der Tod für das zwanzigste. Und der Tod schiebt sich die Krankheit voraus. Man wird krank, auf daß man im richtigen Momente sterben könne. Die Folge des späteren Todes, der karmisch eintreten muß, ist, wie Sie jetzt sehen, die vorausgeschobene Krankheit. Das ist geistig gesprochen. Es kehrt sich eben, wenn man von der physischen Welt in die geistige aufsteigt, eigentlich alles um, es nimmt den umgekehrten Verlauf, und wir sehen, wie auf diesem Wege in den Menschen karmisch die Krankheit hereingebracht wird. Das ist die karmische Seite der Krankheit. Diese karmische Seite der Krankheit, sie kann schon außerordentlich wichtig sein auch für das Diagnostizieren. Man braucht ja nicht gleich sich mit dem Patienten darüber zu unterhalten, aber wichtig kann es doch sein. Wenn Sie bedenken, daß, was im Karma liegt, geradezu lokal bestimmt ist, dann werden Sie schon darauf kommen müssen.

Sehen Sie, wenn in einer unmittelbar vorhergehenden Inkarnation, sagen wir, im elften Jahrhundert, einem Menschen oder einer Sache gegenüber das bedeutsame Ereignis im Tun und Denken da war, so trifft man ja beim Hinausgehen in den Schlaf dasjenige, was im elften Jahrhundert da war, früher an als das, was man antrifft aus einer noch früheren Inkarnation, sagen wir zum Beispiel aus dem zweiten vorchristlichen Jahrhundert. Man trifft so nach und nach dasjenige, was man da in vorigen Erdenleben durchgemacht hat. Aber sehen Sie (es wird auf die Zeichnung hingewiesen), wenn man hier eintritt, so ist, was man zuerst da trifft, dasjenige, was den Weg von hier bis hierher gemacht hat; das, was früher da war, hat nur den Weg von hier bis hierher gemacht. Das Karma kommt einem ganz entgegen; das deutet aber darauf hin, daß dasjenige, was hier oben ist, von dem da unten kommt, das, was hier unten ist, vielleicht vom Herzen kommt; das aber, was ganz unten ist im Organismus, was in der vorhergehenden Inkarnation durchgemacht ist, vom Kopfe kommt. Man kann also aus dem Karma, wenn man durchschaut, wie weit zurück die maßgebenden Ereignisse liegen, bei auftretenden Krankheiten sagen: Was krankhaft an den Beinen auftritt, das ist aus verhältnismäßig kurz zurückliegenden Erdenleben, was krankhaft im Kopfe auftritt, aus verhältnismäßig weit zurückliegenden Erdenleben. So daß man also da schon den Übergang vom Geistigen ins Physische auch nach dem Karma beurteilen kann.

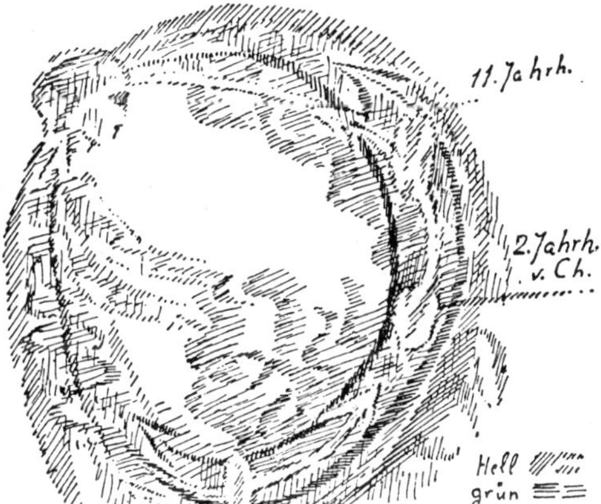

Nun, wesentlich ist aber das, was daraus folgt für das Therapeutische. Wo wird man denn die Heilmittel für dasjenige suchen müssen, was im Kopfe krank ist, und wo wird man die Heilmittel suchen müssen für dasjenige, was in den Beinen krank ist? Für das, was im Kopfe krank ist, muß man die Heilmittel suchen in dem, was möglichst weit zurück in der Naturentwickelung schon da war, – bei dem also, was erinnert an frühere Naturprozesse, sagen wir zum Beispiel bei den Pilzen, die in ihrer jetzigen unvollkommenen pflanzlichen Gestalt gewissermaßen wiederholen dasjenige, was frühere Pflanzenbildung war, oder bei den Algen und Flechten, oder an den vollkommenen Pflanzen bei den Wurzeln, die dasjenige sind, was in frühester Periode zurückbleibt. Das, was im Unterleibe, im Unterleib mehr nach der Peripherie zu gelegen, krank ist, wird man heilen müssen mit dem, was später in der Naturentwickelung aufgetreten ist: mit den Blüten, mit den Blütenpflanzen, oder auch aus dem mineralischen Reich mit dem, was später aufgetreten ist. Alles das, was am Menschen spät aufgetreten ist, muß man auch mit spät in der Natur Aufgetretenem heilen. Das geht bis in die Einzelheiten hinein. Natürlich sind auch im Kopfe Organe, die verhältnismäßig spät aufgetreten sind. Der Mensch lebte in der Erdenentwickelung, als die Erde noch Mond- und Sonnenentwickelung war, ohne die heutigen Augen, überhaupt ohne die Sinnesorgane, obzwar die Sinnesorgane in ihrer ersten Anlage schon während der alten Saturnentwickelung vorhanden waren. So wie sie jetzt sind, daß sie die Außenwelt innen widerspiegeln, haben sie sich verhältnismäßig spät entwickelt, gleichzeitig mit dem Auftreten zum Beispiel des Kieseligen auf der Erde in seiner jetzigen Form. Kiesel ist in der Naturentwickelung, so wie es heute ist, natürlich in der Anlage weit zurückgehend, in der Natur ein Spätprodukt; die Geologie wirft da alles durcheinander und weiß nicht, wie sich die Dinge verhalten. Daher wirkt Kieselsäure, wenn man sie richtig als Heilmittel anwendet, auf alles das, was Sinnes- und Nervensystem, namentlich Sinne ist, durch den ganzen menschlichen Organismus durch. Die Sinne sind in ihrer heutigen Form ganz zuletzt gebildet in einer Zeit, als auch die Gesteine, in denen Kieselsäure ist, sich in ihrer heutigen Form gebildet haben. Wir waren einfach unserem Karma nach in unserer ersten Inkarnation, die überhaupt noch Inkarnation genannt werden kann, wo wir noch mit unserem ganzen Leibe mehr aufgegangen sind in der Natur, mit anderen Formen des Pflanzen- und Tierlebens zusammen, die heute Nachfolger haben. So schauen sie nicht aus, die Pilze und die Pflanzenwurzeln, wie sie damals ausgeschaut haben, aber in gewisser Weise ist dasjenige, was heute vorhanden ist in den Pilzen, Flechten, Algen, in den Pflanzenwurzeln, ähnlich dem, was wir damals durchgemacht haben in unserer ersten maßgebenden Inkarnation. Bei all dem, was in den Blüten und Blütenpflanzen und in den gleichwertig ausgebildeten Mineralien heute vorhanden ist... (Lücke in der Nachschrift). Ich führe Ihnen dieses nur an, damit Sie sehen, wie eine richtige Karmabetrachtung auch ganz entsprechend in die Naturentwickelung hineinführt. Und aus der Beziehung der Natur zu dem Menschen kann man schon aus dem Karma heraus erkennen, wie man heilen muß. Alles im Leben muß schließlich so erweitert werden, daß es in die Geisteswissenschaft allmählich einläuft. Denn alles andere ist Tappen und Tasten im Leben, wie ein Hinleben in geistiger Finsternis, und das hat die Menschheit in die gegenwärtige Lage hineingebracht. Will die Menschheit wieder aus ihr herauskommen, so muß sie auch ins Helle sich hineinarbeiten; das heißt, das Physische muß sich erweitern zum Geistigen. Und durch nichts kommt man, ich möchte sagen, so sachgemäß ins Geistige hinein als gerade durch alles das, was man über das Karma sich vorstellen kann.

Wenn man so sich vorstellt,wie aus dem Schlafe heraus die Karmabildung webt, wie sie wieder hineinwebt durch den Schlaf beim Einschlafen, wie die normale Karmabildung den Menschen zu Taten treibt, seine Taten wiederum aufnimmt in das Karma, und der Mensch dabei das gewöhnliche Karma des Lebens lebt, oder wenn man anschaut,wie das Leben zusammengeschoben werden muß, der Mensch früher sterben muß, daher das Karma den astralischen Leib, den es stark in Anspruch nehmen muß aus früheren Taten, aufbauscht, was zu dem Krankwerden des Menschen beiträgt: überall zeigt sich, wie das Karma wirkt. Oder nehmen wir an, der Mensch hat einen Unfall und wird dadurch krank. Dann wirkt unter Umständen ein solcher Unfall, der karmisch bedingt sein kann, aber nicht sein muß, im weitern karmischen Verlaufe durch die folgenden Erdenleben hindurch. Krankheit kann auch der Anfang von Karma sein. Da wiederum wird man wahrnehmen, daß solche Krankheiten, die der Anfang von Karma sind, das Einschlafen unangenehm machen, namentlich erschweren. Aber wenn Krankheiten der Anfang von Karma sind, dann haben sie ja eigentlich etwas Tröstendes. Und das müssen wir uns gegenüber manchen Krankheiten durchaus sagen: Krankheiten, die erfülltes Karma sind, die für das Aufwachen unangenehm sind, die sind dasjenige, was auf vorhergehende, frühere Erlebnisse hinweist; Krankheiten, die werdendes Karma sind und die unangenehm beim Einschlafen sind, die uns nicht einschlafen lassen, die sind der Anfang von gutem Karma. Denn das wird ja ausgeglichen, was man in einer solchen Krankheit erleidet. Man hat jetzt den Schmerz, und nachher hat man sozusagen die Ausgleichung für den Schmerz, das erhebende und freudige Erleben. Da nimmt sich auch wiederum manches im Leben gegenüber der geistigen Betrachtung anders aus als gegenüber der physischen. Für das physische Erleben ist es manchmal recht schmerzlich, nicht einschlafen zu können; eine richtige Betrachtung des Geistigen kann einen darüber dann hinwegtrösten. Und wenn man nicht das momentane physische über das geistige Leben des Menschen stellt, so kann man eigentlich sagen: Gott sei Dank, daß ich so oftmals Schwierigkeiten habe mit dem Einschlafen, denn das beweist mir, daß ich im künftigen Erdenleben viel Erhebendes erleben werde; da will von meinem jetzigen Erdenleben viel hineinkommen in das folgende Erdenleben. – Schlaflosigkeit kann manchmal ein guter Tröster sein, und wäre nicht Schlaflosigkeit aus dem Geistigen heraus karmisch etwas Gutes, dann würde Schlaflosigkeit den Menschen viel mehr schaden. Denn manche Menschen erzählen einem ganze Legenden von ihrer Schlaflosigkeit, so daß man äußerlich-medizinisch das Urteil aussprechen könnte: Wieso lebt dann der Mensch noch? – Zum normalen Leben ist normaler Schlaf notwendig. Nun erzählen einem die Menschen, wie lange sie nicht geschlafen haben. Man muß dann erstaunt sein darüber, daß sie noch leben, denn sie müßten eigentlich tot sein, sie sind es aber nicht. Aber da wirkt jenes frische Geistige, das, vom Ich gehalten, in das Leben hineinwirkt, als ausgleichend. Und wenn man ein wenig das Leben überschaut, dann ist ja auch zuweilen der wirkliche ruhige Schlaf nach hartem Lebenskampf und harter Lebensarbeit zu ertragen; aber zu liegen in vollständiger Ruhe ohne zu schlafen und beim völligen Wachsein gewissermaßen die Nacht ruhig wachend zu verbringen, das ist dasjenige, was dennoch das Entzückendere ist, gerade weil es in den Willen gestellt ist, weil da der Mensch sich gerade in das Ewige mehr und mehr hineinlebt. Nur muß es eben in den Willen gestellt sein. Es darf nicht, wenigstens der Hauptsache nach, von dem bloß Physiologischen abhängen. Aber dennoch, für schweres Einschlafen und Schlaflosigkeit gibt es schon einen karmischen Trost, denn es weist eigentlich hin auf das künftige Karma, weist hin auf die Zukunft in bezug auf gewisse Dinge.

SECHZEHNTER VORTRAG

Breslau, 15. Juni 1924

Vergleichen wir einmal dasjenige, was sich uns durch die unmittelbaren Erfahrungen über unser Verhältnis zum Leben zwischen Geburt und Tod darbietet, mit dem, was der Mensch innerlich empfinden muß über den Zusammenhang seines seelisch-moralischen Verhaltens, Denkens und Handelns mit dem Ergebnis dieses moralisch-seelischen Verhaltens. Wir sind ja von solchen Betrachtungen gerade an diesen Abenden ausgegangen, und wir werden auch wiederum unsere Auseinandersetzungen in solche Betrachtungen zum Schlusse einlaufen lassen. Wir sehen, wenn wir auf der einen Seite hinblicken auf die Art und Weise, wie unsere moralisch-seelischen Handlungen hervorgehen aus unseren Absichten, aus der ganzen Stimmung unserer Seele, daß wir, wenn wir unbefangen auf uns selbst hinschauen, den einen Teil unserer Handlungen bezeichnen müssen als die sittlich guten, diejenigen, die sich dem Weltenprozesse einfügen können; die anderen Handlungen als die sittlich bösen, die sittlich unvollkommenen, diejenigen, die sich seelisch nicht einfügen können dem Weltenprozeß. Aber all das, was durch den Menschen geschieht, kann ja nicht bloß eine Augenblicksbedeutung haben – so sagt sich eigentlich jeder selbst –, wie auch alles in der Natur nicht bloß seine augenblickliche Bedeutung hat; sondern alles hat seine Wirkungen, seine Folgen, alles wird zur Ursache von etwas anderem oder ist Wirkung von etwas anderem. Das menschliche Leben würde gar nicht hineinpassen in den Gang der Weltereignisse, wenn nicht auch dasjenige, was es in sich trägt, Ursache und Wirkung sein würde. Aber während wir völlig zufrieden sein können, wenn wir in der Natur betrachten, wie irgend etwas aus seiner Ursache heraus geschieht, können wir über dem Zusammenhang unseres moralisch-seelischen Erlebens mit dem Weltengange eben durchaus nicht zufrieden sein. Wir sehen, wie in dem physischen Geschehen kein unmittelbarer Zusammenhang sich herausstellt zwischen dem, was aus unserer moralisch-seelischen Verfassung werden soll, und dem, was im Laufe des physischen Lebens wirklich geschieht. Und ebenso sehen wir, wenn wir im weiteren menschlichen Umkreise das Geschehen auf uns wirken lassen, daß derjenige, der unter Umständen, wenn man seine Seele betrachtet, als moralisch, seelisch gut erscheint, von Unglück, von Schlimmem in der Welt betroffen wird, während der, welcher seelisch schwach, schlimm, ungut erscheint, durchaus von äußerem Geschehen getroffen werden kann, das nicht in allem irgendwie Vergeltung oder dergleichen für dasjenige ist, was in seiner Seelenverfassung lebt. Kurz, wir finden, wenn wir die Natur überblicken, keinen Zusammenhang zwischen dem, was der Mensch erlebt, schicksalsmäßig erlebt, und dem, was die Wesenheit, die Natur seines Wollens ist, und es wäre eine, man könnte sagen, ganz unverantwortliche Illusion, wenn der Mensch für das eine Erdenleben sich vormachen wollte, daß der Verlauf seines schicksalsmäßigen Lebens irgendwie sich als Wirkung ergäbe seines moralischen Wollens. Der Böse kann glücklich, der Gute kann unglücklich sein. In diesen beiden Sätzen faßt sich dennoch dasjenige im Erdenleben zusammen, was dieses Erdenleben zunächst für die höhere Menschlichkeit unbegreiflich macht. Und wir werden daraus ersehen, wie der Mensch, so wie er nun einmal hineingestellt ist in die Welt, nicht in der Lage ist, die entsprechenden Folgen seiner Handlungen eintreten zu lassen: das Moralische bleibt im einzelnen Erdenleben innere Seelenverfassung, innere Seelenstimmung, kann sich nicht unmittelbar in der äußeren physischen Wirklichkeit offenbaren. Allerdings, das besteht ja, daß die Seelenverfassung als eine reale Wirkung der sittlichen Seelenstimmung eintreten kann. Wir können ob unseres guten Verhaltens innerlich-seelisch befriedigt sein, trotzdem uns Unglück trifft, das in einem krassen Gegensatz zu demjenigen steht, was wir eigentlich verursacht haben; aber es bleibt das, was bewirkt wird auf diese Weise, dennoch innerlich-seelisch. Der Mensch muß sich gestehen: Innerhalb des physischen Lebens ist er nicht imstande, in der physischen Welt äußerlich zu verwirklichen dasjenige, was er moralisch-seelisch in seinem Innern trägt.

Wenn wir so, wie wir das in den letzten Tagen getan haben, das Karma betrachten, wie hinüberwirken die früheren Erdenleben in die späteren, dann kommen wir zu einem solchen inneren, entsprechen den Zusammenhang des Späteren mit dem Früheren auf seelisch-moralischem Gebiete. Das heißt aber mit wenig Worten: Der Mensch hat hier im physischen Erdenleben eine Organisation, welche die seelischen Folgen seines moralischen Verhaltens zurückschlägt in sein Seelisches, sie in *einem* Erdenleben nicht herauskommen läßt. Es ist der Mensch in diesem Erdenleben ohnmächtig, dasjenige, was er sittlich in seiner Seele trägt, zu verwirklichen. Ohnmächtig ist der Mensch; seine äußerlich-physische Körperlichkeit, seine ätherische Substantialität macht ihn ohnmächtig. Der Mensch wird in dem Leben zwischen dem Tod und einer neuen Geburt ebenso mächtig, wie er hier im physischen Leben ohnmächtig ist. Wenn ihn aber hier im physischen Leben der physische Leib und der Ätherleib hindern, wenn ihn diese ohnmächtig machen, so muß etwas im Leben zwischen Tod und neuer Geburt sein, das ihn mächtig macht, es dort und in späteren Erdenleben auch physisch zu verwirklichen. Hier sind wir mit unserem physischen Leibe und mit unserem Ätherleibe innerhalb der Reiche der Natur. Dasjenige, was wir im physischen Erdenleben für unseren physischen und unseren Ätherleib aus dem Reiche der Natur entnehmen müssen, das macht uns ohnmächtig. Mit demjenigen, womit wir durch die Pforte des Todes gehen, mit unserem eigenen seelisch-geistigen Wesen, werden wir nach dem Tode mächtig, weil wir zwischen dem Tod und einer neuen Geburt, ebenso wie wir auf der Erde mit den Reichen der Natur verbunden sind, verbunden sind mit den Wesenheiten der höheren Hierarchien. Die Wesenheiten der höheren Hierarchien gliedern sich ja in drei Reiche, in das gewissermaßen unterste Reich: Archai, Archangeloi, Angeloi, das mittlere Reich: Exusiai, Dynamis, Kyriotetes, das höchste Reich: Throne, Cherubim, Seraphim. Wir haben dargestellt im Verlaufe dieser Vorträge, wie der Mensch mit der eigentlichen Wesenheit der Sterne und dadurch mit diesen höheren Hierarchien zwischen dem Tode und einer neuen Geburt lebt. Damit aber das Moralisch-Seelische in unserem Erdenleben sich darstellen kann, muß folgendes vor sich gehen.

Wir müssen zunächst in Wahrheit dasjenige, was die Wirkung unserer moralisch-seelischen Gedankenstimmung, Gefühlsstimmung, Willensstimmung ist, in der Seele drinnen behalten, müssen warten, bis wir in dem Leben zwischen Tod und neuer Geburt die Hilfe der Wesenheiten der höheren Hierarchien bekommen. Dann wird dasjenige, was wir in der Seele tragen, erst durch die geistige Welt hindurchgetragen, taucht wieder auf in einem neuen Erdenleben und erscheint dann in derjenigen Gestalt, in der es erscheinen soll. Was wären wir denn, wenn wir unmittelbar im irdischen Leben verwirklichen könnten, was wir seelisch-moralisch in uns tragen? Wir wären nicht die Menschen des irdischen Erdenlebens! Denken Sie, irgend etwas würden Sie moralisch-seelisch in sich tragen, von dem Sie mit Recht ersehen können, das müßte eine glückliche Weltsituation schaffen, und das geschähe, Sie könnten das bewirken. Was wären Sie dann? Sie wären ein Magier, nicht ein Mensch des irdischen Lebens! Denn wenn so ein Geistig-Seelisches unmittelbar bewirkt wird, so ist das im wesentlichen magische Wirkung. Der Mensch ist im einzelnen Erdenleben zwischen der Geburt und dem Tod in unserem gegenwärtigen Weltenzyklus kein Magier, aber er ist ein Magier zusammen mit den Wesen der höheren Hierarchien, indem er zwischen dem Tode und einer neuen Geburt wirkt und diese Wirkungen fortsetzt, wenn er aus diesem Leben zwischen dem Tode und einer neuen Geburt wiederum heruntersteigt in das irdische Leben. Es ist die karmische Entwickelung des Menschen durch diese zwei so ganz verschiedenen Daseinsweisen, die irdische und diejenige zwischen dem Tode und einer neuen Geburt, in der Tat das Gebiet, wo der Mensch magisch wirkt. Wenn wir den physischen Menschen, wie er im äußeren Leben vor uns steht, betrachten, so gliedert er sich für uns – ich habe das ja in meinem Buche «Von Seelenrätseln» am Schlusse angeführt – in den Nerven-Sinnes-Menschen, in den rhythmischen Menschen und in den Stoffwechsel-Gliedmaßen-Menschen. Stoffwechsel und Gliedmaßen hängen ja zusammen; wenn wir unsere Gliedmaßen gebrauchen, wird der Stoffwechsel rege gemacht, er muß vor sich gehen, es müssen Kräfte im Menschen verbraucht werden. Stoffwechsel muß vor sich gehen; im innerlichen Erleben muß auch der Stoffwechsel vor sich gehen. Beides aber ist verwandt. Wenn wir nun auf das Stoffwechselsystem des Menschen zunächst hinschauen, wie es sich im physischen Leibe auslebt, so sind wir ja versucht, das als das niederste System der menschlichen Erdenwesenheit zu betrachten. Es gibt eben Menschen, die sich aus dem Grunde Idealisten nennen, weil sie mit einer gewissen Verachtung sich angewöhnt haben, hinabzuschauen auf das Stoffwechsel-Gliedmaßen-System. Es ist das niederste System, dasjenige System, das der idealistisch-anständige Mensch am liebsten nicht haben möchte. Nun kann man aber ohne dieses nicht im Erdenleben sein; es ist dasjenige, was den Menschen in seiner Unvollkommenheit im Erdenleben darstellt.

Was hier vorliegt, ist nun eben dieses: Es ist zwar für die physisch-menschliche Gestaltung das Stoffwechsel-Gliedmaßen-System das niederste und hat daher für das eigentlich Menschliche im Erdenleben wenig zu tun, aber es ist schon im Erdenleben verbunden mit den Wesenheiten der höchsten Hierarchie, mit den Thronen, Cherubim, Seraphim. Wenn wir in der Welt herumgehen oder mit unseren Händen arbeiten, dann ist in dieser geheimnisvollen Tätigkeit, die da geschieht, die Tätigkeit der Throne, Cherubim, Seraphim drinnen. Die bleiben aber nun die Helfer, wenn der Mensch sein Leben nach dem Tode fortsetzt und weiterlebt zwischen dem Tode und einer neuen Geburt. Da bleiben sie Helfer. Es ist nun ganz irrtümlich, wenn man glaubt, daß das Moralisch-Seelische aus dem Kopf heraus kommt. Der Kopf ist in Wirklichkeit, von einem höheren Gesichtspunkte aus betrachtet, gar nicht ein so ungeheuer wichtiges Organ des Menschen. Der Kopf ist eigentlich mehr oder weniger ein Spiegel für die äußere Welt, und hätten wir nur den Kopf, dann würden wir von nichts etwas wissen als von der äußeren Welt. Im Kopf spiegelt sich eben einfach die äußere Welt. Die Kopferlebnisse sind nur die Spiegelungen der äußeren Welt. Dasjenige, was in uns an sittlichen Impulsen, an seelischen Impulsen lebt, kommt nicht aus dem Kopf, es kommt aus derselben Region, wo das Stoffwechsel-Gliedmaßen-System ist, aber nicht aus dem Physischen des Stoffwechsel-Gliedmaßen-Systems, sondern aus dem Geistig-Seelischen des Stoffwechsel-Gliedmaßen-Systems, worinnen Throne, Cherubim, Seraphim leben.

Und so müssen wir uns folgendes vorstellen, um auf diesem Felde eine entsprechende Anschauung vom Menschen zu bekommen (es wird gezeichnet): Dieses dritte Glied der menschlichen Wesenheit, das Stoffwechsel-Gliedmaßen-System, ist zunächst scheinbar unvollkommen, ja, man möchte sagen, des Menschen unwürdig in bezug auf seine physische und ätherische Organisation. Aber da drinnen steckt etwas anderes, oder vielmehr, dieses System steckt in etwas anderem: da drinnen leben die Throne – ich zeichne nur schematisch, selbstverständlich –, darinnen weben die Cherubim, darinnen flammen die Seraphim. Wenn nun der Mensch durch die Pforte des Todes geht, dann fällt alles dasjenige, was zugrunde liegt dem physischen Stoffwechsel-Gliedmaßen-System, von ihm ab, und er bleibt mit seiner Ich-Wesenheit im Bereich desjenigen, worinnen er schon im Leben war: im Bereiche der Throne, Cherubim, Seraphim; dann lebt er weiter im Schoße der Cherubim, Seraphim. Er trennt sich dann von ihnen, sie aber bilden nun weiter aus – auch darauf habe ich in diesen Tagen hingewiesen – dasjenige, was in dem Seelisch-Sittlichen veranlagt war. Der Mensch, so sagte ich schon, sieht hier auf der Erde hinauf, zum Himmel hin, um zu ahnen, was ihm das Höhere, das Geistig-Übersinnliche ist. Das macht der Mensch, solange er auf der Erde ist. Ist der Mensch in dem Leben zwischen Tod und neuer Geburt, so sieht er herunter, und er schaut, was aus seinem seelisch-sittlichen Verhalten wird durch die Handlungen der Cherubim, Seraphim, Throne. Da sieht er, wenn er wieder heruntersteigt zur Erde, unten die Folgen sich vollziehen; da wirken Cherubim, Seraphim, Throne mit zur Verwirklichung des Geistigen. So sehen wir, nachdem wir so darauf aufmerksam geworden sind, daß der Mensch von dem gegenwärtigen Erdenleben in die nächsten Erdenleben in magischer Weise hineinsendet die Wirkungen seiner Taten.

Blicken wir jetzt hin, nachdem wir, um das zu betrachten, auf das Stoffwechsel-Gliedmaßen-System gesehen haben, nach dem polarisch entgegengesetzten System, nach dem Nerven-Sinnes-System, das zwar auch im ganzen Menschen ist, aber das hauptsächlich im Kopfe veranlagt ist, blicken wir nach dem Kopf des Menschen Der Mensch erlebt durch sein Haupt in der Tat nur eine Spiegelung der gegenwärtigen Außenwelt. Seine Gedanken, seine Vorstellungen, in denen er ja, wie ich Ihnen sagte, einzig und allein wacht, sind eigentlich durch den Kopf nur Spiegelungen von draußen. Aber wenn man aufsteigt zur Initiations-Wissenschaft, zuerst zur imaginativen Erkenntnis, dann kommt man, wie es Ihnen bekannt ist, durch die imaginative Erkenntnis, ihre Umwandlung in inspirative Erkenntnis, und dann durch die intuitive Erkenntnis zurück zu den früheren Erdenleben. Dann schaut man hinein in die früheren Erdenleben, aber man schaut sie dann in ihrer geistigen Gestalt. In der geistigen Welt ist auch die Erkenntnis etwas durchaus Reales. Und derjenige, der mit wirklicher Initiations-Erkenntnis das durchmacht, daß er in die früheren Erdenleben hineinschaut, er kommt sich nicht so vor, als wenn er jetzt da wäre, jetzt am 15. Juni 1924 bloß, sondern er wird sich selber gegenwärtig in dem Verlaufe der früheren Erdenleben; er schaut da nicht nur hinein, sondern er schaut sich in seinem ganzen Wesen zurück. Es ist nicht ein abstrakt-erkenntnismäßiges Hineinschauen, es ist eine Zurückwandlung, ein Einssein, ein Identischwerden mit demjenigen, was man war. Es wird sehr lebendig das Innere, sehr bewegt und erregt, wenn man da zurückkommt in die früheren Erdenleben. Dadurch aber, daß man zurückgeht, gewinnt man die Möglichkeit, den Gesichtspunkt seiner Weltanschauung zu ändern.

Was ist denn der Gesichtspunkt der äußeren Weltanschauung, die man gewöhnlich hat? Der Gesichtspunkt der äußeren Weltanschauung, die man gewöhnlich hat, ist der Kopf. Diesen Kopf, der die physische Kopforganisation zur Grundlage hat, diesen Kopf, den Sie in früheren Erdenleben gehabt haben, schon im vorigen Erdenleben, den können Sie nicht zum Gesichtspunkt der Weltanschauung machen, wenn Sie in frühere Erdenleben zurückgegangen sind; das können Sie nicht, der ist ja längst nicht mehr da, der ist ja fort. Nur das Geistige, das im Kopfe lebte, das können Sie zum Ausgangspunkte der Weltanschauung machen. Die Initiation besteht also darin, daß der Mensch durch Zurückgehen in sein früheres Erdenleben sich vergeistigt. Und eigentlich bedeutet alles Hellsehen im besten Sinne des Wortes ein Zurückgehen in frühere Erdenleben. Initiiertwerden bedeutet, nicht im gegenwärtigen Erdenleben stehenbleiben, sondern mit dem Menschen, der man war im vorigen Erdenleben, die Dinge der Welt anschauen. Während man im gewöhnlichen Verlaufe der Welt ein so unvollkommenes Wesen ist im irdischen Leben, daß man nur die äußere physische

Welt sieht, ist dasjenige, was man in früheren Erdenleben war, mittlerweile schon hellsichtig geworden. Und in der Regel ist es so, daß, wenn man zum nächstvorigen Erdenleben zurückkommt, man die Entdekkung macht: derjenige, der man da war, der ist ja eigentlich schon ein viel vollkommenerer Mensch geworden.

Ja, woher kommt es denn, daß dasjenige, was man sein könnte nach dem früheren Erdenleben, eben nicht ist? Woher kommt denn das? Sehen Sie, würde man als Mensch bloß einen Kopf haben und von einem Erdenleben ins andere gehen, so würde man so vollkommen im nächsten Erdenleben gegenüber dem früheren sein, wie ich es angegeben habe. Aber man hat eben nicht bloß den Kopf, man hat die anderen Systeme daran. Und indem man im Stoffwechsel-Gliedmaßen-System das magische Prinzip des Menschen hat, das im Karma wiederum wirkt, bringt das Karma den Kopf des Menschen herüber von einem Erdenleben zum anderen. Es ist also Karma ganz unmittelbar wirksam in der Gestaltung Ihres Kopfes. Und wenn man beginnt, auf diesem Felde zunächst eine unbefangene Menschenanschauung zu entwickeln, dann wird man nach und nach aus der Kopf-Physiognomie des Menschen vieles von seinem Karma lesen lernen. Und wiederum: diesen Kopf des Menschen anschauen, wie er heute mit dem gewöhnlichen Bewußtsein angeschaut wird, ist geradeso, als wenn man den Goetheschen «Faust» nimmt und anfängt: «H-a-b-e n-u-n a-c-h», weil man nur buchstabieren, nicht lesen kann. Man kann nicht mehr «Habe nun, ach» sagen. Wenn man aber lesen gelernt hat, wird man diese merkwürdigen Zeichen, die da stehen, durchdringen und dieses Lesen verstehen. Ich sagte Ihnen schon: das bewirkt die Kleinigkeit, daß, während man sonst immer nur zirka dreißig verschiedene Buchstabenformen in allen Büchern wahrnehmen würde, man in einem Buche Goethes «Faust», in dem anderen Hegels «Logik», in dem dritten die Bibel und so weiter hat. Daß man dieses haben kann, das geht lediglich daraus hervor, daß man lesen gelernt hat. Ebenso kann man lesen lernen in dem, was einen lebendig umgibt. Und das Aufsteigen vom Buchstabieren der menschlichen Hauptesform zum Lesen darinnen führt einen dann in die Geheimnisse des Karma des betreffenden Menschen. So daß wir uns sagen können bei dem, was in der Kopfesform sichtbar wird, wirklich äußerlich sichtbar: Jeder Mensch hat seinen eigenen Kopf, es hat gar keiner ganz genau die Kopfbildung des anderen. – Obwohl sich die Menschen oftmals ähnlich schauen, sind sie in ihrem Karma unähnlich. In der Kopfbildung tritt das Karma der Vergangenheit des Menschen für die physisch-sinnliche Anschauung zutage; in dem Stoffwechsel-Gliedmaßen-System das künftige Karma; geistig verborgen, unsichtbar ist es da. So daß wir, wenn wir geistig vom Menschen sprechen, sagen können: Der Mensch besteht auf der einen Seite darinnen, daß er sein vergangenes Karma sichtbar macht, auf der anderen Seite darinnen, daß er sein zukünftiges Karma unsichtbar in sich trägt.

So können wir aufsteigen zu einer innerlich-geistigen Betrachtung des Menschen. Wenn wir den Stoffwechsel-Gliedmaßen-Menschen betrachten, so ist darin nur das Physische und das Ätherische ein Niedriges; es leben im Stoffwechsel-Gliedmaßen-System die Wesenheiten der höchsten Hierarchie. Gehen wir zum Kopfe, so ist der Kopf allerdings in physisch-sinnlicher Weise das Vollkommenste am Menschen, weil er in äußerer, sichtbarer Weise dasjenige in sich trägt, was geistig hinüberwirkt aus früheren Erdenleben – man schätzt ihn ja auch gewöhnlich am meisten –, aber er ist es nicht in geistiger Beziehung. Denn während im Stoffwechsel-Gliedmaßen-System Throne, Cherubim, Seraphim leben, so leben im Kopfsystem Archai, Archangeloi, Angeloi. Die sind es, die im wesentlichen hinter all dem stehen, was wir mit unserem Kopf in der sinnlich-physischen Welt erleben. Die leben in uns, in unserem Kopfsystem; sie handeln hinter unserem Bewußtsein, sie treffen auf die Wirkungen der bloß physisch-sinnlichen Welt und sie spiegeln das zurück, und wir werden uns erst der Spiegelbilder bewußt. Dasjenige, dessen wir im Kopfsystem bewußt werden, ist nur der Schein der Taten der Archai, Archangeloi, Angeloi in uns (es wird gezeichnet). Soll ich das Schema fortsetzen, so muß ich sagen: Im Kopfsystem des Menschen, am anderen Pole, wirken Archai, Archangeloi, Angeloi. – Ich brauche immer für die geistigen Wesen, die ebensogut mit anderen Ausdrücken benannt werden könnten, die Ausdrücke der älteren christlichen Weltauffassung, die noch das Spirituelle, das Geistige hatte.

Zwischen dem Nerven-Sinnes-System, das vorzugsweise im Kopfe verankert ist, und dem Stoffwechselsystem trägt der Mensch das rhythmische System. In diesem rhythmischen System ist dasjenige, was zwischen Lunge und Herz vorgeht. In alledem lebt drinnen die Hierarchie der Exusiai, Dynamis, Kyriotetes.

Also auch bei diesem Abschluß der Karma-Betrachtungen eröffnet sich wiederum die Einsicht, daß der Mensch gewissermaßen nach vorn aufgeschlossen ist den drei Reichen der Natur, die hier auf der Erde sind, daß er nach rückwärts aufgeschlossen ist den übereinanderstehenden geistigen Reichen der Hierarchien. Und wie ihn hier auf der Erde sein physischer Leib empfängt und ihn hindert, in magischer Art zu verwirklichen sein seelisch-ethisches Leben, so nimmt ihn nach dem Tode in Empfang die Welt der Hierarchien und läßt ihn ausleben für die nächsten Erdenleben in magischer Weise dasjenige, was er im einen Erdenleben nicht magisch verwirklicht. Wenn der Mensch aus einem Erdenleben in das andere hinüberschreitet, dann würde er unter allen Umständen, wenn er in regelmäßiger Weise sich fortentwickeln würde, mit dem Kopfsystem aus dem vorigen Erdenleben zur Hellsichtigkeit sich entwickeln; es trügen ihn Archai, Archangeloi, Angeloi in die Hellsichtigkeit hinein. Daher muß der Mensch, wenn er wirklich das Geistige einsieht, dasjenige, was man – ohne daß Abergläubisches, Scharlatanhaftes gemeint ist – Hellsichtigkeit nennen kann, es muß der Mensch, trotzdem er in der äußeren Welt fortgeschritten ist zu seinem gegenwärtigen Erdenleben, gewissermaßen in einer kosmischen Gesinnung sich in sein voriges Erdenleben hineinstellen.

Wenn also irgend jemand, sagen wir, im zwanzigsten Jahrhundert lebt, so bedient er sich desjenigen Leibes – und zur Erkenntnis muß er sich dann des Kopfes bedienen –, den ihm das zwanzigste Jahrhundert geben kann. So kann er nicht hellsichtig sein. Nehmen wir aber an, er werde in ein voriges Erdenleben, zum Beispiel im zehnten oder elften Jahrhundert, versetzt, und er versetzte sich durch seine Seelenübungen, jetzt in dieser Zeit des zwanzigsten Jahrhunderts, zurück in das, was er damals war: dann ist er ja nicht derjenige, der er damals war, sondern er hat durch seine eigene Kraft geistig bewirkt, daß er jetzt für das zwanzigste Jahrhundert derjenige ist, der er damals war, und da ist er eben die hellsichtige Persönlichkeit. Das kann für die Initiations-Erkenntnis innerhalb des Lebens in der physischen Welt die Hellsichtigkeit eben durchaus ergeben. Wenn man aber in das Menschenleben hineinschaut, dann zeigt sich eigentlich real vor der hellsichtigen Erkenntnis, daß in den tieferen Impulsen der menschlichen Natur, in den tieferen Untergründen der Seele dasjenige, was in einem vorigen Erdenleben war, in anderer Gestalt wiederum auflebt. In dieser Beziehung läßt sich ja mancherlei erleben, und da handelt es sich darum, daß, will man überhaupt im Ernst herankommen an solche Dinge, wie es das Wirken des Karma ist, man schon das Erdenerleben seelisch-geistig intimer gestalten muß, als man es gewöhnlich gestaltet.

Ich will das, was ich gesagt habe, an einem Beispiel erörtern. Sie wissen aus der Art und Weise, wie ich solche Beispiele angeführt habe, daß sie tatsächlich hervorgeholt sind aus einer sich verantwortlich fühlenden geistigen Forschung. Ich will ein Beispiel heranziehen.

Eine menschliche Individualität lebte noch etwas vor der Begründung des Christentums im europäisch-asiatischen Orient mit der diese Menschenseele damals wenig befriedigenden Aufgabe – es war die Zeit, in der noch die Sklaverei herrschte –, über eine Anzahl von Sklaven, die einem Herrn, einem Besitzer gehörten, die Oberaufsicht zu führen. Die übersinnliche Anschauung führt einen herein in eine solche Situation, wo eine Menschenseele der damaligen Zeit, verkörpert in dem Leibe eines Sklavenaufsehers, alles dasjenige ausführen mußte, was der harte Herr dieser Sklaven verfügte. Die Sklaven hatten es zunächst mit dem Aufseher zu tun. Sittliche Impulsverhältnisse entwickelten sich zwischen den Sklaven und diesem Aufseher. Aber es ist eigentlich ein sehr Zwiespältiges in der Seele dieses Aufsehers. Es widerstrebt ihm, die oftmals harten, grausamen Maßregeln, die ihm aufgetragen sind von seinem Herrn, auszuführen. Er tut es dennoch, weil er hineingewöhnt ist in dieses Verhältnis, weil man es natürlich findet in der damaligen Zeit, sich so zu verhalten. Denken Sie sich nur: Sind denn heute die Menschen immer so, wie sie heute eigentlich sein wollen? – Sie denken eben nicht nach, ob sie so sind, wie sie sein sollten. Dadurch belügen sie sich über die Disharmonie zwischen dem, was sie sind, und was sie sein möchten. Diese Seele war also nicht das, was sie hätte sein sollen, sondern im Grunde genommen hatte sie tiefes Mitleid, tiefe Liebe mit all den unglücklichen Sklaven, an denen sie die Grausamkeiten vollziehen mußte. Aber aus, ich möchte sagen, sozialen Gewohnheiten tat sie viel Schlimmes an den Sklaven. Dadurch wurde sie mitverantwortlich, während in erster Linie natürlich verantwortlich war derjenige, welcher der Herr und Besitzer der Sklaven war.

Beide Individualitäten kamen in der Mitte des Mittelalters wieder, und zwar jetzt als ein Ehepaar. Der ehemalige Besitzer der Sklaven kam wiederum in einer männlichen Inkarnation, der Sklavenaufseher in einer weiblichen. Dieser Mann in der Mitte des Mittelalters, welcher der wiederverkörperte ehemalige Besitzer der Sklaven war, hatte in einer Art von Dorfgemeinde eine Stellung, die nicht gerade angenehm war. Er war in gewissem Sinne eine Art Polizeibüttel. Alles, was da vorkam in dieser Gemeinde, wurde auf seinen Buckel abgeladen. Er befand sich eigentlich sehr, sehr schlimm. Und wenn man dann nachgeht, warum das so ist, so kommt man darauf: Diese Dorfbewohner waren zum großen Teil die Sklaven, die er früher besessen hatte, und die er von seinem Aufseher in solcher Weise hatte behandeln lassen. Karmisch stellte sich jetzt dieses so heraus, daß der, welcher Besitzer war, zwar wieder ein höherer Beamter, aber doch der Dorfbüttel geworden ist, auf den alles abgeladen wurde, damit abgeladen wurde auch auf seine Ehefrau. Aber zugleich dadurch, daß diese Ehefrau miterlitt alles dasjenige, was die in die Dorfgemeinde verwandelten Sklaven auf den Mann abluden, erfüllte sich das Karma auch zwischen dieser Ehefrau, die früher der Sklavenaufseher war, und dem Sklavenbesitzer. Es löste sich das Band zwischen beiden. Zwischen diesen beiden waren die Bande gelöst, aber noch nicht zwischen diesem Sklavenaufseher, der jetzt in weiblicher Inkarnation erschienen war, und der Dorfgemeinde. Die kamen nun wieder zusammen, und zwar im neunzehnten Jahrhundert. Der ehemalige Sklavenaufseher, der in einer gewissen Weise sein Verhältnis geordnet hatte zu seinem früheren Herrn, der erschien als der große Pädagoge *Pestalozzi*, und diejenigen, die seine Sklaven waren, erschienen als jene, denen er als Pädagoge nun seine Wohltaten erwies.

Ja, es ist schon so. Solche Dinge muß man ansehen nicht nur mit dem trockenen Verstande, man muß sie ansehen mit Gemüt, Gefühl und Liebe, aber so, daß Gefühl, Gemüt und Liebe so klar und hell werden, wie sonst nur der Verstand ist, und sich wirkliche Erkenntnis entwickeln kann. Der Verstand kann nur die Bilder der äußeren Natur entwickeln, und wenn man glaubt, man kommt zu etwas anderem als zu dem Bilde der Natur, so irrt man sich. Dieses andere können Sie erst haben, wenn Gemüt, Gefühl und Liebe Erkenntniskräfte werden. Dadurch, daß man sich in der angedeuteten Weise in der karmischen Entwickelung zurückversetzt, erst dadurch gelangt man dazu, allmählich sich hineinzuarbeiten in eine Anschauung dessen, wie Karma wirkt. Aber dann muß eben die ganze Seele mitspielen. Deshalb muß dasjenige, was in solchen Auseinandersetzungen über das Karma liegt, den ganzen Menschen ergreifen.

Sehen Sie, diese Dinge müssen schon kommen, daß die Seele sich in inniger Weise einlebt in die anthroposophische Bewegung. Ich war wirklich vor kurzem einmal tief ergriffen. Ich hatte dasjenige, was ich Ihnen jetzt über Pestalozzi vortrug, auch in Dornach vorzutragen und war dann in die Lage versetzt, mit einem anderen Mitgliede des Dornacher Vorstandes eine Basler Behörde zu besuchen. Da gab es im Wartezimmer ein Bild, das bekannte Bild, das auch der andere, der mit mir war, schon oftmals gesehen hat: wie da Pestalozzi sich verhält zu den Kindern. Aber dieser Freund aus dem esoterischen Dornacher Vorstand wurde tief ergriffen von diesem Bilde, und er sagte: Wenn man das Bild anschaut, das aus dem Wesen Pestalozzis genommen ist, so kann ja die Situation eigentlich gar nicht anders geschehen sein als so, wie das alles dargestellt ist durch die Anthroposophie. – Sehen Sie, das sind eben die Dinge, die öfter da sein sollten, die wirklich in das unmittelbare Erleben hineintragen könnten das, was aus anthroposophischen Einsichten kommt. Deshalb können die Auseinandersetzungen über das Karma, die ich jetzt zu meiner großen Befriedigung unter Ihnen halten durfte, nicht bloß den Anspruch darauf machen, intellektualistisch verstanden zu werden, sondern alles, was auseinandergesetzt wurde in diesen acht Tagen, appelliert nicht nur an Ihren Intellekt; es appelliert an Ihr Herz, an Ihr ganzes Gemüt. Und erst wenn Sie zusammenfassen werden dasjenige, was ich über Wiederverkörperung historischer Persönlichkeiten, über Betrachtung des Einzelkarma, über das Hereinspielen von Schlafen und Wachen in die Entwickelung des Karma gesagt habe, und das einwirken lassen in Ihr Herz und Gemüt, dann wird ausgehen können von diesen Betrachtungen ein umfassendes Verständnis für die Wirkungen des Karma in einzelnen Menschenpersönlichkeiten.

Dieses Hereinspielen dessen, was man heute so gern nur intellektualistisch nimmt, in den ganzen Menschen, das ist es ja allein, was unserer im Untergang begriffenen Zivilisation wieder aufhilft. Was sagt heute der Orientale über den westlichen Menschen? Der Orientale hat heute keine Spiritualität, die wir einfach übernehmen können, aber eine Spiritualität, die in alten Zeiten wirklich tief in die geistige Welt hineinschaute. Er hat davon nur noch Spuren, aber er hat doch in seiner Seele eben das Gefühl dafür, was früher einmal im Orient da war: ein Zusammenleben mit dem Geiste, der in allen Dingen lebt. Das hat derjenige, welcher nicht in dem Materialismus aufgeht. Einer dieser Orientalen, der ein Gefühl gerade für das Wesentliche der in der orientalischen Weisheit lebenden Spiritualität hatte, der sagte, als er die westliche Zivilisation anschaute: Was ist dieser eigentümlich? Dieser ist eigentümlich, daß sie bloß Fassade hat und keine Grundmauern. Die Fassade ist unmittelbar auf dem Boden aufstehend, die Grundmauern fehlen. – Und er führt weiter aus, dieser Orientale: Ja, der westliche Mensch geht eigentlich in allem, was zu seiner Zivilisation gehört, in fast allem, von dem Ich aus, von dem in ein einziges Erdenleben eingeschlossenen Ich, von dem, was so wirkt, daß es, so wie man es wahrnimmt, keine Realität ist. Das ist nur dann eine Realität, wenn es aus sich herausgeht und in die aufeinanderfolgenden Erdenleben führt.

Das Stehen in aufeinanderfolgenden Erdenleben, das sieht der Orientale als die Grundmauern an, und das Stehenbleiben beim Ich, wie es eingeschlossen ist zwischen Geburt und Tod, das sieht er als die Fassade an. Haben wir heute nicht gesehen, daß der Mensch, wenn er in das Geistige hineinschaut, wieder in das Vergangene hineinblicken wird? Wenn er hinblickt wieder auf die karmische Entwickelung im magischen Sinne, muß er sich auf den Gesichtspunkt der aufeinanderfolgenden Erdenleben gestützt haben. Da wird das Ich erweitert, da wird das Ich auch nicht mehr egoistisch sein. Der Orientale sagt, daß der Europäer das Ich nur finden kann innerhalb von Geburt und Tod; das nennt er den Egoismus der Europäer. Deshalb sagt er: Der Europäer, überhaupt die westliche Zivilisation, hat Fassade und keine Grundmauern, und wenn es so fortgeht, daß die westliche Zivilisation nur stehenbleibt beim Ich, das zwischen Geburt und Tod lebt, dann könnte eines Tages der Zustand eintreten, daß, weil die Fassade keine Grundmauern hat, die einzelnen Steine der Fassade herausfallen. – Es ist eigentlich in vielen Seelen der orientalischen Menschen, weil sie viel in Imaginationen leben, dieses Bild entstanden von den aus der Fassade, die keine Grundmauern hat, herausbröckelnden Steinen. Gerade die Einsicht in solche Dinge, wie wir sie in diesen Tagen betrachtet haben hier, gibt wieder Grundmauern, führt hinaus über die bloße Fassade. Das Hinschauen auf das Karma, das von Erdenleben zu Erdenleben führt, das führt den Menschen hinaus aus seiner eingeschränkten, begrenzten, bloß in das eine Erdenleben hineinragenden Tätigkeit.

Diesen Ausblick in die kulturgeschichtliche Aufgabe der Anthroposophie möchte ich heute, wo ich ja den letzten Vortrag unter Ihnen halten muß, vor Ihre Seele hinstellen. Wenn er, weiterwirkend in diesen Ihren Seelen, mancherlei darin eröffnet, dann werden diese Seelen eben mitwirken, daß der Grundstein geschaffen werde für eine echte, in sich echte und gediegene Fassade der westlichen Zivilisation. Der Orientale gebraucht immer einen Nachsatz, wenn er so etwas ausführt, wie ich es Ihnen ausgeführt habe. Ich habe ihm eigentlich nichts hinzuzufügen, die Dinge sind schon von Orientalen oftmals ausgesprochen worden. Wenn der Orientale einen solchen Satz sagt, dann meint er: Der Westen hat sich zu weit vom Geist entfernt, der kann die Grundmauern nicht mehr finden; der Osten muß zusetzen dasjenige, was er noch hat aus alten Zeiten, damit überhaupt die Erdenzivilisation nicht zugrunde geht. – An solchen Bestrebungen, wie die Anthroposophie es ist, wird es liegen, ob es gelingt, daß dieses furchtbare Schicksal nicht über die westliche Zivilisation kommt, das ihr heute von allen einsichtigen Orientalen prophezeit wird. Es bedarf des guten Willens, einzudringen in die spirituelle Welt, um dieses Spirituelle wieder aufzunehmen in die menschlichen Herzen, in die menschlichen Gemüter. Es hat daher eine Menschengemeinschaft, die sich zu solcher Geistesarbeit versammelt, wie Sie es jetzt getan haben, die Sache nur dann in rechtem Sinne aufgefaßt, wenn ihr daraus die Aufgabe erwächst, mit aller Kraft des der Seele zur Verfügung stehenden Willens für die Menschheit wiederum hinzuarbeiten zum Erleben des Geistigen. Und auf diese Hinlenkung zum gemüthaften Erleben des Geistigen, sodann auf das moralisch Umfassende kam es mir bei diesen Vorträgen an. Deshalb wollte ich gerade so, wie ich es getan habe, die Stunden ausfüllen, in denen wir wiederum einmal zusammensein konnten. Aber Anthroposophie sollte das Spirituelle jederzeit ernst nehmen, in jedem Augenblicke, nicht nur in jeder Stunde. Sie soll daher auch wahr machen den Satz: Sind wir im Raume beieinander, so sind wir physisch beisammen, aber weil wir das Geistige durchschauen, wissen wir, daß wir auch dann zusammen sind, wenn wir physisch auseinandergehen. Deshalb sage ich heute, weil ich weiß, daß einzelne schon heute, schon nach diesem Vortrage zurückfahren müssen: Begrüßen wir uns zum Abschiede so, wenn wir uns jetzt wieder trennen, daß wir uns sagen: Wir wollen rechte Anthroposophen sein dadurch, daß wir in dem Geiste, der uns lebendig wird aus unserer Weltanschauung, auch dann, wenn wir räumlich getrennt sind, in den Seelen beisammen bleiben. – Begrüßen wir, die wir jetzt wieder weggehen, unsere Freunde des Breslauer Zweiges so, daß wir ihnen sagen: Auch wir wollen zurückdenken an das, was wir mit ihnen gemeinsam für unsere Seele und die Seelen der anderen Menschen erarbeiten durften. Wir wollen uns mit ihnen zusammen fühlen auch dann, wenn wir diese Räume verlassen haben, und wir tragen Sehnsucht danach, daß auch die Breslauer Freunde an diejenigen denken, die zu ihrer tiefsten Befriedigung in dieser Zeit unter ihnen weilen durften.

HINWEISE

(Angaben zu bestimmten Auflagen beziehen sich auf Bände der Rudolf Steiner Gesamtausgabe)

Zu dieser Ausgabe

Textunterlagen: Die Vorträge sind auf Grund von Nachschriften gedruckt, die sich im Archiv der Rudolf Steiner-Nachlaßverwaltung befinden. Die Originalstenogramme sind nicht erhalten. Mitgeschrieben haben in Prag, gemäß Helene Finckh, Dr. Eiselt und Frl. Prinke, in Paris Karl Day und in Breslau Kurt Walther. Den Vorträgen vom 29. März, 23. Mai und 7. Juni gingen Ausführungen über Gesellschaftsangelegenheiten voraus, die in GA 260a «Die Konstitution der Allgemeinen Anthroposophischen Gesellschaft und der Freien Hochschule für Geisteswissenschaft» abgedruckt sind. Dort finden sich auch die Abschiedsworte in Prag nach dem Vortrag vom 5. April. Die vorliegende Taschenbuchausgabe basiert auf der 3. Auflage des Bandes der Gesamtausgabe GA 239, die 1985 erschienen ist.

Die Zeichnungen im Text, die auf Tafelzeichnungen Rudolf Steiners zurückgehen, wurden nach Skizzen angefertigt, die der Stenograph in seine Ausschriften eingefügt hatte.

Hinweise zum Text

Werke Rudolf Steiners innerhalb der Gesamtausgabe (GA) werden in den Hinweisen mit der Bibliographie-Nummer angegeben. Siehe auch die Übersicht am Schluß des Bandes.

zu Seite

13 *Ich möchte diese Mitgliedervorträge... beginnen:* Einleitend hatte Rudolf Steiner über die Weihnachtstagung gesprochen, abgedruckt in «Die Konstitution der Allgemeinen Anthroposophischen Gesellschaft und der Freien Hochschule für Geisteswissenschaft», S. 181. GA 260a.

15 *Frau Dr. Kolisko:* Lily Kolisko (1889–1976) leitete damals in Stuttgart das biologische Forschungsinstitut. «Milzfunktion und Plättchenfrage», Stuttgart 1922.

16 *literarische Bewegung, die mit dem Verhältnis des Mondes zur Erde rechnet:* Was hiermit gemeint ist, konnte nicht ermittelt werden.

17 *Paul Deussen,* 1845–1919, Philosoph und Indologe.

20 *Guiseppe Garibaldi,* 1807–1882. Freiheitskämpfer und eigentliche Schöpfer des italienischen Staates.

39 *Schlichtologisches:* Gemeint ist der von Rudolf Steiner oft genannte Philosoph Eugen Dühring (1833–1921). In seinem Buch «Robert Meyer, der Galilei des 19. Jahrhunderts und die Gelehrtenuntaten gegen bahnbrechende Wissenschaftsgrößen» gibt Dühring dem 13. Kapitel die Überschrift «Schlichtologisches seit 1879. Weiterentwicklung der verlehrten Schlichologie gegen die wissenschaftliche und menschliche Bedeutung Mayers».

49 *als wir in Berlin die theosophische Sektion begründeten:* Im Jahre 1902. Vgl. «Mein Lebensgang», GA 28.

«Praktische Karmaübungen»: Bei Begründung der damaligen Deutschen Sektion der Theosophischen Gesellschaft hatte Dr. Steiner für seinen Vortrag am 20. Okt. 1902 den Titel «Praktische Karma-Übungen» gewählt. Vgl. GA 236, Band II der Karma-Betrachtungen, S. 113, sowie den Vortrag vom 16.4.24 (Bern) in GA 240, Band VI.

53 *Harun al Raschid,* 786–809, Kalif von Bagdad.

54 *Ernst Haeckel,* 1834–1919.

Gregor VII. (Hildebrand), 1020–1085.

56 *Baco von Verulam* (Francis Bacon), 1561–1626, Philosoph, Schriftsteller, Politiker und hoher Staatsbeamter unter Jakob I. von England.

57 *Amos Comenius*, 1592–1670, Priester der böhmischen Bürgergemeinde, Reformator des Schulwesens, gilt als Begründer der modernen Erziehung.

60 *Professor Hauffen:* Prof. Hauffen und seine Frau waren Gastgeber Rudolf Steiners bei seinen Aufenthalten in Prag. Frau Hauffen war jahrelang Leiterin des Bolzano-Zweigs in Prag.

61 *Victor Emmanuel II* von Savoyen, 1820–1878, wurde 1861 König von Italien.

62 *Guiseppe Mazzini,* 1805–1872, Dichter, Schriftsteller, Freiheitskämpfer für Italiens Einheit.

Graf Camillo Cavour, 1810–1861, führender italienischer Staatsmann des Risorgimento, gilt als Begründer des Königreichs Italien.

63 *Bonifatius*, 675–754, eigentlich Winfried, sog. Apostel der Deutschen. Im Auftrag des Papstes umfangreiche Missionstätigkeit und Organisation der Kirche in Deutschland.

64 *Geometrielehrer:* Prof. Georg Kosak (1836–1914). Von der 2. Klasse an Lehrer Rudolf Steiners in Darstellender Geometrie und geometrischem Zeichnen an der Oberrealschule in Wiener-Neustadt.

65 *Lord George Gordon Noel Byron,* 1788–1834, englischer Dichter, starb als Kämpfer für die Befreiung Griechenlands von den Türken.

Palladium: Vgl. dazu «Bausteine zu einer Erkenntnis des Mysteriums von Golgatha», 6. Vortr. GA 175.

67 *Karl Marx,* 1818–1883.

Helsingforser Kurs: «Die okkulten Grundlagen der Bhagavad Gita» (1913), GA 146, 5. Vortrag.

Muawija, Kalif von 661–680, verlegte die Residenz von Medina nach Damaskus.

Woodrow Wilson, 1856–1924. Von 1913 bis 1921 Präsident der Vereinigten Staaten. Auf ihn geht die Schaffung des Völkerbunds zurück.

68 *Die bekannten vierzehn Punkte:* Wilsons Programm für einen Frieden nach dem 1. Weltkrieg. Zuerst verkündet in einer Botschaft an den amerikanischen Kongreß am 8. Januar 1918.

Öffentlicher Vortrag vor einigen Tagen: 3. April 1924: «Die Wissenschaft der Gegenwart und die Anthroposophie» (keine Nachschrift vorhanden).

70 *Julian Apostata* (Flavius Claudius Julianus, gen. Apostata), 332–363, regierte 361–363.

72 *Johannes Scotus Erigena*, 810–877, Übersetzer der Schriften des Dionysius Areopagita und Verfasser von «De divisione naturae». Vgl. u. a. Rudolf Steiners Vorträge «Perspektiven der Menschheitsentwickelung» (1921), GA 204.

Dante Alighieri, 1265–1321.

Brunetto Latini, 1220–1294, Lehrer Dantes, florentinischer Dichter, Schriftsteller und Staatsmann.

73 *Maurice Maeterlinck*, 1862–1949, flämischer Schriftsteller in französischer Sprache.

Das große Rätsel: «Le grand Secret», Paris 1929.

Georg Christoph Lichtenberg, 1742–1799, Physiker in Göttingen, satirischer Schriftsteller, Meister des Aphorismus.

79 *Mlle Alice Sauerwein*, 1865–1932, nach der Gründung der französischen Landesgesellschaft deren Generalsekretär von 1923–1930.

79 *Dr. Jules Sauerwein*, 1880–1967, Bruder der Obigen, bekannter französischer Journalist. Lernte Rudolf Steiner 1906 in Wien kennen und übersetzte zahlreiche Vorträge Rudolf Steiners vor Franzosen sowie verschiedene Werke Steiners ins Französische.

85 *an die Tafel zeichnen:* Die im Text erwähnte Zeichnung ist nicht erhalten.

87 *jetzt verstorbene...Persönlichkeit:* Es handelt sich um Gideon Spicker (1840–1912), Professor der Philosophie in Münster/Westf. Verfasser des von R. Steiner verschiedentlich erwähnten Werkes «Vom Kloster ins akademische Lehramt», Stuttgart 1908.

96 *«L'Initiation»:* Französische Übersetzung von «Wie erlangt man Erkenntnisse der höheren Welten?» durch Jules Sauerwein (siehe Hinweis zu S. 79), Paris 1909.

114 *Voltaire* (François Marie Arouet), 1694–1778.

118 *Victor Hugo*, 1802–1885.

119 *Eliphas Levi*, Pseudonym des Alphonse Louis Constant, 1810–1875. Verfasser zahlreicher Werke aus dem Gebiet des Okkultismus.

129 *Karl Ludwig von Knebel*, 1744–1834, Freund Goethes. Der verschiedentlich von Rudolf Steiner angeführte Ausspruch lautet:

«Man wird bei genauer Beobachtung finden, daß in dem Leben der meisten Menschen sich ein gewisser Plan findet, der, durch die eigene Natur oder durch die Umstände, die sie führen, ihnen gleichsam vorgezeichnet ist. Die Zustände ihres Lebens mögen noch so abwechselnd und veränderlich sein, es zeigt sich am Ende doch ein Ganzes, das unter sich eine gewisse Übereinstimmung bemerken läßt. – Die Hand eines bestimmten Schicksals, so verborgen sie auch wirken mag, zeigt sich auch genau, sie mag nun durch äußere Wirkung oder innere Regung bewegt sein: ja, widersprechende Gründe bewegen sich oftmals in ihrer Richtung. So verwirrt der Lauf ist so zeigt sich immer Grund und Richtung durch.»

(Knebels literarischer Nachlaß und Briefwechsel, 2. Aufl. Bd. 3, S. 452.)

134 *Vorbilder des Strader:* Vgl. Hinweis zu S. 87.

156 *wenn auch nicht gerade jetzt:* Die Wendung dürfte aus der nach dem Ende der deutschen Inflation (November 1923) entstandenen Geldknappheit zu erklären sein.

162 *Heinrich Heine,* 1797–1856.

164 *Aurelius Augustinus,* 354–430, christlicher Heiliger, Kirchenvater.

Voltaire: Vgl. Hinweis zu S. 114.

165 *Praktische Karmaübungen:* Vgl. Hinweis zu S. 49.

167 *Taotl, Quetzalkoatl, usw.:* Mexikanische (aztekische) Gottheiten. Vgl. Rudolf Steiner, «Kosmische und menschliche Geschichte», Bd. II: «Innere Entwicklungsimpulse der Menschheit», 5. Vortr. GA 171

168 *Eliphas Levi:* Vgl. Hinweis zu S. 119.

174 *Friedrich Schiller:* 1759–1805.

176f. *Wie die Europäer, diese «besseren Menschen»:* Paraphrase zu G. Seumes Gedicht «Der Wilde», in dem es heißt: «Seht, wir Wilden sind doch beß're Menschen...».

177 *daß ich mit fünfzehn Jahren noch nicht orthographisch schreiben konnte:* Vgl. Rudolf Steiners autobiographischen Vortrag vom 4. Februar 1913, abgedruckt in «Beiträge zur Rudolf Steiner Gesamtausgabe» Nr. 83/84.

178 *Ernst Haeckel, Papst Gregor:* Vgl. Hinweis zu S. 54.

180 *zwei mächtige Bildsäulen:* Vgl. dazu Rudolf Steiner, «Mysteriengestaltungen» (1923), 7. Vortr. GA 232.

182 *Victor Hugo:* Vgl. Hinweis zu S. 118.

183 *Ich bin, was da war...:* In Plutarch, Über Isis und Osiris, Kap. 9, heißt es: «So hatte das Bild der Minerva zu Sais, welche Gottheit man auch für die Isis hält, folgende Inschrift: ‹Ich bin das All, das gewesen ist, das ist, und das sein wird; meinen Schleier hat noch kein Sterblicher aufgedeckt.›»

192 *ein Geometriebuch, das ich so gerade in die Hände bekam von meinem Lehrer:* Dieser Lehrer (eigentlich Hilfslehrer) in Neudörfl hieß Heinrich Gangl. Bei dem Geometriebuch handelt es sich um ein Werk von Franz Mocnik. Vgl. Rudolf Steiners autobiographischen Vortrag vom 4. Februar 1913, abgedruckt in «Beiträge zur Rudolf Steiner Gesamtausgabe» Nr. 83/84.

Geometrielehrer: Vgl. Hinweis zu S. 64.

194 *Lord Byron:* Vgl. Hinweis zu S. 65.

196 *Testament Peters des Großen:* Das sog. Testament Peters des Großen

von Rußland (1672–1725) gilt den Historikern als eine Fälschung. Vgl. u. a. Ludwig Polzer-Hoditz, «Der Kampf gegen den Geist und das Testament Peters des Großen», Stuttgart 1922.

198ff. *Garibaldi, Victor Emmanuel, Cavour, Mazzini:* Vgl. Hinweise zu S. 20 u. 61ff.

206 *Jean Paul* (Jean Paul Friedrich Richter), 1763–1825, Romanschriftsteller, Verfasser pädagogischer Schriften.

214 *Karl der Große, Harun al Raschid:* Vgl. Hinweise zu S. 53ff.

218 *Muawija, Wilson:* Vgl. Hinweise zu S. 67.

230 *Geschichtslehrer:* Vermutlich handelt es sich bei diesem Lehrer um Prof. Franz Kofler.

232 *Lehrer, der Direktor wurde:* Auf welche Lehrerpersönlichkeit diese Beschreibung zutrifft, konnte nicht festgestellt werden.

265 *Johann Heinrich Pestalozzi*, 1746–1827, Schweizer Schriftsteller und Pädagoge.

266 *Mitglied des Dornacher Vorstandes:* Albert Steffen (1884–1963), Autor des Dramas «Pestalozzi».

267 *Einer dieser Orientalen:* Um wen es sich handelt, konnte bisher nicht festgestellt werden.

Das Lebenswerk Rudolf Steiners ist überliefert in den geschriebenen Werken und in den Nachschriften seiner stets frei gehaltenen Vorträge. Hinzu kommen zahlreiche künstlerische Arbeiten, von denen die beiden Goetheanumbauten weltweite Beachtung gefunden haben. Seine Ausführungen über Pädagogik, Landwirtschaft, Medizin, Nationalökonomie usw. führten zur Begründung zahlreicher Einrichtungen, die als Bereicherung des öffentlichen Kulturlebens immer mehr Anerkennung finden.

Im Auftrag Rudolf Steiners hat Marie Steiner-von Sivers die Vortragsnachschriften durchgesehen und veröffentlicht. Nach ihrem Tod (1948) wurde gemäß ihren Richtlinien von der durch sie 1943 begründeten Rudolf Steiner-Nachlaßverwaltung mit der Herausgabe der Rudolf Steiner-Gesamtausgabe begonnen. Diese wird etwa 350 Bände umfassen. In den beiden ersten Abteilungen erscheinen die *Schriften* und das *Vortragswerk*, in der dritten Abteilung wird das *künstlerische Werk* in entsprechender Form wiedergegeben.

Einen systematischen Überblick über die Gesamtausgabe (GA) gibt der Band «Bibliographische Übersicht. Das literarische und künstlerische Werk von Rudolf Steiner». Über den jeweiligen Stand der erschienenen Bände orientieren die Bücherverzeichnisse und der Gesamtkatalog des Rudolf Steiner Verlages.

Chronologischer Lebensabriß

(zugleich Übersicht über die geschriebenen Werke)

1861 Am 27. Februar wird Rudolf Steiner in Kraljevec (damals Österreich-Ungarn, heute Jugoslawien) als Sohn eines Beamten der österreichischen Südbahn geboren. Seine Eltern stammen aus Niederösterreich. Er verlebt seine Kindheit und Jugend an verschiedenen Orten Österreichs.

1872 Besuch der Realschule in Wiener-Neustadt bis zum Abitur 1879.

1879–1882	Studium an der Wiener Technischen Hochschule: Mathematik und Naturwissenschaft, zugleich Literatur, Philosophie und Geschichte. Grundlegendes Goethe-Studium.
1882	Erste schriftstellerische Tätigkeit.
1882–1897	Herausgabe von Goethes Naturwissenschaftlichen Schriften in Kürschners «Deutsche National-Litteratur», 5 Bände (GA 1a–e). Eine selbständige Ausgabe der Einleitungen erschien 1925 unter dem Titel *Goethes Naturwissenschaftliche Schriften* (GA 1).
1884–1890	Privatlehrer bei einer Wiener Familie.
1886	Berufung zur Mitarbeit bei der Herausgabe der großen «Sophien-Ausgabe» von Goethes Werken. *Grundlinien einer Erkenntnistheorie der Goetheschen Weltanschauung mit besonderer Rücksicht auf Schiller* (GA 2).
1888	Redakteur bei der «Deutschen Wochenschrift», Wien (Aufsätze daraus in GA 31). Vortrag im Wiener Goethe-Verein: *Goethe als Vater einer neuen Ästhetik* (in GA 30).
1890–1897	Weimar. Mitarbeit am Goethe- und Schiller-Archiv. Herausgeber von Goethes Naturwissenschaftlichen Schriften.
1891	Promotion zum Doktor der Philosophie an der Universität Rostock. 1892 erscheint die erweiterte Dissertation: *Wahrheit und Wissenschaft. Vorspiel einer «Philosophie der Freiheit»* (GA 3).
1894	*Die Philosophie der Freiheit. Grundzüge einer modernen Weltanschauung. Seelische Beobachtungsresultate nach naturwissenschaftlicher Methode* (GA 4).
1895	*Friedrich Nietzsche, ein Kämpfer gegen seine Zeit* (GA 5).
1897	*Goethes Weltanschauung* (GA 6). Übersiedlung nach Berlin. Herausgabe des «Magazin für Litteratur» und der «Dramaturgischen Blätter» zusammen mit O. E. Hartleben (Aufsätze daraus in GA 29–32). Wirksamkeit in der «Freien literarischen Gesellschaft», der «Freien dramatischen Gesellschaft», im «Giordano Bruno-Bund», im Kreis der «Kommenden» u. a.
1899–1904	Lehrtätigkeit an der von W. Liebknecht gegründeten Berliner «Arbeiter-Bildungsschule».

1900/01	*Welt- und Lebensanschauungen im 19. Jahrhundert,* 1914 erweitert zu: *Die Rätsel der Philosophie* (GA 18). Beginn der anthroposophischen Vortragstätigkeit auf Einladung der Theosophischen Gesellschaft in Berlin. *Die Mystik im Aufgange des neuzeitlichen Geisteslebens* (GA 7).
1902–1912	Aufbau der Anthroposophie. Regelmäßige öffentliche Vortragstätigkeit in Berlin und ausgedehnte Vortragsreisen in ganz Europa. Marie von Sivers (ab 1914 Marie Steiner) wird seine ständige Mitarbeiterin.
1902	*Das Christentum als mystische Tatsache und die Mysterien des Altertums* (GA 8).
1903	Begründung und Herausgabe der Zeitschrift «Luzifer», später *«Lucifer-Gnosis»* (Aufsätze in GA 34).
1904	*Theosophie. Einführung in übersinnliche Welterkenntnis und Menschenbestimmung* (GA 9).
1904/05	*Wie erlangt man Erkenntnisse der höheren Welten?* (GA 10). *Aus der Akasha-Chronik* (GA 11). *Die Stufen der höheren Erkenntnis* (GA 12).
1910	*Die Geheimwissenschaft im Umriß* (GA 13)
1910–1913	In München werden die *Vier Mysteriendramen* (GA 14) uraufgeführt.
1911	*Die geistige Führung des Menschen und der Menschheit* (GA 15).
1912	*Anthroposophischer Seelenkalender. Wochensprüche* (in GA 40, und selbständige Ausgaben). *Ein Weg zur Selbsterkenntnis des Menschen* (GA 16).
1913	Trennung von der Theosophischen und Begründung der Anthroposophischen Gesellschaft. *Die Schwelle der geistigen Welt* (GA 17).
1913–1922	Errichtung des in Holz als Doppelkuppelbau gestalteten ersten Goetheanum in Dornach/Schweiz. Im gleichen Zeitraum entstanden in Dornach ebenfalls nach Entwürfen Rudolf Steiners mehrere Wohn- und Zweckbauten, so das Haus Duldeck, Haus de Jaager, drei Eurythmiehäuser, Heizhaus, Transformatorenhäuschen, Glashaus, Verlagshaus u. a.
1914–1923	Dornach und Berlin. In Vorträgen und Kursen in ganz Europa gibt Rudolf Steiner Anregungen für eine Erneuerung auf vielen Lebensgebieten: Kunst, Pädagogik, Naturwissenschaften, soziales Leben, Medizin, Theologie. Weiterbildung der 1912 inaugurierten neuen Bewegungskunst «Eurythmie».

1914 *Die Rätsel der Philosophie in ihrer Geschichte als Umriß dargestellt* (GA 18).

1916–1918 *Vom Menschenrätsel* (GA 20). *Von Seelenrätseln* (GA 21). *Goethes Geistesart in ihrer Offenbarung durch seinen «Faust» und durch das «Märchen von der Schlange und der Lilie»* (GA 22).

1919 Rudolf Steiner vertritt den Gedanken einer «Dreigliederung des sozialen Organismus» in Aufsätzen und Vorträgen, vor allem im süddeutschen Raum. *Die Kernpunkte der sozialen Frage in den Lebensnotwendigkeiten der Gegenwart und Zukunft* (GA 23). *Aufsätze über die Dreigliederung des sozialen Organismus* (GA 24). Im Herbst wird in Stuttgart die «Freie Waldorfschule» begründet, die Rudolf Steiner bis zu seinem Tode leitet.

1920 Beginnend mit dem Ersten anthroposophischen Hochschulkurs finden im noch nicht vollendeten Goetheanum fortan regelmäßig künstlerische und Vortragsveranstaltungen statt.

1921 Begründung der Wochenschrift «Das Goetheanum» mit regelmäßigen Aufsätzen und Beiträgen Rudolf Steiners (in GA 36).

1922 *Kosmologie, Religion und Philosophie* (GA 25).
In der Silversternacht 1922/23 wird der Goetheanumbau durch Brand vernichtet. Für einen neuen in Beton konzipierten Bau kann Rudolf Steiner in der Folge nur noch ein erstes Außenmodell schaffen.

1923 Unausgesetzte Vortragstätigkeit, verbunden mit Reisen. Zu Weihnachten 1923 Neubegründung der «Anthroposophischen Gesellschaft» als «Allgemeine Anthroposophische Gesellschaft» unter der Leitung Rudolf Steiners.

1923–1925 Rudolf Steiner schreibt in wöchentlichen Folgen seine unvollendet gebliebene Selbstbiographie *Mein Lebensgang* (GA 28) sowie *Anthroposophische Leitsätze* (GA 26), und arbeitet mit Dr. Ita Wegman an dem Buch *Grundlegendes für eine Erweiterung der Heilkunst nach geisteswissenschaftlichen Erkenntnissen* (GA 27).

1924 Steigerung der Vortragstätigkeit. Daneben zahlreiche Fachkurse. Letzte Vortragsreisen in Europa. Am 28. September letzte Ansprache zu den Mitgliedern. Beginn des Krankenlagers.

1925 Am 30. März stirbt Rudolf Steiner in Dornach.

RUDOLF STEINER GESAMTAUSGABE

Überblick über das literarische und künstlerische Werk

Erste Abteilung: Die Schriften

I. Werke

Goethes Naturwissenschaftliche Schriften, eingeleitet und kommentiert von Rudolf Steiner, 5 Bände (GA 1 a–e); separate Ausgabe der Einleitungen (GA 1)
Grundlinien einer Erkenntnistheorie der Goetheschen Weltanschauung (GA 2)
Wahrheit und Wissenschaft. Vorspiel einer «Philosophie der Freiheit» (GA 3)
Die Philosophie der Freiheit (GA 4)
Friedrich Nietzsche, ein Kämpfer gegen seine Zeit (GA 5)
Goethes Weltanschauung (GA 6)
Die Mystik im Aufgange des neuzeitlichen Geisteslebens und ihr Verhältnis zur modernen Weltanschauung (GA 7)
Das Christentum als mystische Tatsache und die Mysterien des Altertums (GA 8)
Theosophie. Einführung in übersinnliche Welterkenntnis und Menschenbestimmung (GA 9)
Wie erlangt man Erkenntnisse der höheren Welten? (GA 10)
Aus der Akasha-Chronik (GA 11)
Die Stufen der höheren Erkenntnis (GA 12)
Die Geheimwissenschaft im Umriß (GA 13)
Vier Mysteriendramen: Die Pforte der Einweihung – Die Prüfung der Seele – Der Hüter der Schwelle – Der Seelen Erwachen (GA 14)
Die geistige Führung des Menschen und der Menschheit (GA 15)
Anthroposophischer Seelenkalender (in GA 40)
Ein Weg zur Selbsterkenntnis des Menschen (GA 16)
Die Schwelle der geistigen Welt (GA 17)
Die Rätsel der Philosophie in ihrer Geschichte als Umriß dargestellt (GA 18)
Vom Menschenrätsel (GA 20)
Von Seelenrätseln (GA 21)
Goethes Geistesart in ihrer Offenbarung durch seinen «Faust» und durch das «Märchen von der Schlange und der Lilie» (GA 22)
Die Kernpunkte der sozialen Frage in den Lebensnotwendigkeiten der Gegenwart und Zukunft (GA 23)
Aufsätze über die Dreigliederung des sozialen Organismus und zur Zeitlage 1915–1921 (GA 24)
Kosmologie, Religion und Philosophie (GA 25)
Anthroposophische Leitsätze (GA 26)
Grundlegendes für eine Erweiterung der Heilkunst nach geisteswissenschaftlichen Erkenntnissen. Von Dr. Rudolf Steiner und Dr. Ita Wegman (GA 27)
Mein Lebensgang (GA 28)

II. Gesammelte Aufsätze

Gesammelte Aufsätze zur Dramaturgie 1889–1900 (GA 29)

Methodische Grundlagen der Anthroposophie. Gesammelte Aufsätze zur Philosophie, Naturwissenschaft, Ästhetik und Seelenkunde 1884–1901 (GA 30)

Gesammelte Aufsätze zur Kultur- und Zeitgeschichte 1887–1901 (GA 31)

Gesammelte Aufsätze zur Literatur 1886–1902 (GA 32)

Biographien und biographische Skizzen 1894–1905 (GA 33)

Lucifer–Gnosis. Grundlegende Aufsätze zur Anthroposophie und Berichte aus den Zeitschriften «Luzifer» und «Lucifer-Gnosis» 1903–1908 (GA 34)

Philosophie und Anthroposophie. Gesammelte Aufsätze 1904–1918 (GA 35)

Der Goetheanumgedanke inmitten der Kulturkrisis der Gegenwart. Gesammelte Aufsätze aus der Wochenschrift «Das Goetheanum» 1921–1925 (GA 36)

III. Veröffentlichungen aus dem Nachlaß

Briefe – Wahrspruchworte – Bühnenbearbeitungen – Entwürfe zu den vier Mysteriendramen 1910–1913 – Anthroposophie. Ein Fragment aus dem Jahre 1910 – Gesammelte Skizzen und Fragmente – Aus Notizbüchern und -blättern (GA 38–47)

Zweite Abteilung: Das Vortragswerk

I. Öffentliche Vorträge

Die Berliner öffentlichen Vortragsreihen («Architektenhaus-Vorträge») 1903/04 bis 1917/18 (GA 51–67)

Öffentliche Vorträge, Vortragsreihen und Hochschulkurse an andern Orten Europas 1906–1924 (GA 68–84)

II. Vorträge vor Mitgliedern der Anthroposophischen Gesellschaft

Vorträge und Vortragszyklen allgemein-anthroposophischen Inhalts – Evangelien-Betrachtungen – Christologie – Geisteswissenschaftliche Menschenkunde – Kosmische und menschliche Geschichte – Die geistigen Hintergründe der sozialen Frage – Der Mensch in seinem Zusammenhang mit dem Kosmos – Karma-Betrachtungen (GA 91–244)

Vorträge und Schriften zur Geschichte der anthroposophischen Bewegung und der Anthroposophischen Gesellschaft – Veröffentlichungen zur Geschichte und aus den Inhalten der Esoterischen Schule (251–270)

III. Vorträge und Kurse zu einzelnen Lebensgebieten

Vorträge über Kunst: Allgemein-Künstlerisches – Eurythmie – Sprachgestaltung und Dramatische Kunst – Musik – Bildende Künste – Kunstgeschichte (GA 271–292)

Vorträge über Erziehung (GA 293–311)

Vorträge über Medizin (GA 312–319)

Vorträge über Naturwissenschaft (GA 320–327)

Vorträge über das soziale Leben und die Dreigliederung des sozialen Organismus (GA 328–341)

Vorträge und Kurse über christlich-religiöses Wirken (GA 342–346)

Vorträge für die Arbeiter am Goetheanumbau (GA 347–354)

Dritte Abteilung: Das künstlerische Werk

Reproduktionen und Veröffentlichungen aus dem künstlerischen Nachlaß

Originalgetreue Wiedergaben von malerischen und graphischen Entwürfen und Skizzen Rudolf Steiners in Kunstmappen oder als Einzelblätter: Entwürfe für die Malerei des Ersten Goetheanum – Schulungsskizzen für Maler – Programmbilder für Eurythmie-Aufführungen – Eurythmieformen – Entwürfe zu den Eurythmiefiguren – Wandtafelzeichnungen aus dem Vortragswerk u. a.

Die Bände der Rudolf Steiner Gesamtausgabe sind innerhalb einzelner Gruppen einheitlich ausgestattet. Jeder Band ist einzeln erhältlich. Ausführliche Verzeichnisse können beim Verlag angefordert werden.